食品工业发展报告

（2015年度）

工业和信息化部消费品工业司 组织编写

2016·7 中国·北京

中国轻工业出版社

图书在版编目（CIP）数据

食品工业发展报告. 2015年度/工业和信息化部消费品工业司组织编写. —北京：中国轻工业出版社，2016.9

ISBN 978-7-5184-1108-5

Ⅰ.①食… Ⅱ.①工… Ⅲ.①食品工业-工业发展-研究报告-中国-2015 Ⅳ.①F426.82

中国版本图书馆CIP数据核字（2016）第217935号

责任编辑：伊双双　钟　雨
策划编辑：伊双双　　责任终审：张乃柬　　封面设计：锋尚设计
责任校对：燕　杰　　责任监印：张　可

出版发行：中国轻工业出版社（北京东长安街6号，邮编：100740）
印　　刷：北京君升印刷有限公司
经　　销：各地新华书店
版　　次：2016年9月第1版第1次印刷
开　　本：889×1194　1/16　印张：15.25
字　　数：364千字
书　　号：ISBN 978-7-5184-1108-5　定价：100.00元
邮购电话：010-65241695　传真：65128352
发行电话：010-85119835　85119793　传真：85113293
网　　址：http://www.chlip.com.cn
Email：club@chlip.com.cn
如发现图书残缺请直接与我社邮购联系调换
160729K1X101HBW

编　委　会

参 加 单 位

组织单位

工业和信息化部消费品工业司

主要牵头单位

中国食品科学技术学会

中轻食品工业管理中心

中国食品工业协会

中国食品发酵工业研究院

中国电子信息产业发展研究院

参与单位

中国肉类协会

中国乳制品工业协会

中国水产流通与加工协会

中国饮料工业协会

中国糖业协会

中国生物发酵产业协会

中国酒业协会

中国食品添加剂和配料协会

中国保健协会

中国罐头工业协会

中国焙烤食品糖制品工业协会

中国调味品协会

中国食品和包装机械工业协会

中国轻工机械协会

前　言

食品工业既是国民经济的支柱产业，更是保障民生的基础产业。2015年是我国经济发展"十二五"规划的收官之年，也是稳增长调结构的关键之年。我国食品工业行业在党中央、国务院的关怀下，在社会各界大力支持和行业上下的共同努力下，主动适应经济发展新常态，坚持稳中求进总基调，以提质增效为中心，以科技创新为支撑，以满足消费增长为动力，不断优化、调整产业结构，加快转型升级，保持了平稳健康发展。

目前，全球经济发展处于深度调整时期，产业变革加快，市场格局发生较大变化。中国经济已进入"中高速、优结构、新动力、多挑战"的转型发展新阶段，我国食品工业发展正面临着新的机遇和挑战。在经济发展新常态下，我国食品工业将继续发挥国民经济支柱的作用，努力完成中央提出的去产能、去库存、去杠杆、降成本、补短板五大任务，着力加强供给侧结构性改革，着力提高供给体系质量和效率，加大创新力度，加快推动发展质量迈向中高端。

工业和信息化部作为食品工业行业主管部门，按照党中央、国务院的决策部署，发挥工业规划指导、产业政策调节和行业标准规范的作用，继续围绕保安全、促发展，把落实科学发展观、加快转变发展方式、全面提高企业自身食品安全管理能力作为食品工业健康发展的重要任务，通过持续推进食品工业结构调整、不断促进企业素质提升、督促企业规范和改进管理，提高生产者的综合素质，防范安全风险，消除安全隐患，保障食品质量安全。

为全面总结、客观评价食品工业年度发展状况，展示发展成果，正视存在差距，引导和促进食品工业稳定健康发展，我司会同有关单位组织编写了《食品工业发展报告（2015年度）》。本年度报告由综合篇、行业篇、境外篇和附录四部分组成。综合篇对我国2015年食品工业发展的总体状况、基本特征等进行分析；行业篇对我国2015年食品工业的14个重点行业进行分析；境外篇重点对欧洲、美国、日本和我国台湾地区的行业现状进行分析；附录汇总了2015年我国有关食品行业重大法律法规和管理文件、标准技术规范，现行食品安全国家标准清单，以及参加编写单位简介等。

本报告的完成，得益于各参与单位的高度重视和精心准备，得益于行业专家的热心支持，在此一并致谢。

由于编写时间仓促和经验所限，本报告难免存在不足之处，敬请读者批评指正。

工业和信息化部消费品工业司

2016年7月

目　　录

综合篇

2015 年食品工业发展综述

2015 年是我国经济发展“十二五”规划的收官之年，也是稳增长调结构的关键之年。一年中，我国食品工业主动适应经济发展新常态，坚持稳中求进的总基调，以提质增效为中心，以消费增长为推动力，以科技创新为支撑，不断优化和调整产业结构，加快转型升级，食品工业主要经济指标占比较上年均有不同程度提高（表 1），在保障民生、拉动消费、促进经济与社会发展等方面继续发挥了支柱产业的作用①。

表 1　2015 年食品工业经济效益指标和投资情况

行业名称	主营业务收入/亿元	同比增长/%	利润总额/亿元	同比增长/%	税金总额/亿元	同比增长/%	主营业务收入利润率/%	成本费用利润率/%	完成投资/亿元	同比增长/%
食品工业总计	104118.4	4.5	6807.4	7.4	3435.4	4.9	6.5	7.1	19940.3	8.6
农副食品加工业	65125.6	3.5	3233.8	6.4	1419.4	3.1	5.0	5.3	10761.2	7.7
食品制造业	21700.3	6.3	1832.2	9.1	850.1	10.0	8.4	9.2	5089.0	14.4
酒、饮料和精制茶制造业	17292.5	6.4	1741.4	7.5	1165.9	3.6	10.1	11.5	4090.1	4.4

一、发展状况

（一）生产增长平稳，增速继续回落

就年度看，2015 年，规模以上食品工业增加值按可比价格计算同比增长 6.5%，高于全国工业增速 0.4 个百分点，比 2014 年同期回落 1.1 个百分点②。三大行业中，农副食品加工业增长 5.5%，食品制造业增长 7.5%，增幅较 2014 年同期分别下降了 2.2、1.1 个百分点，但酒、饮料和精制茶制造业增长 7.7%，增幅上涨了 1.2 个百分点。

就月度变化看，增长率在 4.5% 到 8.0% 之间波动，最低值是 4 月份的 4.6%，最高值是 9 月份的 7.8%（图 1）。

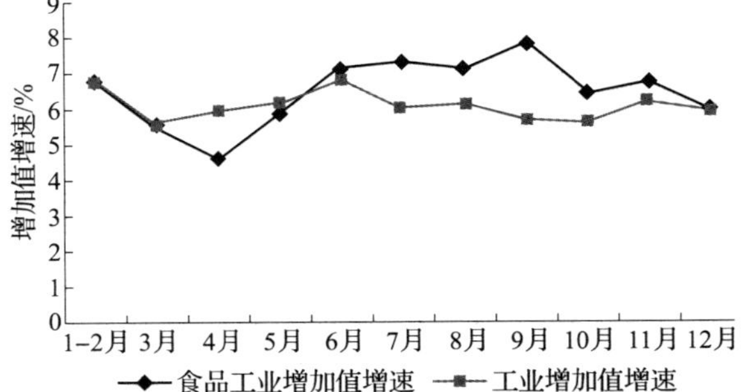

图 1　2015 年食品工业月度增加值增速

（二）效益平稳增长，利润增幅明显

就总量看，2015 年全国食品工业经济效益保持了平稳较快增长，39518 家规模以上

① 除特别说明，本报告涉及食品工业的数据均不含烟草制品业。
② 除特别说明，本报告所有数据均来源于国家统计局。

食品工业企业实现主营业务收入10.4万亿元，同比增长4.5%（表2），高出全部工业3.7个百分点，增幅较2014年收窄了3.5个百分点。实现利润总额6807.4亿元，同比增长7.4%，高出全部工业9.7个百分点，比2014年扩大6.0个百分点；上缴税金总额3435.4亿元，同比增长4.9%，高出全部工业1.8个百分点，增幅高出2014年1.4个百分点。

就单位企业看，全部规模以上食品工业企业每百元主营业务收入中的成本为85.2元，比2014年少0.1元。主营业务收入利润率为6.5%（表3），高出2014年0.1个百分点。

表2　2015年食品工业经济效益指标

行业名称	主营业务收入/亿元	同比增长/%	利润总额/亿元	同比增长/%	税金总额/亿元	同比增长/%
食品工业总计	104118.4	4.5	6807.4	7.4	3435.4	4.9
农副食品加工业	65125.6	3.5	3233.8	6.4	1419.4	3.1
食品制造业	21700.3	6.3	1832.2	9.1	850.1	10.0
酒、饮料和精制茶制造业	17292.5	6.40	1741.4	7.5	1165.9	3.6

表3　2015年食品工业盈利能力变化情况

行业名称	2015年		2014年	
	主营收入利润率/%	成本费用利润率/%	主营收入利润率/%	成本费用利润率/%
全部工业平均水平	5.8	6.2	5.9	6.4
食品工业总计	6.5	7.1	6.4	6.9
农副食品加工业	5.0	5.3	4.8	5.1
食品制造业	8.4	9.2	8.2	9.0
酒、饮料和精制茶制造业	10.1	11.5	10.0	11.4

就区域看，食品工业主营业务收入排在前10位的地区依次是山东、河南、湖北、江苏、四川、广东、福建、湖南、安徽和吉林，共累计实现主营业务收入70106.3亿元，占全国食品工业67.3%，较2014年高出0.2个百分点（图2）。

（三）投资规模扩大，增速继续回落

就投资规模及其变化看，2015年食品工业完成固定资产投资达19940.3亿元，同比增长8.6%（表4），增速高出整个制造业0.5个百分点。食品工业投资额占全国固定资产投资额3.6%，占比比上年略有下降。

就资金来源看，2015年1—11月①，国家预算资金占0.3%，国内贷款占6.2%，自筹资金占90.0%，利用外资占0.6%，其他资金占2.9%，五个资金来源渠道中自筹资金和其他资金占比较2014年有所提高。

就区域结构看，2015年1—11月②，31个省（自治区、直辖市）中，固定资产投资完成额前三位的依次是河南省、山东省和湖

① 2015年全年数据尚未公布。

② 2015年全年数据尚未公布。

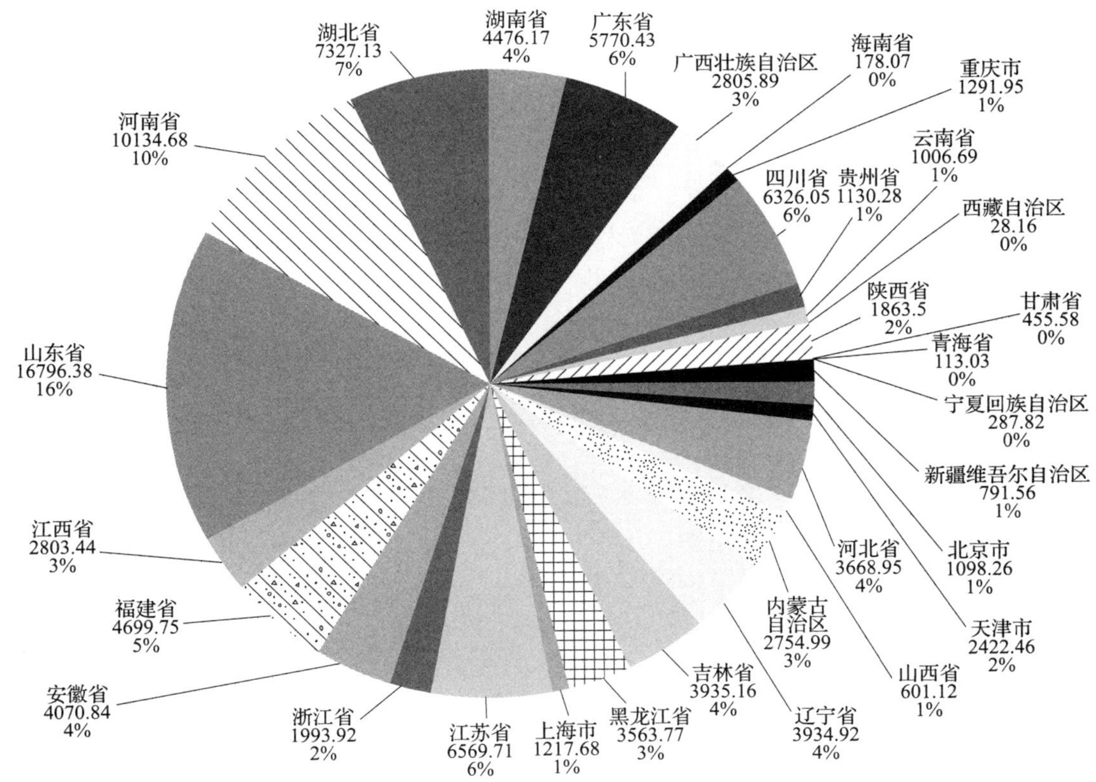

图2 2015年各省（自治区、直辖市）食品工业主营业务收入（单位：亿元）及占比

北省，三省累计投资额占投资总额比为27.2%。

表4 2015年食品工业固定资产投资情况

行业名称	完成投资/亿元	同比增长/%	占比/%
规模以上食品工业	19940.3	8.6	100.0
农副食品加工业	10761.2	7.7	54.0
食品制造业	5089.0	14.4	25.5
酒、饮料和精制茶制造业	4090.1	4.4	20.5

（四）市场产销衔接，价格低位平稳运行

2015年，食品工业主要产品产量有不同程度的增长（表5）。全年农副食品加工业，食品制造业，酒、饮料和精制茶制造业的产销率分别是97.8%，97.4%，95.7%，较2014年同期分别上涨0.1、下降0.2、下降0.2个百分点。

全年，与人民基本生活关系密切的粮食、食用油、乳制品、饮料等食品产量保持稳定增长。但受到进口冲击影响，成品糖、乳粉等产品产量有所下降。

食品消费价格同比上涨2.3%，较2014年下降0.8个百分点，涨幅继续回落。食品出厂价格与上年同期持平，与整个工业生产者出厂价格同比下降5.2%形成鲜明对比。农副产品购进价格同比下降2.3%。

表5 2015年食品工业主要产品产量

产品名称	全年产量	同比增长/%
小麦粉/万t	14461.58	1.84
大米/万t	13564.20	4.43
精制食用植物油/万t	6734.24	8.45

续表

产品名称	全年产量	同比增长/%
成品糖/万 t	1475.37	-7.36
鲜、冷藏肉/万 t	3761.08	-1.78
冷冻水产品/万 t	844.13	1.28
糖果/万 t	345.47	6.68
速冻米面食品/万 t	524.17	0.40
方便面/万 t	1017.80	-0.65
乳制品/万 t	2782.53	4.60
其中：液体乳/万 t	2521.00	4.72
乳粉/万 t	141.95	-4.50
罐头/万 t	1212.60	2.02
酱油/万 t	1011.94	6.43
冷冻饮品/万 t	306.99	0.02
食品添加剂/万 t	790.07	11.86
发酵酒精/万 t	1016.74	4.23
白酒（折65度，商品量）/万 kL	1312.80	5.07
啤酒/万 kL	4715.72	-5.06
葡萄酒/万 kL	114.80	-0.73
软饮料/万 t	17661.04	6.23
其中：碳酸饮料类（汽水）/万 t	1794.50	7.42
包装饮用水类/万 t	8766.09	10.29
果汁和蔬菜汁饮料类/万 t	2386.54	1.06
精制茶/万 t	241.81	-1.90

（五）贸易小幅下降，市场分布集中①

就贸易规模及增速看，2015 年食品工业进出口总额出现 2009 年以来首次下降的态势，进出口总额为 868.3 亿美元，较 2014 年环比下降 1.8%，增速高于全国总货物贸易增速 6.3 个百分点。其中，进口额为 428.9 亿美元，较 2014 年环比增长 0.5%，增速高出全国总货物进口增速 15.7 个百分点。出口额为 439.4 亿美元，较 2014 年环比下降 3.9%，增速低于全国总货物出口增速 1.3 个百分点。

就行业构成看，农副产品加工业、食品制造业在食品工业的进出口中占据主导地位，酒、饮料和精制茶制造占比较小（表 6）。其中，2015 年农副产品加工业，食品制造业，酒、饮料和精制茶制造三大行业进口额占食品工业进口总额的比例分别为 57.1%、32.8% 和 10.1%，出口额占食品工业出口总额的比例分别为 58.6%、33.7% 和 7.7%。

表 6　2015 年食品工业进出口结构

单位：%

	农副产品加工	食品制造	酒、饮料和精制茶制造
进口	57.1	32.8	10.1
出口	58.6	33.7	7.7

就进出口市场分布看，发达经济体均占据重要地位。2015 年，美国、印度尼西亚、新西兰是我国加工食品的前三大进口来源地，来自这三国的加工食品进口额占我国加工食品进口总额的比例分别为 12.1%、8.3% 和 7.3%（图 3）。同期，日本、中国香港、美国为我国加工食品的前三大出口市场，2014 年对这三个市场的加工食品出口额占我国加工食品出口总额的比例分别 18.0%、13.0% 和 12.8%（图 4）。

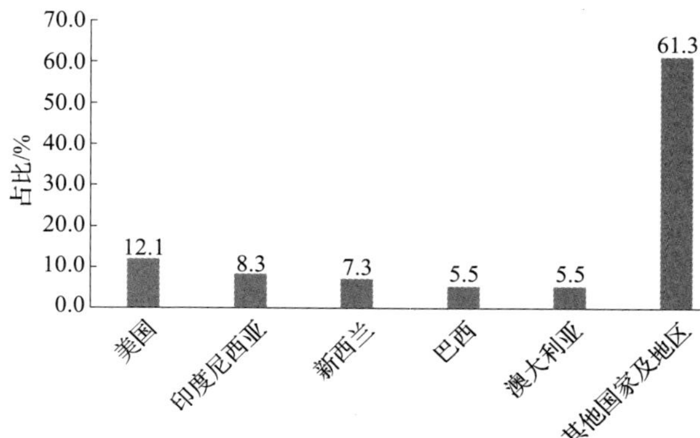

图 3　2015 年食品工业进口市场分布

① 此标题下涉及的相关数据来源于中国海关总署。

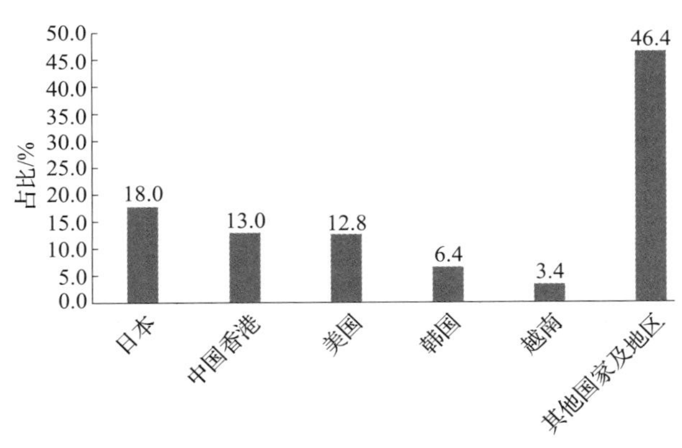

图 4　2015 年食品工业出口市场分布

（六）法规体系完善，保障能力提升

2015 年，新修订的《中华人民共和国食品安全法》等一系列法律、规章、办法、标准颁布和实施，我国食品行业法制体系基本形成。全年工业和信息化部建设的 9 家食品企业质量安全监测技术示范中心，积极开展食品安全方面重大专项科研课题研究，取得了食品中有害物免疫检测新技术等一批研究成果，有力促进了科技成果的工程化、产业化和成果转化。累计制修订各类标准 130 项，各级监管机构也在 2015 年完成调整。食品安全形势保持基本稳定，食品抽样检验批次同比增加了 21%，抽检合格率上升了两个百分点，达到 96.8%。重点跟踪的 27 个食品安全热点中，中国大陆地区的热点 20 个，其中属于食品安全事件的热点 4 个，不属于食品安全事件的热点 11 个，针对潜在风险的预警提示 5 个[①]。

（七）研发投入加大，技术创新活跃

2015 年，食品工业科技研发投入继续增长，企业创新活力竞相迸发，先进生产技术加快推广，企业新产品开发提速。攻克了一批关键技术，营养代餐食品创制关键技术及产业化应用、酮酸发酵法制备关键技术及产业化、酵母核苷酸的生物制造关键技术突破及产业高端应用等科研项目获国家科技奖励。专利数量保持稳定，食品、食物及处理领域的专利申请数、授权数分别达到 15000 项和 5000 项。基础研究支持持续强化，2015 年度国家自然科学基金食品科学领域资助经费达 1.9 亿元。

（八）产业集聚发展，转型升级提速

截至 2015 年年底，食品工业领域国家新型工业化产业示范基地达到 24 家，占整个消费品工业领域示范基地总数的 38.1%，占示范基地总数的 7.5%，全年基地各项指标继续保持了较高增长。示范基地影响力稳步提升，品牌建设加快，配套服务体系不断健全，3 家食品企业质量安全检测技术示范中心获得项目支持。

（九）结构布局优化，区域经济发展

就主营业务收入看，2015 年东部、中部、西部和东北地区食品工业分别实现主营业务收入 44415.6 亿元、29413.4 亿元、18855.5 亿元和 11433.8 亿元，占全国食品工业主营业务收入比分别为 42.7%、28.2%、18.1% 和 11.0%，同比增速分别为 4.8%、8.9%、7.2% 和 –9.3%（图 5）。与 2014 年相比，中部、西部地区食品工业主营业务收入对全国食品工业主营业务收入占比分别上涨了 1.1、0.5 个百分点，东部地区基本持平，东北地区食品工业主营业务收入占比下降了 1.7 个百分点。就利润看，2015 年东部、中部、西部和东北地区的食品工业利润占全国食品工业利润总额比分别为 43.2%、26.5%、23.4% 和 6.9%（图 6），同比增速分别为 9.6%、7.4%、12.3% 和 –15.7%。与 2014 年相比，东部、中部、西部地区食品工业利润对全国食品工业利润总额占比分别上涨了 0.9、0.01 和 1.0 个百分点，东北地区食品工业利润占比下降了 1.9

① 此为 2015 年中国食品科学技术学会与国家食品药品监督管理总局全年跟踪解析结果。

个百分点。就变化看，中部地区收入增长最快，西部地区利润增长最快，东北三省的收入、利润、税金等主要经济指标已连续两年负增长（表7）。

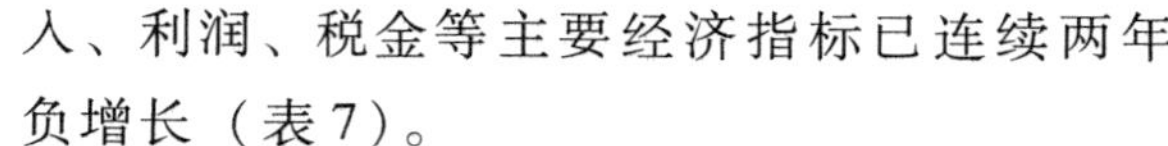

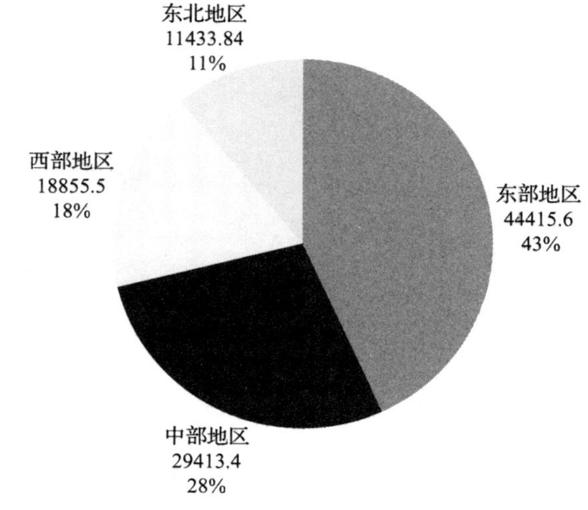

图5　2015年全国四大区域食品工业主营业务收入（单位：亿元）及其占比

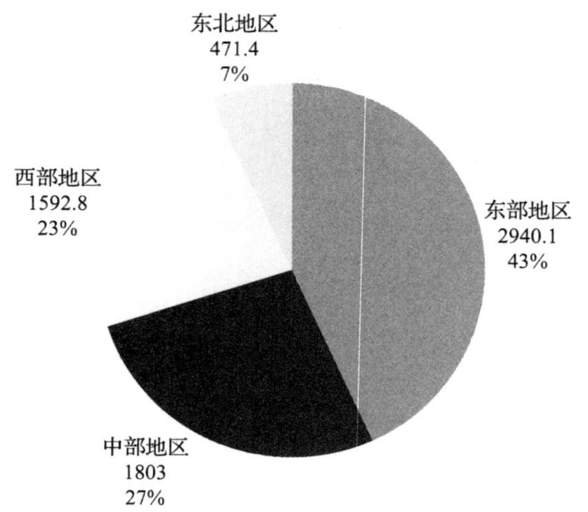

图6　2015年全国四大区域食品工业利润（单位：亿元）及其占比

表7　2015年分地区的食品工业经济效益

	企业数/个	主营业务收入/亿元	占比/%	同比增长/%	利润总额/亿元	占比/%	同比增长/%
食品工业总计	39518	104118.4	100	4.5	6807.4	100	7.4
东部地区	15448	44415.6	42.7	4.8	2940.1	43.2	9.6
中部地区	11299	29413.4	28.2	8.9	1803.0	26.5	7.4
西部地区	8195	18855.5	18.1	7.2	1592.8	23.4	12.3
东北地区	4576	11433.84	11.0	-9.3	471.4	6.9	-15.7

（十）“十二五”规划圆满收官，食品工业发展成效显著

1. 产业规模持续壮大，支柱地位不断提升

就规模变化看，2015年规模以上食品工业企业实现主营业务收入10.4万亿元，比2010年的5.5万亿元增长了89.4%，年均增长13.6%；利税总额1.0万亿元，比2010年的0.6万亿元增长了65.6%，年均增长10.6%（图7）。其中，大中型企业5739家，占规模以上企业数的14.5%，完成主营业务收入占全行业的49.6%。2015年销售收入达百亿元的食品工业企业54家，是2010年的2倍。

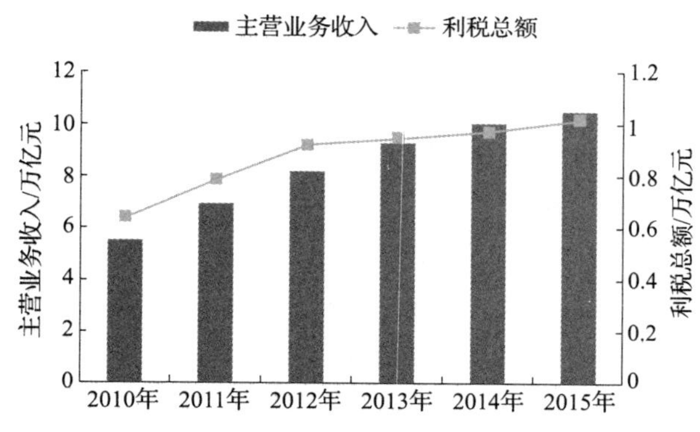

图7　2010—2015年规模以上食品工业企业主要发展指标

就产业地位与贡献看，规模以上食品工业企业主营业务收入占全国工业企业主营业务收入的比重从2010年的7.9%提升到9.4%，提高了1.5个百分点。食品工业增加值占全国工业增加值的比重达到9.2%，对全国工业增长贡献率为9.2%，拉动全国工业增长0.6个百分点。

2．质量管理体系不断完善，食品安全水平稳步提高

“十二五”期间，国家对食品安全保障能力建设支持力度加大，食品质量安全可追溯体系建设加快。5年中，国家共支持2000多个食品工业企业技术进步及检测能力建设、600多个鲜活农产品冷链物流建设和400多家骨干农产品批发市场购置食品安全检验检测设备。规模以上食品工业企业普遍推行良好操作规范（GMP），逐步落实企业主体责任，治理管理体系不断完善。截至2015年年底，组织指导5000家以上食品工业企业建立食品诚信管理体系。婴幼儿配方乳粉、白酒、肉制品、水产品等行业质量安全追溯体系建设成效明显，婴幼儿配方乳粉行业100%纳入食品质量安全追溯体系。建立了有机产品、无公害农产品、良好农业规范等11种认证制度，累计发放证书近12万张，为保障国内及出口食品质量安全发挥了积极作用。

同时，食品安全监管体制改革力度加大，监管体制不断完善，实现了由“分段监管为主、品种监管为辅”的监管模式向集中监管模式转变。修订了《中华人民共和国食品安全法》，完成了近5000项各类食品标准的清理，查办一批大案要案，食品质量国家抽查合格率始终保持在较高水平。

3．两化融合进一步深化，信息化程度不断提升

2013年以来，相关部委启动了北京、广东、重庆、江苏等多省（直辖市）互联网与工业融合创新试点工作，部分城市和地区将食品安全纳入智慧城市试点和两化融合示范区建设，食品工业两化融合进程加快。大型食品骨干企业已经进入信息化综合集成应用阶段，一些大型食品工业企业积极探索“食品制造＋互联网”融合发展模式，部分企业已经将云计算、大数据、互（物）联网、产品追溯等新型信息技术应用于食品生产、研发、销售等产业链的全过程；部分企业利用电商、微商等移动互联网平台，实现经销商订单运营模式以及社区店O2O直营模式的创新。

乳制品、肉制品、酿酒和饮料等部分行业两化融合进展良好，特别是白酒、乳制品等行业部分企业通过利用互联网、大数据、云计算等信息化技术，开展了基于个性化定制的研发、移动互联网全柔性生产模式，打造了安全透明的乳制品产业链。食品工业企业资源计划（ERP）的普及率接近50%，销售额上亿元的食品企业的ERP普及率高达80%以上。

4．科技创新取得积极成效，技术装备水平持续提高

“十二五”期间，食品工业科技研发投入保持同步增长。2014①年规模以上食品工业企业研究与实验发展（R&D）经费428.3亿元，占当年食品工业总产值的比例为0.39%，与2010年持平。在R&D构成中，用于基础研究的投入不断强化。政产学研用技术创新模式得到更广泛应用，开展食品装备教学与研究的高校数量不断增加，新建了一批国家级、省级研发中心、示范基地，知识产权保护和企业标准化建设工作有序推进。专利数量明显增加，成果得到广泛应用，一批科研项目成果获国家科技奖励。

食品装备行业技术水平持续提高，掌握

① 2015年数据尚未公布。

和开发了一批具有自主知识产权的核心技术和先进装备，食品专用装备国产化率进一步提高，部分装备已摆脱了国外技术垄断与制约，自主装备的技术水平与国际差距逐步缩小，部分产品性能达到或超过国外先进水平，实现了关键成套装备从长期依赖进口到基本实现自主化并成套出口的跨越。

5. 区域发展协调性增强，产业集群加快发展①

"十二五"期间，在国家一系列区域发展战略指导下，东部地区、西部地区、中部地区、东北地区"四大板块"食品工业发展协调性增强。2010 年，东部、中部、西部、东北地区食品工业主营业务收入在全国食品工业主营业务收入中的比例分别为 45.1∶22.9∶19.4∶12.6，到 2015 年发展为 42.1∶28.2∶19.4∶10.4（表 8）。

表 8　各地区食品工业主营业务收入占全国比重

单位：%

地区	2010 年	2015 年
东部	45.1	42.1
中部	22.9	28.2
西部	19.4	19.4
东北部	12.6	10.4

"十二五"期间，有关部门和地方政府积极推进食品工业集约集聚发展，形成了一批规模化、园区化食品产业集群，产业集聚效应日益显现。

6. 资源利用率不断提高，节能减排取得成效

"十二五"期间，食品工业依托循环经济示范工程，大力发展循环经济，推广综合利用的新工艺、新设备，提高食品工业副产品开发利用水平，资源利用效率进一步提高。

同时，食品工业各行业，尤其是发酵、酿酒、制糖、淀粉加工、畜禽屠宰及肉类加工等行业，全面落实《节能法》《清洁生产促进法》等相关法律法规，积极推进节能减排技术改造，推广使用高效节能、清洁生产的新工艺、新设备，加大"三废"治理和废水循环利用力度，减少污染物排放，节能减排取得积极成效。

二、产业地位与构成

（一）产业地位

2015 年，食品工业资产占全国工业比为 6.2%，主营业务收入占 9.4%（表 9），利润总额占 10.7%，上缴税金占 6.9%。食品工业完成工业增加值占全国工业增加值的比重达到 9.2%，对全国工业增长贡献率 9.2%，拉动全国工业增长 0.56 个百分点。

食品工业在保障国民经济稳定、健康可持续发展，保障国民身体健康等方面发挥着重要作用，已成为国民经济中增长较快、相对稳定、独具活力的支柱产业，并在生产、加工、销售过程中带动了其他相关行业的发展。党的十八届五中全会审议通过的《中共中央关于制定国民经济和社会发展第十三个五年规划的建议》，其中专门提出了推进健康中国建设，实施食品安全战略。在经济发展新常态下，我国食品工业将继续发挥国民经济支柱的作用。

（二）基本构成

从大类行业看，食品制造业利润增长最快，酒、饮料和精制茶制造业营业收入增长最快。这两个行业的食物原料加工程度越来越深，产品附加值越来越高，可以看到食品工业在转型升级、结构优化方面取得显著进步。

① 此标题下涉及的相关数据均包含烟草制品业。

表 9　2015 年食品工业主营业务收入及其地位与其他行业的比较

行业	主营业务收入/亿元	占比/%
总计	1103300. 7	100. 0
煤炭开采和洗选业	24994. 9	2. 3
石油和天然气开采业	7774. 6	0. 7
黑色金属矿采选业	7368. 6	0. 7
有色金属矿采选业	6086. 1	0. 6
非金属矿采选业	5457. 0	0. 5
开采辅助活动	1700. 5	0. 2
其他采矿业	24. 5	0. 0
食品工业	104118. 4	9. 4
烟草制品业	9350. 8	0. 8
纺织业	40173. 3	3. 6
纺织服装、服饰业	22067. 9	2. 0
皮革、毛皮、羽毛及其制品和制鞋业	14580. 8	1. 3
木材加工和木、竹、藤、棕、草制品业	14079. 3	1. 3
家具制造业	7872. 5	0. 7
造纸和纸制品业	13923. 4	1. 3
印刷和记录媒介复制业	7191. 7	0. 7
文教、工美、体育和娱乐用品制造业	15474. 3	1. 4
石油加工、炼焦和核燃料加工业	34063. 4	3. 1
化学原料和化学制品制造业	83900. 6	7. 6
医药制造业	25537. 1	2. 3
化学纤维制造业	7293. 2	0. 7
橡胶和塑料制品业	30866. 6	2. 8
非金属矿物制品业	58873. 9	5. 3
黑色金属冶炼和压延加工业	64605. 7	5. 9
有色金属冶炼和压延加工业	51167. 1	4. 6
金属制品业	37016. 7	3. 4
通用设备制造业	47051. 0	4. 3
专用设备制造业	35599. 8	3. 2
汽车制造业	70156. 9	6. 4
铁路、船舶、航空航天和其他运输设备制造业	16280. 5	1. 5
电气机械和器材制造业	69475. 0	6. 3
计算机、通信和其他电子设备制造业	90482. 0	8. 2
仪器仪表制造业	8703. 3	0. 8

续表

行业	主营业务收入/亿元	占比/%
其他制造业	2387.4	0.2
废弃资源综合利用业	3705.9	0.3
金属制品、机械和设备修理业	914.6	0.1
电力、热力生产和供应业	55500.2	5.0
燃气生产和供应业	5639.1	0.5
水的生产和供应业	1841.9	0.2

注：食品工业的统计口径为农副产品加工业，食品制造业，酒、饮料和精制茶制造业，不含烟草制品业。

资料来源：根据国家统计局数据整理。

从中类行业看，主要行业生产增长情况：谷物磨制业增长5.8%，屠宰及肉类加工业增长5.0%，植物油加工业增长6.2%，焙烤食品制造业增长11.3%，乳制品制造业增长5.4%，方便食品制造业增长5.6%，酒的制造业增长7.6%，饮料制造业增长7.2%。

从小类行业看，利润增长较快的行业有：制糖业增长393.4%，鱼油提取及制品制造业增长40.9%，糕点、面包制造业增长34.5%，其他酒制造业增长26.3%，茶饮料和其他饮料制造业23.0%，碳酸饮料制造业22.6%，其他调味品、发酵制品制造业增长22.2%，酱油、食醋及类似制品制造业21.8%。利润降幅较大的是其他罐头食品制造和酒精制造业，利润降幅分别为20.0%和25.5%。

2015年食品工业各行业主营业务收入及占比如表10所示。

表10　2015年食品工业各行业主营业务收入及占比

行业	主营业务收入/亿元	占比/%
食品工业总计（不含烟草）	104118.36	100
谷物磨制	13403.39	12.87
饲料加工	11052.75	10.62
食用植物油加工	10025.65	9.63
非食用植物油加工	250.22	0.24
制糖业	1200.59	1.15
牲畜屠宰	5522.42	5.30
禽类屠宰	3314.34	3.18
肉制品及副产品加工	4454.27	4.28
水产品冷冻加工	3723.22	3.58
鱼糜制品及水产品干腌制加工	705.36	0.68
水产饲料制造	485.50	0.47
鱼油提取及制品制造	22.98	0.02
其他水产品加工	253.99	0.24
蔬菜加工	3499.17	3.36

续表

行业	主营业务收入/亿元	占比/%
水果和坚果加工	1767.48	1.70
淀粉及淀粉制品制造	2882.37	2.77
豆制品制造	745.24	0.72
蛋品加工	299.35	0.29
其他未列明农副食品加工	1517.24	1.46
糕点、面包制造	1013.71	0.97
饼干及其他焙烤食品制造	1806.53	1.74
糖果、巧克力制造	1272.98	1.22
蜜饯制作	575.87	0.55
米、面制品制造	974.44	0.94
速冻食品制造	831.03	0.80
方便面及其他方便食品制造	1722.46	1.65
乳制品制造	3328.52	3.20
肉、禽类罐头制造	260.97	0.25
水产品罐头制造	105.42	0.10
蔬菜、水果罐头制造	1185.70	1.14
其他罐头食品制造	127.20	0.12
味精制造	463.45	0.45
酱油、食醋及类似制品制造	1005.49	0.97
其他调味品、发酵制品制造	1401.05	1.35
营养食品制造	746.52	0.72
保健食品制造	1573.59	1.51
冷冻饮品及食用冰制造	408.67	0.39
盐加工	118.17	0.11
食品及饲料添加剂制造	2020.33	1.94
其他未列明食品制造	758.25	0.73
酒精制造	799.92	0.77
白酒制造	5558.86	5.34
啤酒制造	1897.09	1.82
黄酒制造	181.94	0.17
葡萄酒制造	462.64	0.44
其他酒制造	328.72	0.32
碳酸饮料制造	810.67	0.78
瓶（罐）装饮用水制造	1268.91	1.22

续表

行业	主营业务收入/亿元	占比/%
果菜汁及果菜汁饮料制造	1219.13	1.17
含乳饮料和植物蛋白饮料制造	1132.89	1.09
固体饮料制造	554.99	0.53
茶饮料及其他饮料制造	1170.74	1.12
精制茶加工	1905.97	1.83

三、面临的形势分析

（一）我国经济步入“新常态”，食品工业增长预期放缓

当前我国经济发展进入了“新常态”，全国工业生产增速由 2011 年的 13.9% 降至 2015 年的 6.1%，中国经济从高速增长转为中高速增长，我国食品工业也难以置身事外。“十二五”以来全国规模以上食品工业企业工业增加值连续 4 年回落，食品工业正面临着近 30 年来最艰难的转型期，从过去的两位数以上的高速增长下降到个位数的中高速增长。同时，随着食品消费结构升级，我国食品工业发展模式要从量的扩张向质的提升转变，食品工业保持以往的高速发展难度加大。

（二）居民消费结构升级，市场需求分化加快

城乡居民收入的持续稳步增长、新型城镇化的加快推进，“全面二孩”政策的实施、人口老龄化的加快、城乡及区域发展差距的缩小等仍将促进食品整体需求稳步增长，中产阶级人群的壮大驱动食品消费正由生存型消费向健康型、享受型消费加快转变，“吃的安全、吃的健康、吃的营养”日益成为城乡居民食品消费共识，消费品种、消费品级、消费渠道、消费区域等也都发生明显的分化。消费环境的深刻变化，倒逼食品工业向“消费型”转型发展。中速发展的我国食品工业进入以产业链安全及产品营养与健康为特征的深度调整期，也将进入各种深层次矛盾的显现期。

（三）国家重大战略实施，食品工业提升动力强劲

“十三五”开局之年，国家系列重大战略持续推进，食品工业发展迎来重大机遇。《中国制造 2015》全面实施，专业型、大型化、成套化、精细化、自动化和智能化的国产食品加工关键装备发展将步入快车道，食品工业智能化改造提速，生产方式柔性化、智能化、精细化转变加快，精准制造、敏捷制造能力将得到提高。“一带一路”战略全面推进，促进食品工业“走出去”和过剩产能消化，推动食品工业结构优化。“四化同步”战略的实施，在促进食品工业新型化、信息化发展的同时，进一步夯实食品工业的原料基础，促进食品工业消费需求扩大。“互联网 + 行动计划”实施，将进一步推动食品工业生产过程优化、流通业态转型、电子商务发展和质量追溯体系建设，全面提升食品工业的全产业链管理水平。京津冀协同发展战略、长江经济带战略、新一轮西部大开发战略持续推进，新一轮振兴东北战略即将出台，食品工业区域发展将更趋协调，产业特色将更加突出。

（四）质量安全关注持续高涨，食品安全监管更趋严格

随着收入水平的提高、健康意识的增强以及质量安全检验检测设备与技术的改进，消费者对食品安全与营养提出了更高要求。互联网及新媒体的快速发展，消费者获取食品质量安全信息的路径更加多元与便捷，食

品质量安全事件的传播速度更快，传播范围更广，对食品工业发展的负面影响也更大。“十三五”开局之年，随着消费品工业“三品”战略的实施以及新修订的《中华人民共和国食品安全法》的深入推进，食品安全标准体系框架即将出台，综合施策、分类监管的体系逐步健全，对食品生产的原料投入、生产过程与流通环节控制、对生产经营主体责任要求更严格，对违规行为的惩处力度更大。

（五）生态环境约束加剧，节能减排压力持续不减

多年粗放式发展累积的环保问题集中爆发，包括食品工业在内的整个工业发展的环境承载力显著下降，食品工业重点地区牺牲工业发展保生态环境的压力持续加大，食品工业的规模扩张受到制约。国家“五位一体”战略布局导向下生态文明建设加强，《全国主体功能区规划》持续推进，新修订的《中华人民共和国环境保护法》《中华人民共和国大气污染防治法》全面实施，水耗、能耗、污染物排放与资源综合利用标准不断提高，环保督查与监察力度持续加大，以中小企业为主体的食品工业发展面临严峻的生态环境挑战，生物发酵、酿酒、饮料、玉米深加工等传统食品行业的绿色化发展推进压力重重，技术改造投入严重不足。

四、发展趋势研判

2016 年作为“十三五”的开局之年，在经济发展新常态下，食品工业将继续发挥国民经济支柱的作用，努力完成中央提出的去产能、去库存、去杠杆、降成本、补短板五大任务，着力加强供给侧结构性改革，着力提高供给体系质量和效率，加大创新力度，加快转型升级，保持平稳健康发展。

（一）经济步入新常态，新动力新空间呈现

经济新常态，对食品行业带来一些结构性变化。另一方面，一批新技术，如先进制造、智能化技术和云技术的开发；一批新业态，如电商、物联网和健康配送的出现；一批新模式，如控制全产业链和建立可追溯体系的形成；一批新产业，如现代调理食品和保健食品产业的发展。上述这些不仅成为引领、带动乃至决定我国食品行业及其上下游产业链发展的“新动力”和“新优势”，而且成为拉动我国国民经济发展的新兴产业和新的经济增长点。

（二）政策扶持继续落实，法制化建设强力实施

工业转型升级重点项目、新型工业化示范基地、两化深度融合等一批政策将继续显现落地成果。伴随着 2015 年各项法规的密集出台，食品行业的法制化建设将开始强力实施，政府部门将依法严格监管，而运用法规的力量保障权益、推动健康成长，将成为食品企业新的探索方向。

（三）食品消费不断升级，供给侧改革加强

城乡居民对食品的消费正由生存型消费向健康型、享受型消费转变，由吃饱吃好向安全、健康、满足食品消费多样化转变。食品行业受质量安全等因素的影响，不能完全满足消费者的需求，这是供给侧结构性矛盾的典型表现。当前食品行业也面临着产能分布不均、供给质量不高、行业效率偏低、食品安全事件频发等问题。优化行业结构布局，提高供给质量和效率，推动食品安全监管多元共治，是推进食品行业供给侧改革的重要方向。

（四）科技创新成关键，转型升级加快

食品行业发展的新常态，对科技提出了膳食营养与饮食健康的新需求和新挑战。其深刻变化在于——产品新需求：方便、美味、可口、营养、安全、健康、实惠、个性、多样化；产业新要求：智能、节能、高效、连

续、低碳、环保、绿色、持续、数字化。从原料生产、加工制造、消费的全产业链加大科技创新力度，从国家和企业层面完善科技创新体系，推进转型升级的步伐将进一步加快。

（五）企业整合持续，走出去进程加快

国家有关兼并重组的政策环境将不断优化，跨地区、跨行业兼并重组、强强联合的现象将继续涌现。“走出去”和“一带一路”新政策促使一批有实力有全球战略的企业不仅立足我国，更在考虑布局国际化发展，将通过直接投资和供应链合作等方式参与到全球的供应链，以国际化视野统筹原料资源、技术资源、人才资源等，在全球范围内进行资源配置。

五、政策建议

（一）创新体制机制

全面深化改革，进一步转变政府职能，持续推进简政放权，简化行政审批手续，加快推广和应用负面清单管理，破除制约食品工业发展的体制机制障碍，激发投资活力。建立健全食药、工信、农业、发改等国务院相关部门的工作联动机制，强化部门责任意识，明确各部门任务分工，加强部门沟通与合作，形成产业发展体制合力。面向京津冀、长江经济带等重点区域，引导和支持省（自治区、直辖市）合作共赢发展，建立健全食品工业协调（联动）发展机制和利益分配机制，打造食品工业跨区域发展新格局。

（二）健全准入与标准体系

加快修订《乳制品工业产业政策》，规范行业投资行为。认真落实《产业结构调整指导目录》和《外商投资产业指导目录》，持续推进食品标准清理工作，完善我国食品安全标准体系框架，制（修）订一批产品质量国家标准或行业标准。

（三）加大政策扶持力度

全面落实《中国制造 2025》，加快建设重点地区食品工业创新中心，推动关键技术、行业共性技术研发，提高食品工业创新能力。持续推进“食品企业质量安全检测技术示范中心”创建工作，提高检测能力、检测水平与检测覆盖面。持续发挥中央与地方工业转型升级专项资金、中小企业发展专项资金、农业产业化专项资金等的引导和支持作用，加大对食品工业企业开展智能制造、绿色制造、节能减排与资源综合利用、食品安全保障能力建设等方面的支持。鼓励产业投资基金、风险投资基金等支持专、精、特、新类中小食品工业企业发展和大型食品工业企业“走出去”，支持符合条件的发行债券和在境内外资本市场上市融资。认真落实国家有关中小微企业、研发费用加计扣除、固定资产加速折旧、农产品增值税抵扣等正税清费政策，切实降低企业负担。推进实施“三品”战略，落实中央供给侧改革。

（四）加强人才培养

全面落实人才强国战略，加快培养创新型研发人才、复合型管理人才、应用型技术人才、国际化运营人才。加强食品专业相关学科建设，促进食品工业企业、高等院校、科研院所之间的人才培养合作，创新人才培养合作模式。重点推进国内知名食品科学类院校、科研院所与中西部地区食品工业企业的合作，提升中西部地区食品工业发展的智力保障水平。加快发展食品工业职业教育，培养面向生产一线的生产技术工人、检验检测人员，支持食品工业企业建立企业内部培训与再教育体系。鼓励和支持重点企业，不定期选送一批人员到欧美等食品工业强国开展学习交流活动。依托国家重大项目、重点实验室，搭建食品工业国际合作平台，促进国内外交流。

（五）充分发挥行业协（学）会作用

充分发挥行业协会在企业和政府间的桥梁和纽带作用和学会集聚科技专家的优势，参与政策、规划、标准制定，反映企业诉求，引导开展行业自律，维护公平有序的竞争环境。支持食品行业协（学）会积极承接政府转移职能，承担行业统计、信息服务、行业调查研究、培训和国际交流合作等方面的任务。发挥行业协会在诚信体系建设中的积极作用，培育食品企业质量信用意识，组织企业参与诚信评价活动，做好行业自律诚信宣传，加强行业自律。

《食品工业发展报告（2015 年度）》编委会

行　业　篇

肉类加工业

2015 年，我国肉类总产量 8625 万 t，比上年下降 1%。由于肉类减产，需求上升，本年度肉类出口下降，进口增加，贸易逆差扩大。随着生产和贸易结构的调整，肉类供应进一步适应消费需求的变化，牛羊禽肉占比上升，市场供应比较充裕，价格相对稳定。国家大力加强食品安全监管，肉及肉制品合格率达到 96.6%。肉类工业投资和规模以上企业数量继续增加，产业集中度和肉食包装及装备水平提高，区域布局更趋合理。

一、行业概况

2015 年，全国屠宰及肉类加工行业稳步发展，规模以上企业 3940 家，比上年的 3786 家增加 154 家，增幅 4%。从企业数量看，大型企业 148 家，比上年增加 5 家，占规模以上企业总数的 3.8%，比重保持稳定；中型企业 653 家，比上年增加 14 家，占比 16.6%，下降 0.3 个百分点；小型企业 3139 家，比上年增加 135 家，占比 79.6%，上升 0.3 个百分点。

（一）主要经济指标

1．主营业务收入

2015 年，全国规模以上屠宰及肉类加工企业主营业务收入 13291 亿元，比 2014 年的 12874 亿元增加了 417 亿元，增幅 3.24%，比上年增幅 7.16% 下降了 3.92 个百分点。

2．利税

2015 年，全国规模以上屠宰及肉类加工企业实现利税 934.59 亿元，比 2014 年的 903.12 亿元增加了 31.47 亿元，增幅 3.48%。其中，企业利润总额 658.38 亿元，比上年的 643.63 亿元增加了 14.75 亿元，增幅 2.3%；税金总额 276.21 亿元，比上年的 259.49 亿元增加 16.72 亿元，增幅 6.44%。

表 1　2011—2015 年全国规模以上屠宰及肉类加工企业概况

指标	2011 年	2012 年	2013 年	2014 年	2015 年
企业总数/个	3277	3415	3693	3786	3940
工业资产/亿元	3673	4355	5357	6245	6488
主营收入/亿元	9304	10319	12013	12874	13291
企业利润/亿元	492	559	673.76	643.63	658.38
税金/亿元	191.22	224.90	260.80	259.49	276.21

资料来源：国家统计局。

“十二五”期间，肉类产业规模显著扩大，集中度进一步提高，主营收入、企业利润和上缴税金稳步增加（见表 1）。与 2011 年相比，2015 年全国规模以上屠宰及肉类加工企业增加 663 家，增长 20.2%；工业资产增加 2815 亿元，增长 76.6%；主营业务收入增加 3987 亿元，增长 42.8%；企业利润增加 166.38 亿元，增长 33.8%。

（二）行业发展分析

1. 价格

“十二五”期间，随着肉类产量和进口量的增加，市场价格逐渐企稳。猪肉价格自2011年大幅上涨后，连续三年下降，于2014年跌入谷底，2015年开始进入恢复性上升区间；牛羊肉价格经2011—2013年连续大幅上涨后，于2014年开始平稳，2015年有所下降；禽肉价格经2013年大幅下跌后逐步转入上升通道如表2和图1所示。2011—2015年主要肉类产品的价格升降幅度变化如图2所示。

表2 主要肉类产品集贸市场2011—2015年平均成交价格及升降幅度

主要肉类产品	2011年	2012年	2013年	2014年	2015年
鲜猪肉/（元/kg）	26.73	25.32	25.22	23.06	26.64
同比升降/%	23.7	-5.3	-0.4	-8.6	15.5
鲜牛肉/（元/kg）	41.23	53.17	63.01	63.91	63.38
同比升降/%	16.01	28.93	18.5	1.4	-0.9
鲜羊肉/（元/kg）	49.47	57.86	65.12	65.16	58.91
同比升降/%	23.63	16.94	12.5	0.06	-9.6
白条鸡/（元/kg）	16.98	17.66	17.54	18.90	18.83
同比升降/%	9.99	4	-0.7	7.7	-0.4

资料来源：农业部。

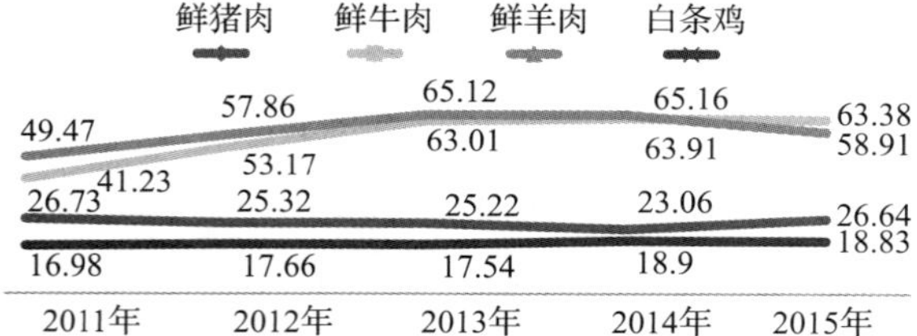

图1 2011—2015年主要肉类产品的价格变化（单位：元/kg）

资料来源：农业部。

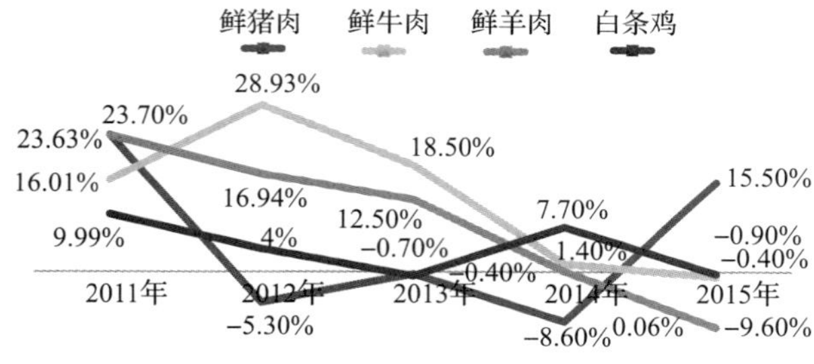

图2 2011—2015年主要肉类产品价格升降幅度的变化

资料来源：农业部。

2. 市场

从市场供应总量看，2015年全国肉类总产量8625万t，比“十二五”规划目标超出125万t，比2010年的7926万t增加699万t，增幅8.8%；人均肉类占有量62.7kg，比2010年的59.1kg增加3.6kg，增幅6%，还是比较充裕的。但是，与2014年相比，肉类产量下降1%，减产82万t，要靠增加进口来弥补。

从市场供应结构看，2015年猪肉产量5487万t，比上年下降3.3%；牛肉700万t，增长1.6%；羊肉441万t，增长2.9%；禽肉1826万t，增长4.3%（表3）。猪肉、禽肉、牛肉、羊肉在肉类总产量中所占的比重为63.6∶21.2∶8.1∶5.1（图3）。与上年相比，猪肉占比下降1.5个百分点；禽肉占比上升1.1个百分点；牛肉占比上升0.2个百分点；羊肉占比上升0.2个百分点。猪肉因减产占比下降幅度较大，但仍比“十二五”规划目标高出0.6个百分点，牛羊禽肉供给相对不足。

表 3　2011—2015 年全国肉类产品结构分析（猪、牛、羊、禽肉）

肉类产品结构	2011 年	2012 年	2013 年	2014 年	2015 年
肉类总产量/万 t	7957	8384	8536	8707	8625
猪肉/万 t	5053	5335	5493	5671	5487
牛肉/万 t	648	662	673	689	700
羊肉/万 t	393	401	408	428	441
禽肉/万 t	1709	1823	1798	1751	1826
杂畜肉/万 t	155	163	164	168	171
猪肉占比/%	63.5	63.6	64.3	65.1	63.6

注：“十二五”规划目标是猪肉占比 63% 以下。

资料来源：国家统计局。

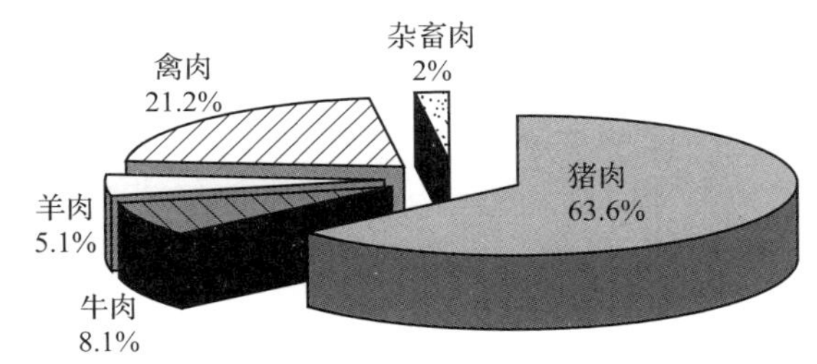

图 3　2015 年我国肉类行业主要产品的结构

资料来源：国家统计局。

从市场供应质量看，2015 年国家加大对肉类食品安全监管力度，全年对肉及肉制品监督抽检 18344 批次，比 2014 年的 3721 批次增加 14623 批次，增长近 4 倍。全年共检出不合格样品 631 批次，合格率 96.6%，未能实现“十二五”规划确定的产品合格率达到 97% 以上的预定目标。

3. 投资

2015 年，全国肉类工业投资继续增加。从行业资产的分布看，牲畜屠宰比重上升，禽类屠宰和肉制品加工比重下降。

国家统计局数据显示，2015 年末全国规模以上屠宰及肉类加工企业资产总计 6488.14 亿元，比 2014 年的 6136.24 亿元增加 351.9 亿元，增幅 5.73%。其中，牲畜屠宰企业资产 2566.98 亿元，比上年的 2383.51 亿元增加了 183.47 亿元，增幅 7.69%；禽类屠宰企业资产 1588.61 亿元，比上年的 1535.94 亿元增加了 52.67 亿元，增幅 3.43%；肉制品及副产品加工企业资产 2332.55 亿元，比上年的 2216.79 亿元增加了 115.76 亿元，增幅 5.22%。

从投资结构看（图 4），牲畜屠宰企业资产在肉类行业的占比，由上年的 38.84% 升至 2015 年的 39.56%，上升了 0.72 个百分点；禽类屠宰企业资产占比由上年的 25.03% 下降到 2015 年的 24.48%，下降了 0.55 个百分点；肉制品及副产品加工企业资产占比由上年的 36.13% 下降到 2015 年的 35.95%，下降了 0.18 个百分点。

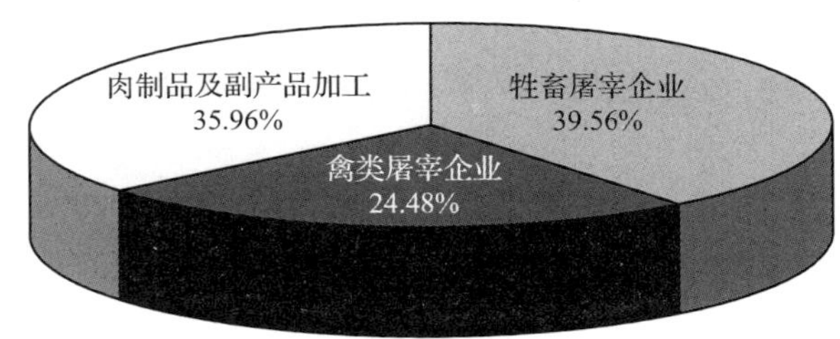

图 4　2015 年全国肉类重点行业资产分布结构

4. 区域分布

2015 年全国规模以上屠宰及肉类加工企业资产 6488.14 亿元。按 2014 年资产比重大小排序，各大区域分布情况如表 4 所示。

如图 5 所示为 2015 年全国肉类工业区域

分布图。同2014年相比，华东地区占比提高了1.57个百分点；中南地区占比提高了0.01个百分点；东北地区下降了2.67个百分点；华北地区提高了1.55个百分点；西南地区占比下降了0.76个百分点；西北地区上升了0.3个百分点。

表4　2014—2015年各区域肉类工业资产占比的变化

单位:%

地区	2014年	2015年
华东地区	37.47	39.04
中南地区	23.97	23.98
东北地区	13.66	10.99
华北地区	12.63	14.18
西南地区	9.63	8.87
西北地区	2.64	2.94
全国总计	100	100

资料来源：国家统计局。

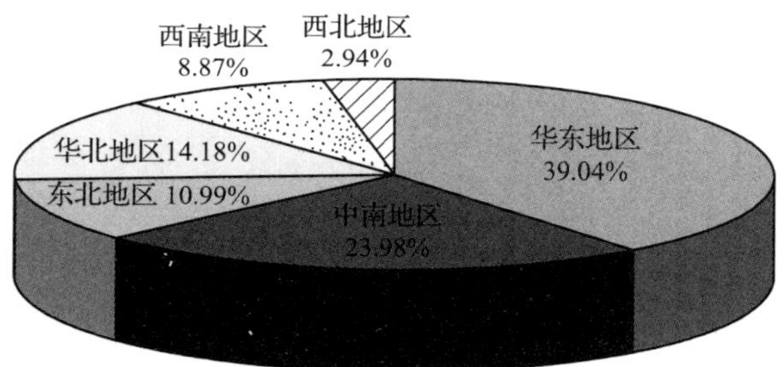

图5　2015年全国肉类工业区域分布

按屠宰及肉类加工企业资产总额计算，华东地区占比最高的是山东省（23.93%，比上年的21.39%上升了2.54个百分点）；中南地区占比最高的是河南省（16.65%，比上年的16%上升了0.65个百分点）；东北地区占比最高的是辽宁省（4.9%，比上年的7.12%下降2.22个百分点）；华北地区占比最高的是内蒙古（3.82%，比上年的3.29%上升了0.53个百分点）；西南地区占比最高的是四川省（6.31%，比上年的7.13%下降0.82个百分点）；西北地区占比最高的是陕西省（0.99%，比上年的0.9%增加了0.09个百分点）。六大区域居首位的6个省区占屠宰及肉类加工企业资产总额的56.6%。

从牲畜屠宰行业看，企业资产分布的情况是：华东地区占23.79%；中南地区占22.41%；华北地区占21.98%；东北地区占14.87%；西南地区占12.26%；西北地区占4.67%。

从禽类屠宰行业看，企业资产分布的情况是：华东地区占59.65%；中南地区占17.69%；华北地区占7.89%；东北地区占12.12%；西南地区占1.48%；西北地区占1.14%。

从肉制品及副产品加工行业看，企业资产分布的情况是：华东地区占41.74%；中南地区占30%；华北地区占9.88%；东北地区占5.95%；西南地区占10.17%；西北地区占2.26%。

总的看来，2015年我国肉类工业区域分布变化的主要特点，一是华东地区占比继续上升，东北、西南地区占比下降，西北地区相当薄弱；二是牲畜屠宰产业布局相对均衡；三是禽类屠宰和肉制品及副产品加工业70%以上集中在华东和中南地区。

5. 行业集中度

同2011年相比，肉类行业大型企业占比上升，中小企业占比下降，产业集中度有了明显提高。其中，大型企业由2011年的42家发展到2015年的148家，增加了106家；其主营业务收入由2011年的2118.13亿元增加到2015年的2600.41亿元，增加了482.28亿元，增幅22.8%，在行业内占比由2011年的22.7%提高到2015年的32.3%，提升了9.6个百分点。

中型企业由2011年的400家发展到2015年的653家，增加了253家；其主营业务收入由2011年的2783.61亿元增加到2015年的3893.52亿元，增加了1109.91亿元，增幅39.8%，在行业内占比由2011年的29.9%下降到2015年的29.3%，下降了0.6个百分点。

小型企业由2011年的2835家发展到2015年的3139家，增加了304家；其主营业务收入由2011年的4401.73亿元增加到2015年的5098.25亿元，增加了696.52亿元，增幅15.8%，在行业内占比由2011年的47.3%下降到2015年的38.3%，下降了9个百分点（图6）。

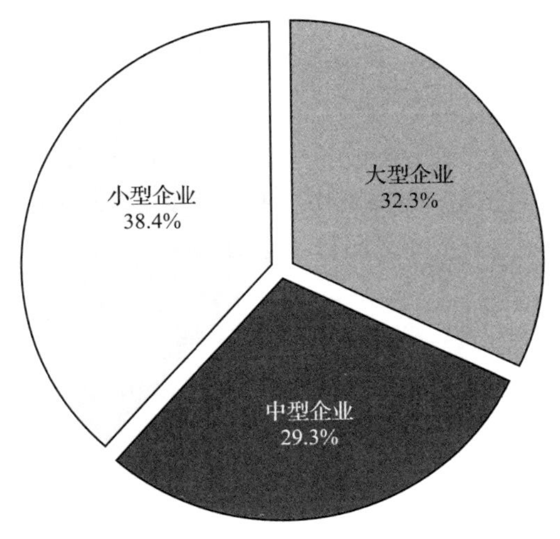

图6　全国规模以上企业市场占有比例

6. 进出口

（1）进口　2015年我国肉类进口268.4万t，比2014年的244.2万t增加了24.2万t，增长9.9%。其中，猪肉进口155.5万t，比上年增加17.8万t，增长12.9%；牛肉进口49.48万t，比上年增加17.8万t，增长56.5%；羊肉进口22万t，比上年减少5万t，下降18.5%；禽肉进口40.9万t，比上年减少6.2万t，下降13.2%。

（2）出口　2015年我国肉类出口45.8万t，比2014年的93.5万t减少了47.7万t，下降51.1%。其中，猪肉出口10.3万t，比上年减少26.8万t，下降72%；牛肉出口0.7万t，比上年减少2.1万t，下降74.4%；羊肉出口0.37万t，比上年减少0.08万t，下降16.8%；禽肉出口33.4万t，比上年减少18万t，下降35%。

7. 重点行业

屠宰及肉类加工业共分为三个重点行业。

一是牲畜屠宰业。2015年全国有规模以上牲畜屠宰企业1365家，比上年的1339家增加26家，增幅1.94%。牲畜屠宰企业占行业内企业总数34.6%，比上年的35.3%下降了0.7个百分点。其主营业务即通常所说的“红肉”（猪肉、牛肉、羊肉等）销售收入5522.41亿元，比上年的5352.92亿元增加了169.49亿元，增幅3.16%；占肉类行业主营业务收入13291.01亿元的41.55%。

二是禽类屠宰业。2015年全国有规模以上禽类屠宰企业855家，比上年的849家增加了6家，增幅0.7%。禽类屠宰企业占行业内企业总数21.7%，比上年的23.3%下降了1.6个百分点。其主营业务即通常所说的“白肉”（鸡肉、鸭肉、鹅肉等）销售收入3314.33亿元，比上年的3295.96亿元增加了18.37亿元，增幅0.56%，占肉类行业主营业务收入总额的24.94%。

三是肉制品及副产品加工业。2015年全国有规模以上肉制品及副产品加工企业1720家，比上年的1598家增加了122家，增幅7.6%。肉制品及副产品加工企业占行业内企业总数43.65%，比上年的42.2%上升了1.45个百分点。其主营业务收入4454.27亿元，比上年的4225.13亿元增加了229.14亿元，增幅10.5%；占肉类行业主营业务收入总额33.51%。

8. 包装与装备

（1）包装　随着我国肉类消费的不断增长，2015年肉类食品生产和流通中对包装材料和包装产品的需求继续增加。主要表现在以下几个方面。

① 用于超市零售的冷鲜分割肉高阻氧托

盘及收缩盖膜增加。

② 用于进口及长途运输的工业原料肉大包装增加。

③ 比气调包装具有更长的货架期、更高的配送效率和更低的配送成本的真空贴体包装增加。

④ 具有更强便利性功能（例如，更便于打开、更便于重复封口、更便于加热调理、更便于保存等）的肉制品包装增加。

⑤ 用于电商配送至终端用户的肉类食品包装增加。

总的看来，2015 年用于冷鲜肉的包装物料比上年增长了约 1.8%；用于肉制品的包装物料比上年增长了约 10%。

（2）装备　国产肉类加工机械与装备已经呈现出专业化、系列化、标准化、安全节能等特点，可基本满足各类用户不同层次、多样化的需求。随着肉类生产的发展和产业集中度的提高，2015 年我国屠宰及肉类加工机械与装备的应用水平有了进一步提升。主要表现在以下几个方面。

① 牲畜屠宰机械与装备在全国各地都得到广泛的应用。按装备水平排序，依次为华东、中南、华北、东北、西南和西北。

② 禽类屠宰机械与装备主要集中在华东和中南地区。其中，华东约占 60%；中南地区约占 18%。华北和东北地区约占 20%；西南、西北地区占 2% 左右。

③ 肉制品及副产品加工机械及装备在华东、中南、西南及华北地区得到更多的推广应用。

④ 很多国产设备已经接近国外先进水平，能够满足肉类大规模加工和工业化生产的需要。一些关键技术设备已经实现了质的突破，达到了国际领先水平。除生产技术、工艺、产品性能和质量的提高外，国产肉类加工机械与装备在采购和应用成本以及售后服务等方面，超越了众多的国际品牌，开始吸引许多欧美客户，出口明显扩大。国内大型企业开始更多地选用国产设备。

二、行业面临的问题分析

（一）政策和市场

“十二五”以来，我国在促进肉类产业发展方面的政策措施比较薄弱，许多在规划中明确的重点工程未能实施。表现在市场上的突出问题主要是：进出口贸易逆差逐年扩大；产品结构不能适应消费需求结构的变化；质量安全问题突出。

1. 进出口贸易逆差逐年扩大

“十二五”以来，我国肉类产业发展受到人口、资源、环境等因素的严重制约，不能完全满足国内市场对肉类食品日益增长的需求。据国家海关总署统计，2010—2015 年我国肉类进口持续增加，贸易逆差逐年扩大（表5，图7）。2015 年我国肉类进口 268.4 万 t，比 2010 年的 154.9 万 t 增加了 113.5 万 t，增长了 73.3%；肉类出口 45.8 万 t，比 2010 年的 88.4 万 t 减少了 42.6 万 t，下降了 48.2%；进出口贸易逆差 222.6 万 t，比 2010 年的 66.5 万 t 增加了 156.1 万 t，扩大了 2.3 倍。此外，肉类走私贸易增长的问题日趋严重，据业内调查，规模已高达 200 万 t 左右。

表 5　2010—2015 年肉类进出口贸易逆差概览

	肉类出口/万 t	肉类进口/万 t	进出口贸易逆差/万 t	逆差增减/%
2010 年	88.4	154.9	66.5	—
2011 年	89.4	190.5	101.1	52.0
2012 年	88.4	207.9	119.5	18.3
2013 年	89.8	256.3	166.5	39.3
2014 年	93.5	244.2	150.7	-9.5
2015 年	45.8	268.4	222.6	47.7

资料来源：国家海关总署。

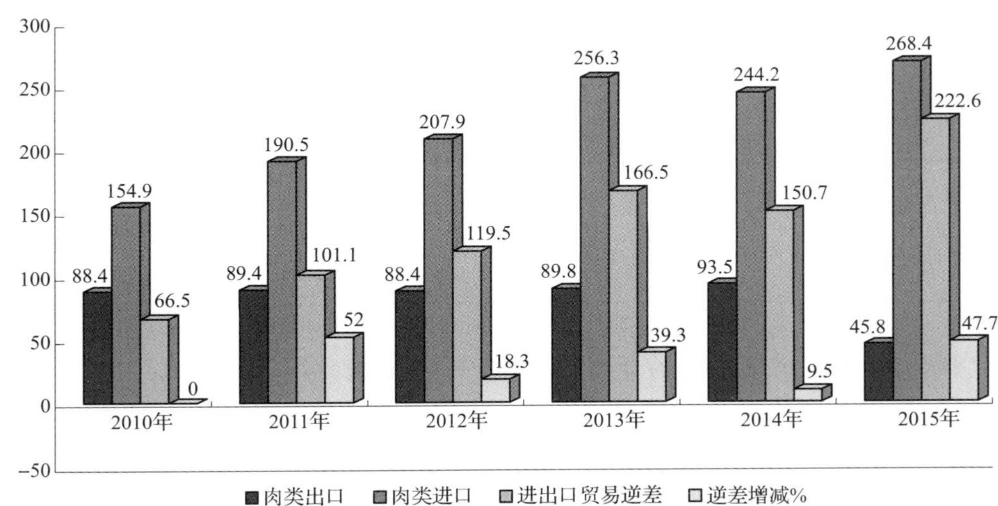

图 7　2010—2015 年我国主要肉类产品进出口贸易逆差的变化

2．产品结构不适应消费需求

猪肉比重偏大，牛羊禽肉比重下降，牛羊肉需求量不断增加；热鲜肉居高不下、冷鲜肉和小包装分割肉发展缓慢；安全、健康、营养的肉制品供应不足，与城乡居民的消费需求不相适应（表 6）。虽然 2015 年肉制品产量达到 1500 万 t 以上，占肉类总产量的 17.4%，实现了产品结构调整的规划目标，但由于产品质量安全方面存在诸多问题，不能适应消费需求结构的提升，消费者满意度并不高；肉类产品冷链流通比例约 15%，冷链物流各环节缺乏系统化、规范化、连贯性的运作；肉类产品形态单一，同质化的问题比较突出，产品创新能力不足。

表 6　2011—2015 年全国肉类产品结构分析（生鲜肉、肉制品）

肉类产品结构	2011 年	2012 年	2013 年	2014 年	2015 年
肉类总产量/万 t	7957	8384	8536	8707	8625
生鲜肉/万 t	6740	7059	7162	7262	7125
占比/%	84.7	84.2	83.9	83.4	82.6
肉制品/万 t	1217	1325	1374	1445	1500
占比/%	15.3	15.8	16.1	16.6	17.4
猪肉占比/%	63.5	63.6	64.3	65.1	63.6
牛羊禽肉占比/%	34.5	34.4	33.7	32.9	34.4

资料来源：中国肉类协会。

3．肉类食品安全形势依然严峻

“十二五”期间，瘦肉精、禽流感、速成鸡、假牛羊肉、走私肉等事件，对我国肉类工业的稳定发展造成严重困扰和重大损失。肉类食品产业链长、风险因素多、安全监管难，我国 80% 左右的肉类企业为小型企业，技术装备水平较低，缺乏必要的产品检测能力，仍存在诸多影响肉类质量安全的隐患。

从 2015 年抽样检测结果统计来看，微生物污染、品质指标不达标、食品添加剂违规使用三类问题占不合格样品的 78.7%。其中，微生物污染占不合格样品的 27.9%；品质指标不达标占不合格样品的 26%；食品添加剂违规使用占不合格样品的 24.8%。这三类问题依然是肉类食品的“传统”高发问题；重金属污染占不合格样品的 8.5%，农药兽药残留不符合标准占不合格样品的 3.8%，见表 7。

表 7　2015 年肉类抽检不合格样品中的不合格项分布

不合格项目（风险来源）	微生物污染	品质指标不达标	添加剂违规使用	重金属污染	农药兽药残留不符合标准	其他
占百分比/%	27.9	26.0	24.8	8.5	3.8	9.0

根据国家监督抽检的结果，2015 年我国市场上有 3.4% 的不合格肉及肉制品。按照当年肉类生产总量测算，不合格肉品的数量约为 293 万 t。减掉这部分不合格肉品，我国肉类总产量只有 8332 多万 t，未实现“十二五”发展规划的目标。这也是“十二五”以来肉类进出口贸易逆差不断扩大的原因之一。

（二）科技创新

在改革中增强科技创新能力，推动发展方式转变，是关系到肉类产业发展全局的重大战略问题。“十二五”期间，我国肉类加工业的科技创新处于战略调整期，在许多方面取得了新的进展，但在总体上与产业升级的要求还有很大差距，诸多深层问题亟待解决。

1. 屠宰行业管理无法可依，先进产能遭遇“逆淘汰”

由于《畜禽屠宰管理条例》尚未公布实施，目前我国畜禽屠宰还处于无法可依的阶段。2015 年全国规模以上企业生猪屠宰总量 21314.93 万头，比 2014 年的 23617.32 万头减少 2302.39 万头，同比下降 9.75%，是“十二五”期间屠宰量最低的一年。和农商两部职能交接前相比，规模以上企业屠宰生猪量从 2012 年的 2.77 亿头降至 2015 年的 2.13 亿头，减少了 6400 万头，降幅达 23%，只占生猪出栏总量的 30% 左右；小微企业屠宰的近 5 亿头生猪约占生猪出栏总量的 70%。这种少量先进与大量落后并存的产业结构，使我国规模以上企业先进屠宰设备的产能利用率从 2013 年的 30% 降到 25% 左右，下降约 5 个百分点，“十二五”规划确定的产业结构调整目标均未实现。

2. 规模以上企业经济效益下降，减弱了科技创新能力

2011 年以来，针对我国肉类产业结构长期以来存在的产业集中度较低、分散落后的小型屠宰加工企业过多、同质化低水平恶性竞争严重、先进的屠宰加工能力闲置等问题，商务部等 9 部委联合开展了生猪定点屠宰企业审核换证工作，关闭了 5 千多家达不到国家规定标准的生猪屠宰企业，淘汰了一部分落后产能。2013 年以来，在政府职能转换的过程中，部分地区私宰现象有所抬头，规模以上屠宰加工企业产能利用率下降，利润减少。2014 年，全国规模以上屠宰及肉类加工业实现利润同比下降 4.5%。其中，牲畜屠宰实现利润 256.8 亿元，同比下降 7.68%。2015 年，全国规模以上屠宰及肉类加工业亏损企业 374 家，同比增长 9%；亏损企业亏损额 38.23 亿元，同比增长 17.8%。规模以上企业经营亏损的增加，减弱了企业的科技创新能力。

3. 企业科技创新主体地位未确立，体制机制存在诸多障碍

“十二五”以来，我国许多地方加强了对肉类加工科技创新项目的政策支持，加快培育科企合作的创新主体，开发推广应用了一

批先进技术；通过科研攻关，在重大关键技术领域也取得了新的突破。许多企业不仅开发了更适合消费需求的新产品，而且在营销方式上采用了更适应用户需求的新手段。但总的看来，由于多方面的原因，企业在科技创新中的主体地位尚未确立；以企业为主导的产学研一体化技术创新推广联盟才开始形成；企业、科研单位和大专院校的优势资源尚未有效整合。为了有效配置科技资源，构建以企业为主导的“产学研推用”有机结合的创新体系，开展联合创新、协同创新，实现产业链创新的衔接配合，在深化体制改革、完善机制建设方面还有许多工作要做。

三、发展趋势

（一）发展机遇

“十三五”时期，我国肉类产业发展面临有利的市场机遇，主要表现为消费需求继续增加，质量安全普遍关注，产业政策方向明确，法治保障有望加强，产业融合步伐加快，科技创新力量增强，“一带一路”也带来许多投资与贸易的发展新机遇。

1．消费需求继续增加

随着人口的增长、可支配收入的提高和城镇化建设的推进，我国城乡居民对肉类食品的需求将持续上升，为肉类产业发展提供广阔的市场空间。

2．质量安全普遍关注

尽管人们的饮食习惯不同、居民生产生活方式转变的情况不同，但是对于肉类食品的质量安全都是普遍关心和高度重视的。“十二五”以来，我国城乡居民对肉食安全问题的认识显著提高，将为肉类产业向中高端升级提供深厚的社会基础。

3．产业政策形成共识

国内外各界一致认为，中国作为世界最大的肉类消费国，如果肉食供给不足，可能引发全球肉类结构失衡和价格波动，进而冲击全球肉业安全。因此，加强中国肉类产业基础建设，对于保障全球肉业安全具有重要意义。鉴于肉类产业发展对于保障食品安全、消除饥饿、改善营养的重要性，各国已达成政策共识，应整合全球肉业发展的优秀成果，积极开展国际交流合作，加强和完善中国的肉类食品产业链建设，提升供给保障力，加快肉类产业转型升级。

4．法治保障逐步加强

2015 年 10 月新《食品安全法》开始实施，为肉类产业转型升级提供更加有力的法治保障。“十三五”期间将按照“依法治国”的目标，逐步建立肉类产业更加完备的法律规范体系、更加高效的法治实施体系、更加严密的法治监督体系、更加有力的法治保障体系，使产业发展环境得到显著改善。

5．产业融合步伐加快

2015 年国家确定了加快推进农村一二三产业融合的政策措施。“十三五”期间，肉类产业将通过建立优质畜禽养殖基地和肉食直销网络的形式，加快产业融合步伐，再造产业业务流程，完善肉类食品产业链建设。许多行业龙头企业依托自身的养殖、屠宰、加工资源涉足电子商务，开始战略转型，构建产、加、销一体化的经营体系，将日益成为肉类产业发展的重要趋势。

6．科技创新力量增强

分子生物学、蛋白组学、基因技术和现代营养学等基础学科理论不断丰富和发展，催生出一批新兴、交叉和综合学科，为肉类产业科技发展提供了新的理论和方法。随着我国迈向科技创新强国步伐的加快和经济实力的不断增强，推动肉类科技发展的财政保障力度将进一步加强；科技体制改革的不断深化，将进一步优化肉类科技创新发展的政策环境；科技基础设施的不断完善，将进一步强化肉类科技创新硬件条件；而人才强国战略的不断推进，也将进一步推动复合型、专业化肉品科技人才队伍的建设。

7. “一带一路”带来机遇

作为中国新的国际战略框架，“一带一路”给肉类产业带来新的发展机遇。“一带一路”沿线以新兴经济体和发展中国家为主体，拥有丰富的自然与人力资源，肉类产业凭借在资金、技术、管理和人才等方面的优势与沿线国家进行要素互补，有利于肉类企业原料来源的多元化以及过剩产能的转移，给肉类产业带来新的出口市场和投资市场。

（二）面临挑战

“十三五”期间，我国肉类产业发展将面临着严峻的挑战和竞争的压力，主要是生产成本不断上升，保障供应资源不足，肉类进口竞争加剧，结构调整阻力增大。

1. 生产成本不断上升

为了实现肉类的可持续生产，需要保护环境、节约资源、善待动物、保障安全。各国业内专家一致认为，在可预见的未来，肉类食品的生产成本将逐步上升。这一方面会影响畜禽养殖企业、肉类加工企业经济效益的提高和再生产能力的扩大；另一方面，会抬高畜禽原料和肉类食品价格，减弱畜禽养殖企业和肉类加工企业的市场竞争力。

2. 市场风险进一步加大

随着我国经济进入新常态，经济的发展速度由高速向中高速换档，肉类消费增速放缓。受畜产品生产特点、市场供求、食品安全事件等因素的影响，肉类产品价格呈波动态势，影响肉类产业稳定发展。由于国内外价格差异，肉类走私已呈常态化和普遍化，对国内肉类产业的发展造成干扰和冲击。居民消费更加个性化、多样化，对品质要求不断提高，未来肉类企业面临更大的市场挑战和风险。

3. 资源承载和环境保护压力增大

“十三五”期间，我国粮食安全特别是饲料资源将继续对畜牧业发展产生重大影响，蛋白饲料原料供应不足仍将是制约畜牧业发展的关键因素之一；同时，还存在牧区载畜量猛增造成的草原生态环境破坏需要恢复和大中型畜禽养殖场周边环境污染有待治理等问题。受资源、环境等多种因素制约，我国保障肉食供应能力不足。据农业部预测，2020 年我国肉食需求总量将达到 1 亿 t，但肉类总产量只能达到 9000 万 t 左右，大约有 1000 万 t 的供求缺口要靠进口来弥补。《畜禽规模养殖污染防治条例》的实施，对畜牧业污染防治提出了更高要求。一些地区特别是东部沿海发达省市出于环境保护的考虑，压缩了畜禽养殖业的发展空间，影响到肉类工业可持续发展的基础。

4. 肉类进口竞争加剧

目前，我国肉类自给率达 95% 以上，进口量不到总需求量的 5%。“十三五”期间，发达国家和部分发展中国家的肉类生产商、加工商将扩大对中国的肉类出口，提供更多安全的、高质量的肉类产品。特别是自由贸易的发展，将消除各种关税和非关税壁垒，使肉类进口更加便利并具有价格竞争优势，从而对我国肉类产业形成强烈的冲击。

5. 结构调整难度增大

目前，我国肉类加工的产业集中度和技术装备水平较低，80% 以上的企业还处于小规模、作坊式，手工或半机械加工的落后状态，与人民群众日益提高的肉食消费需求不相适应。“十二五”初期，我国加快肉类产业结构调整，淘汰了一部分落后产能；“十二五”末，受政府职能转变过渡期的影响，“小、散、乱”的产业格局有所恢复，造成大中型企业产能利用率下降、经营亏损，实力下降，影响了其在产业结构调整中主导作用的发挥。预计“十三五”期间，肉类产业结构调整的难度将有所增大。无论是扩大冷鲜肉、小包装分割肉和肉制品的生产比重，改变白条肉、热鲜肉为主的供给结构，还是落实节能减排措施，提高畜禽皮、毛、骨、血等资源的综合利用水平，都将比“十二五”期间更困难。

四、政策建议

（一）颁布实施《畜禽屠宰管理条例》，加快淘汰落后产能

在全面完成屠宰管理职能转变的基础上，尽快颁布实施《畜禽屠宰管理条例》。通过依法加强屠宰行业管理，加快淘汰落后产能，改变小微屠宰企业过多、现代化屠宰企业产能利用率过低的现状。

小微企业过多，与目前行业管理规则、标准不清有关。建议在立法过程中明确淘汰落后产能的规则和标准，为依托规模以上企业促进产业现代化提供依据。从我国国情出发，大中小型企业并存、以中小企业为主的格局将长期存在。在提高产业集中度的同时，要以确保肉类食品安全为核心，依法对中小企业实施标准化、规范化管理。

（二）加强监管，严厉打击病害肉、劣质肉、走私肉上市

当前，规模以上企业畜禽屠宰量及病害肉无害化处理量下降，意味着市场上病害肉、劣质肉、走私肉的增加。只有严厉打击病害肉、劣质肉、走私肉上市，才能增加安全、健康、优质肉类的供应，保障人民健康安全。为了满足国内市场对肉类日益增长的需求，一方面要提升肉类贸易开放度，通过扩大贸易推进世界产业结构调整，实现全球资源再平衡；另一方面要切实加强进口贸易管理，严厉打击肉类走私，防止低价未经检疫检验的肉品对我国畜禽养殖和肉类加工业的冲击。建议加大监管力度，严惩非法经营者，同时要完善病死畜禽无害化处理制度，以无害化处理为依据发放病死畜禽保险。

为打击病害肉、劣质肉、走私肉上市，要大力加强肉食消费领域的科普宣传。配合《食品安全法》的贯彻，向广大消费者普及肉类食品安全知识，提高消费者对病害肉、劣质肉、走私肉等不合格肉品的认知能力，动员全社会共同参与肉类食品安全治理。

（三）加大对肉类加工业提档升级的政策扶持

针对肉类产业目前资产负债率上升，成本费用加大，税负有所加重的现状，为了发展规模化、标准化、现代化的肉类加工业，支持规模以上企业降本增效、提高劳动生产率，向中高端升级，建议加大中央和地方财政支持力度，充分利用现有财政政策及资金渠道，对肉类加工产业和产业集群公共服务平台建设、企业技术改造等重点项目给予支持，明确涉农资金用于肉类加工业提档升级的比例。中国农业发展银行及商业银行对符合国家产业政策和贷款条件的肉类加工项目和企业技术改造提供信贷支持，对实力强、资信好、效益佳的企业优先安排贷款，增加授信额度；支持符合条件的肉类加工企业通过在银行间债券市场发行短期融资券、中期票据、中小企业集合票据等方式拓宽融资渠道，募集生产经营资金。扩大进项税额核定扣除办法试点行业范围，扩大肉类加工所得税优惠范围。

（四）加强肉类加工产业科技创新能力

突出国家科技创新驱动发展的战略目标和任务导向，加强肉类加工产业战略研究与系统布局，形成政府引导和大型肉类企业参与的科技投入机制。充分发挥肉类企业在技术创新决策、研发投入、科研组织和成果转化中的主体作用，建立以企业为主体、以市场为导向、产学研紧密结合的协同创新机制。着力推进肉类加工产业科技创新型人才培养和创新团队建设工作，瞄准肉类科技发展动向和产业导向，加强领军人才培养和国际一流创新团队建设，加强中青年高级专家、学科带头人及优秀创新团队建设。

（五）充分发挥行业组织作用

充分发挥行业组织联系政府和企业的桥梁纽带作用，鼓励行业组织积极参与国家、地方有关政策法规、食品安全标准的制（修）订工作。加强行业自律，推动行业诚信建设，宣传、普及食品安全知识。加强对肉类加工业发展重大问题的调查研究，组织企业及时反映行业情况、问题和诉求。强化对肉类加工业相关信息的统计和发布，构建完善的信息网络平台和发布渠道，更好地为企业服务。建议在“十三五”期间，发挥行业组织的综合优势，推进肉类加工业通过“引进来、走出去”参与国际合作、互利共赢，加快产业提档升级。

中国肉类协会

乳制品工业

乳制品由于其营养丰富而全面，作为一种优质食品的形象早已深入人心，受到人们的推崇。“十二五”期间，乳制品行业克服重重困难，取得了不错的成绩。与2010年相比，2015年乳制品产量提高28.86%，销售收入增长71.59%，资产增加85.40%，利润提升39.30%，上缴税金增加45.07%。虽然取得了不错的成绩，但与世界乳业发达国家相比，我国乳制品消费仍处于较低水平，仅为世界平均水平的五分之一，亚洲平均水平的二分之一，发展潜力十分巨大。

一、行业概况

2015年，由于国内消费拉动乏力及进口产品的冲击，国内乳制品生产处于低水平增长；虽然个别地方仍有奶源过剩的情况，但生鲜乳价格仍保持高位，乳品加工业和奶牛饲养业都承受了很大压力。但是，乳制品质量安全状况仍然保持稳定向好的好态势。

（一）主要经济指标

2015年，乳制品产量扭转了去年同期负增长的局面，有了小幅增长，但部分产品仍呈现下降趋势。据国家统计局数据，2015年1—12月，全国共有规模以上乳制品企业638家，销售收入3328.5亿元，同比增长1.66%，利润总额241.7亿元，同比增长7.68%，上缴税金122.0亿元，同比增长16.57%，销售收入利润率7.3%。乳制品产量2782.5万t，同比增长4.60%，其中液体乳产量2521.0万t，同比增长4.72%，乳粉产量142.0万t，同比下降4.50%，乳粉产量同比增长仍是负数，但降幅比去年缩小2个百分点。

2015年12月底，库存产成品总额88.2亿元，同比下降6.61%。库存产成品应为乳粉类产品。库存产成品货值下降，主要是因为产量下降的结果。2015年，全行业亏损企业亏损额为18.8亿元，同比下降23.06%。行业亏损额与利润总额的比为1∶12.9。亏损企业亏损额虽然与去年基本持平，但与前年相比亏损额增长仍高达46.88%，这就意味着部分企业经济效益仍然未能根本好转。2015年，中型企业发展好于大型企业和小型企业，小型企业经营状况艰难。

“十二五”期间，受消费增长放缓影响，我国乳制品进入了一个相对平缓的发展时期，乳制品产量年均增长5.2%，乳制品销售收入年均增长11.4%。详见表1、表2。

（二）行业发展分析

2015年，行业原料乳价格有所回落，但仍维持高位，行业面临着高成本的压力，同时在进口产品低价冲击下，乳制品价格较上年有所降低，企业经营困难加剧，行业集中度进一步提高。我国乳制品生产和市场消费对国际市场的依赖程度进一步加强，行业投资继续向上游养殖业和海外发展。

1. 价格

（1）原料价格　2015年，国内奶源供应比较销售收入稳定，价格维持高位运行，在产奶旺季价格出现小幅回落，旺季过后价格逐渐恢复。

表 1　2011—2015 年全国规模以上乳制品企业情况

指标	2011 年	2012 年	2013 年	2014 年	2015 年
企业数量/个	640	650	658	631	638
资产总计/亿元	1579.2	1782.5	2056.9	2321.2	2565.0
销售收入/亿元	2314.9	2502.0	2831.6	3297.8	3328.5
利润总额/亿元	177.7	174.0	180.1	225.3	241.7
上缴税金/亿元	93.5	111.7	113.7	105.1	122.0

注：2012 年及以前为年报数据，2013 年及以后为月报数据。

资料来源：国家统计局。

表 2　2011—2015 年全国规模以上乳制品企业产量情况

单位：万 t

指标	2011 年	2012 年	2013 年	2014 年	2015 年
乳制品	2387.5	2545.2	2698.0	2651.8	2782.5
液体乳	2060.8	2146.6	2336.0	2400.1	2521.0
乳粉	138.6	136.5	158.9	150.8	142.0

资料来源：国家统计局。

据农业部对内蒙古、河北等 10 个奶牛主产省（自治区）［河北、山西、内蒙古、辽宁、黑龙江、山东、河南、陕西、宁夏、新疆。2013 年 10 省（自治区）生鲜乳产量占全国的 82.6%。］生鲜乳平均价格的调查数据，2015 年 1 月平均价格 3.56 元/kg，4 月为 3.40 元/kg，8 月为 3.41 元/kg，12 月为 3.54 元/kg。2015 年 12 月全国主产区生鲜乳平均价格同比下降了 6.6%（图 1）。

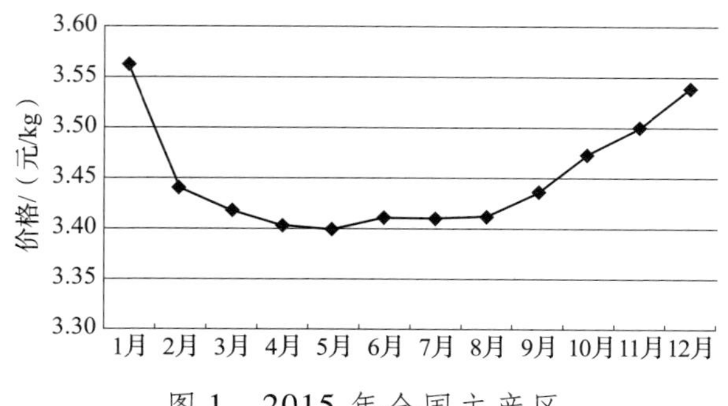

图 1　2015 年全国主产区生鲜乳平均价格变化情况

资料来源：农业部监测数据。

（2）乳制品零售价格　2015 年，受乳制品消费增长缓慢、企业库存增加以及进口乳制品低价冲击的影响，乳制品年均价格出现下降。根据国家统计局的调查数据，2015 年 12 月，乳制品价格环比降低 0.2%，全年乳制品平均价格同比降低 1.1%，而同期食品价格增长则为 2.3%。

2. 市场

2015 年，乳制品消费增长缓慢，加之低价进口产品的冲击，国产乳制品销售，尤其是乳粉的销售困难，销售周期变长，企业库存产品维持高位。2015 年年底，行业应收账款为 244.6 亿元，同比增长 4.46%；产成品存货 88.2 亿元，同比减少 6.61%。

农村市场是我国乳制品消费增长的最主要动力。由于我国乳制品消费基数低，特别是广大农村地区尚待开发，随着居民生活水平的提高，乳制品消费仍然具备很大的发展空间。

3. 投资

2015 年，受国内消费形势影响，乳制品投资趋缓，企业重点进行自有奶源建设，2015 年 12 月，行业资产总计为 2565.0 亿元，同比增长 10.98%，增速同比降低 1.51 个百分点。

“十二五”期间，乳制品投资较为活跃，投资主要用于自有奶源基地建设、工厂设备设施的改造升级和检验能力的提升，以及进行海外并购和海外牧场、工厂的建设等。

4. 区域分布

分地区情况看，内蒙古、黑龙江、山东、河北等地仍然是中国乳制品加工业规模最大和最集中的地区。

2015 年，销售收入下降的省区共计 8 个，而上年同期仅有 5 个。销售收入居前的地区为内蒙古、黑龙江、山东、河北和陕西，五省、自治区、直辖市销售收入总计 1759.8 亿元，占全国的 52.87%，占比较上年提高 4.02 个百分点。（各省、自治区、直辖市情况见表 3）

表 3　2015 年全国乳制品企业销售收入前五位省、自治区、直辖市情况

地区	销售收入/亿元	同比增长/%	占全国比例/%
全国总计	3328.5	1.66	100.00
内蒙古	633.6	0.49	19.03
黑龙江	379.2	1.31	11.39
山东	305.3	0.35	9.17
河北	288.4	10.77	8.66
陕西	153.4	-5.68	4.61

资料来源：国家统计局月报数。

产量上，乳制品产量居前的省区为河北、内蒙古、山东、河南和黑龙江，五省、自治区、直辖市乳制品总产量为 1318.7 万 t，占全国的 47.39%，占比较上年提高 1.09 个百分点。其中液体乳产量居前的省区为河北、内蒙古、山东、河南和江苏，五省、自治区、直辖市液体乳总产量为 1231.5 万 t，占全国的 48.85%，占比较上年提高 0.51 个百分点。乳粉产量居前的省区市为黑龙江、陕西、内蒙古、河北和福建，五省、自治区、直辖市合计生产乳粉 104.2 万 t，占全国的 73.44%，占比与上年基本持平。（各产品及省、自治区、直辖市产量情况见表 4、表 5 和表 6）

表 4　2015 年 1～12 月全国乳制品产量前五位省、自治区、直辖市情况

地区	产量/万 t	比上年同比增长/%	占全国比例/%
全国总计	2782.5	4.60	100.00
河北	346.0	5.08	12.43
内蒙古	293.6	8.09	10.55
山东	250.9	19.10	9.02
河南	236.9	2.89	8.51
黑龙江	191.4	-2.08	6.88

资料来源：国家统计局月度统计。

表 5　2015 年 1～12 月全国液体乳产量前五位省、自治区、直辖市情况

地区	产量/万 t	比上年同比增长/%	占全国比例/%
全国总计	2521.0	4.72	100.00
河北	335.4	3.84	13.31
内蒙古	276.4	9.97	10.96
山东	242.2	20.50	9.61
河南	236.3	2.90	9.37
江苏	141.3	10.08	5.60

资料来源：国家统计局月度统计。

2015 年，区域品牌得到发展，盈利能力得到大幅提升，如北京、天津、浙江、重庆、广西等地，利润总额都有大幅度的增长，其中浙江 3.7 亿元，同比增长 609.13%；北京 2.6 亿元，同比增长 368.57%。乳业大省黑龙江，由于产品以乳粉为主，受低价进口乳粉的冲击，效益较差，2015 年黑龙江实现利润总额 29.2 亿元，同比减少 24.25%。

表6　2015年1～12月全国乳粉产量前五位省、自治区、直辖市情况

地区	产量/万t	比上年同比增长/%	占全国比例/%
全国总计	142.0	-4.50	100.00
黑龙江	50.5	-7.04	35.56
陕西	26.7	10.41	18.78
内蒙古	15.4	-17.74	10.86
河北	6.0	31.70	4.24
福建	5.7	34.86	4.00

资料来源：国家统计局月度统计。

5. 行业集中度

2015年，行业集中度进一步提高，大型企业盈利能力得到加强。根据国家统计局月报数据，2015年年底，全国共有大型企业49家，占行业全部规模以上企业数的7.68%，其全年共实现销售收入1411.3亿元，同比增长1.71%，占行业的42.40%，比上年提高0.55个百分点；利润总额108.1亿元，同比增长6.21%，占行业的44.75%，比上年提高2.08个百分点（图2）。

“十二五”期间，得益于国家对乳制品行业清理整顿和鼓励兼并重组政策的影响，大型乳制品企业得到了较好的发展。相比2010年，大型乳制品企业的资产增长160.21%，销售收入增长267.84%，利润提升66.82%，上缴税金增长209.27%，见表7。

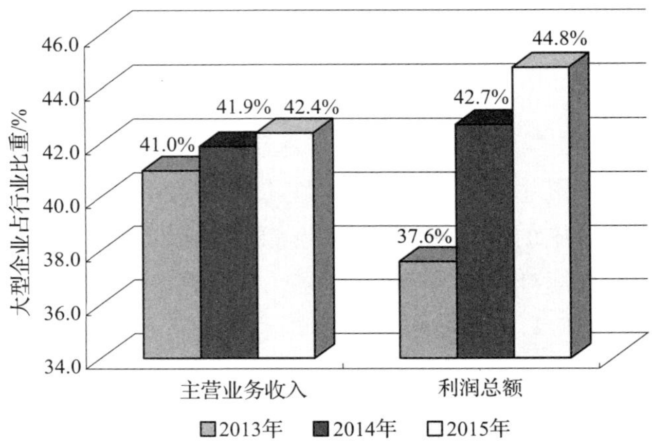

图2　2013—2015年大型企业指标占全行业比重变化情况

资料来源：国家统计局月报数据。

6. 进出口

2015年，国际乳制品价格低位运行，液体乳等产品的进口继续大幅增长；但受国内乳粉产品高库存的影响，乳粉的进口出现了较大的降幅，全年乳制品进口总量也自2008年以来首次出现下降。2015年1—12月共计进口乳制品191.85万t，货值61.11亿美元，同比分别下降6.49%和28.00%，进口乳制品货值占国内行业销售收入的11.9%。其中，乳粉、液体乳、乳清类产品、婴幼儿乳粉、乳糖、干酪和奶油进口量较大，液体乳、零售婴幼儿食品（其中婴幼儿乳粉占97%以上）增幅较大，具体进口情况见表8。

表7　2011—2015年大型企业指标变化情况

指标	2011年	2012年	2013年	2014年	2015年
大型企业数/个	42	44	44	44	49
资产总计/亿元	740.3	839.1	1017.6	1079.1	1157.4
销售收入/亿元	992.6	1064.0	1159.7	1380.7	1411.3
利润总额/亿元	75.1	78.7	67.7	96.3	108.1
上缴税金/亿元	47.8	61.4	60.4	50.5	63.4

注：2012年及以前为年报数据，2013年及以后为月报数据。

资料来源：国家统计局。

表 8　2015 年全国乳制品进口情况

商品名称	数量/万 t	同比增长/%	金额/亿美元	同比增长/%
进口合计	191.85	-6.49	61.11	-28.00
液体乳	45.96	43.54	4.85	18.71
乳粉	54.72	-40.73	15.07	-66.04
炼乳	1.09	19.19	0.22	4.67
发酵乳	1.03	18.21	0.28	-23.96
乳清类产品	43.58	7.67	5.25	-33.38
奶油	7.13	-11.38	2.65	-29.77
干酪	7.56	14.56	3.48	1.62
乳糖	8.95	5.51	0.84	-33.49
零售婴幼儿食品	17.99	46.20	25.18	60.79
酪蛋白	2.12	36.90	1.72	-6.17
白蛋白	1.72	8.65	1.57	-21.26

资料来源：中国海关。

从进口来源看，新西兰仍然是我国最大的乳制品进口来源地，其次是美国和德国，澳大利亚超过法国成为我国第四大乳制品进口来源地，我国分别从这些国家进口了 65.7 万 t、34.4 万 t、27.6 万 t、12.7 万 t 和 12.1 万 t 的乳制品，五国合计占到总进口量的 79.5%（图 3）。

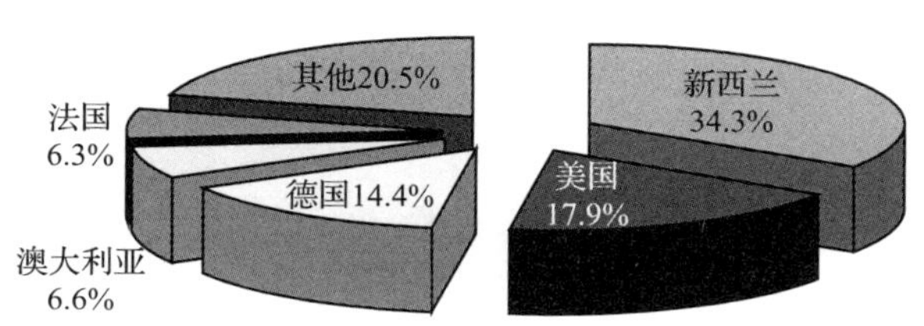

图 3　2015 年乳制品进口来源情况

资料来源：中国海关。

其中，液体乳主要来源于德国、新西兰、澳大利亚、法国和意大利，进口量分别为 20.5 万 t、7.5 万 t、6.2 万 t、3.6 万 t 和 1.3 万 t，五国合计占液体乳总进口量的 85.0%（图 4）。

乳粉主要来源于新西兰、澳大利亚、美国、德国和法国，进口量分别为 44.8 万 t、2.7 万 t、2.2 万 t、1.4 万 t 和 1.2 万 t，五国合计占乳粉总进口量的 95.4%（图 5）。

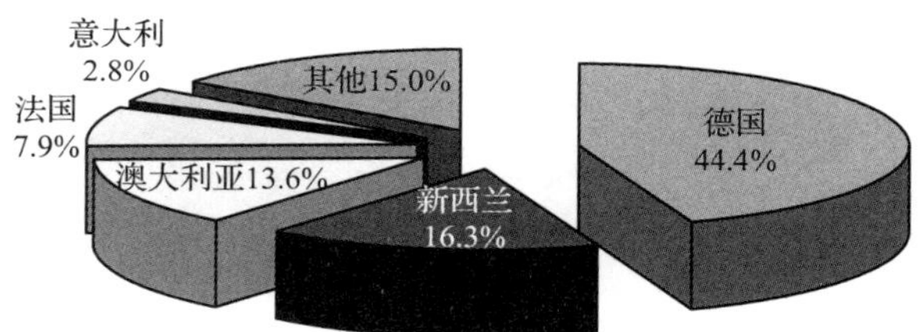

图 4　2015 年液体乳进口来源情况

资料来源：中国海关。

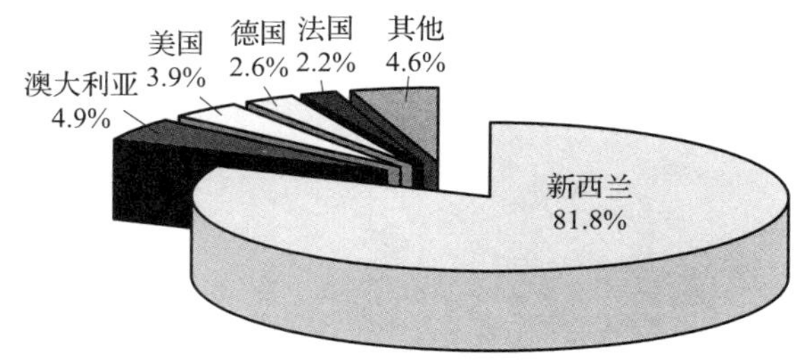

图 5　2015 年乳粉进口来源情况

资料来源：中国海关。

乳清类产品主要来自于美国、法国、波兰、阿根廷和德国，进口量分别为 22.9 万 t、

5.0 万 t、2.9 万 t、2.8 万 t 和 2.4 万 t，五国合计占乳清粉总进口量的 82.7%（图 6）。

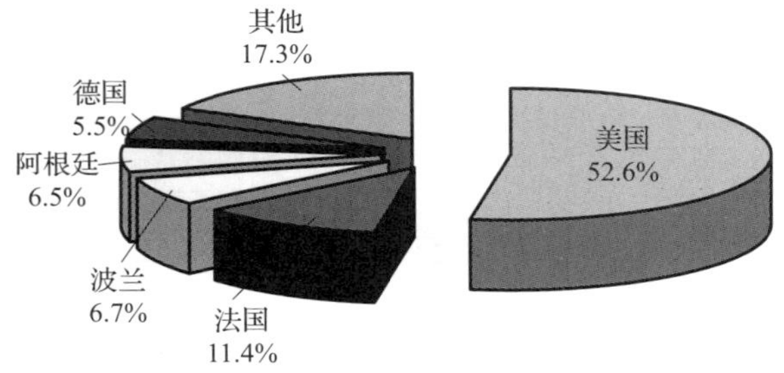

图 6 2015 年乳清类产品进口来源情况

资料来源：中国海关。

奶油主要来自于新西兰、法国、澳大利亚、比利时和阿根廷，进口量分别为 6.1 万 t、3.2 万 t、2.6 万 t、1.8 万 t 和 0.9 万 t，五国合计占奶油总进口量的 97.5%（图 7）。

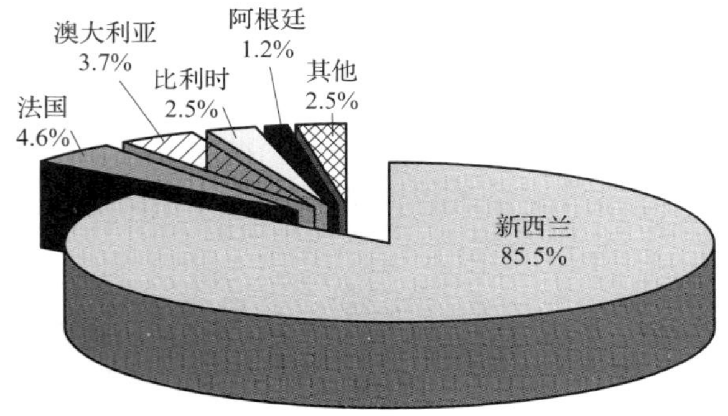

图 7 2015 年奶油进口来源情况

资料来源：中国海关。

干酪主要来自于新西兰、澳大利亚、美国、丹麦和意大利，进口量分别为 3.7 万 t、1.5 万 t、1.2 万 t、0.24 万 t 和 0.19 万 t，五国合计占干酪总进口量的 90.0%（图 8）。

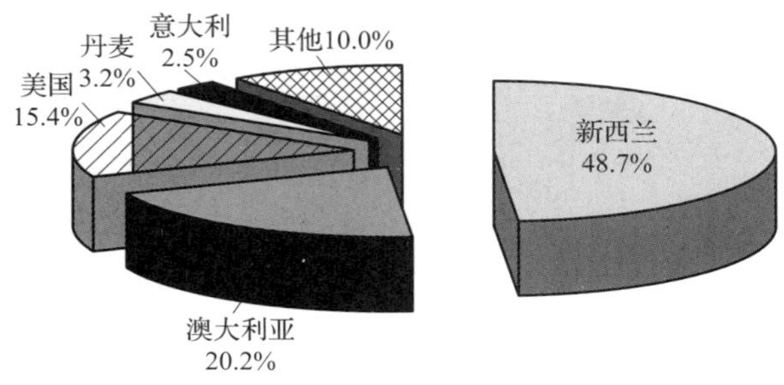

图 8 2015 年干酪制品进口来源情况

资料来源：中国海关。

乳糖主要来自于美国、丹麦、德国、澳大利亚和荷兰，进口量分别为 7.0 万 t、0.67 万 t、0.34 万 t、0.30 万 t 和 0.29 万 t，五国合计占乳糖总进口量的 96.2%（图 9）。

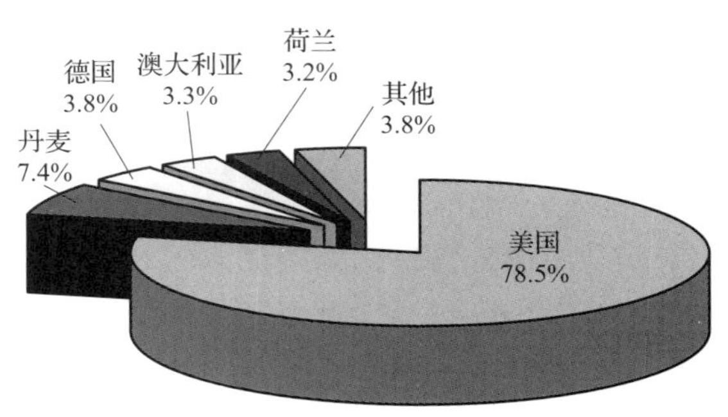

图 9 2015 年乳糖进口来源情况

资料来源：中国海关。

零售婴幼儿食品主要来自荷兰、爱尔兰、德国、法国和新西兰，分别进口 5.8 万 t、2.5 万 t、1.7 万 t、1.6 万 t 和 1.4 万 t，五国合计占零售婴幼儿食品进口量的 72.3%（图 10）。

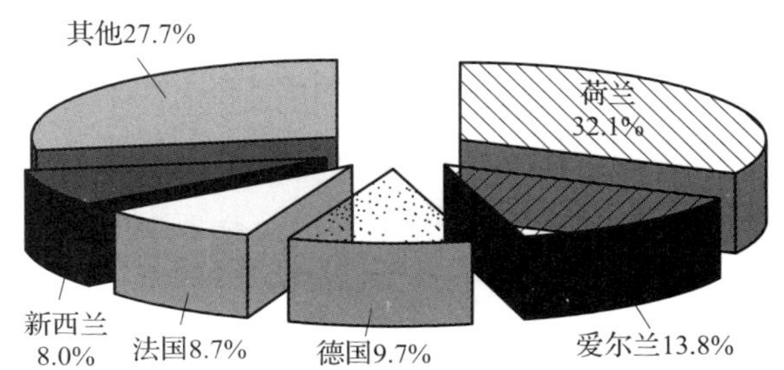

图 10 2015 年零售婴幼儿食品进口来源情况

资料来源：中国海关。

酪蛋白主要来自新西兰、荷兰、法国、美国和德国，分别进口 1.24 万 t、0.49 万 t、0.14 万 t、0.08 万 t 和 0.04 万 t，五国合计占酪蛋白总进口量的 93.9%（图 11）。

2015 年，由于世界乳制品主要消费市场消费能力持续低迷，全球乳制品贸易逐渐呈现供大于求的状态，国际乳制品价格进一步走低。2015 年 12 月，乳粉的平均进口价格为 2782 美元/t，每 t 同比下降 409 美元，下降幅度达 12.82%；液体乳平均进口价格为 928 美元/t，每 t 同比下降 320 美元，下降幅度达 25.63%；乳清粉平均进口价格为 874 美元/t，每 t 同比下降 708 美元，下降幅度达 44.74%。

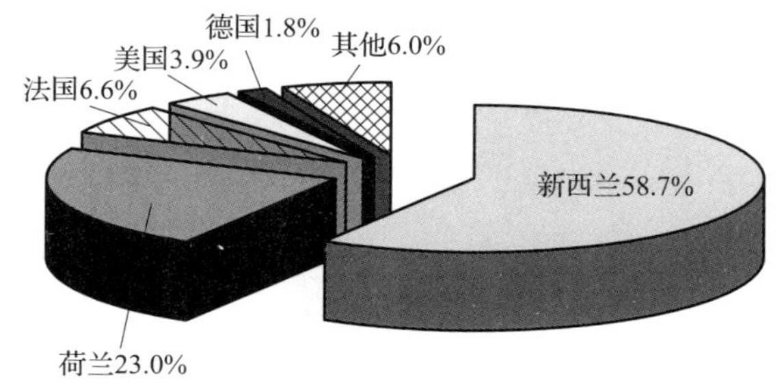

图 11　2015 年酪蛋白进口来源情况

资料来源：中国海关。

2015 年，受国际乳制品供过于求，且国内乳制品成本居高不下等因素影响，我国乳制品出口出现下降。全年乳制品出口 3.55 万 t，货值 0.64 亿美元，同比分别下降 15.36% 和 30.12%。其中，液体乳、乳粉、炼乳、奶油是出口的主要产品，具体出口情况见表 9。

我国乳制品出口主要是为香港澳门地区提供产品，2015 年共向香港澳门地区出口乳制品 2.81 万 t，占总出口量的 79.15%。

表 9　2015 年全国乳制品出口情况

商品名称	数量/万 t	同比增长/%	金额/亿美元	同比增长/%
出口合计	3.55	-15.36	0.64	-30.12
液体乳	2.46	-4.46	0.24	-7.06
乳粉	0.49	-40.07	0.11	-65.95
炼乳	0.18	-24.29	0.04	-28.78
发酵乳	0.05	-12.19	0.01	-6.48
乳清粉	0.00	-52.71	0.00	-12.65
奶油	0.14	-51.47	0.04	-55.59
干酪	0.01	3.86	0.01	-9.51
乳糖	0.09	13.50	0.04	74.44
婴幼儿零售食品	0.08	15.89	0.08	21.93
酪蛋白	0.02	-60.23	0.02	-61.46
白蛋白	0.02	22248.09	0.04	189.49

资料来源：中国海关。

“十二五”期间，我国乳制品进口继续快速增长，我国乳制品行业对国际依存度进一步加大，国际乳制品供求关系对国内影响力加大，为适应这种国际化形势，伊利、光明、雅士利、圣元等一批企业开始“走出去”发展，利用国外资源满足企业发展的需求。

相比 2010 年，“十二五”期间我国乳制品进口量增长了 1.18 倍，进口额增长了 1.14 倍。其中，液体乳进口量增长了 27.92 倍，发酵乳进口量增长了 7.38 倍，炼乳进口量增长了 2.34 倍，干酪进口量增长了 2.30 倍，奶油进口量增长了 2.04 倍，零售婴幼儿食品进口量增长了 1.71 倍，酪蛋白进口量增长了 1.69 倍。2011—2015 年乳制品进口量和进口额变化情况见表 10 和表 11。

7. 重点行业

婴幼儿配方乳粉行业关系到婴幼儿的饮食安全和健康成长，受到党中央、国务院及各级主管部门和社会各界的广泛关注。为保障产品安全，提升产品质量，促进该行业的产业升级，“十二五”期间国家持续采取了多种措施。2011 年和 2014 年国家两次对婴幼

表 10　2011—2015 年全国乳制品进口量变化情况

商品种类	2011 年	2012 年	2013 年	2014 年	2015 年
进口量合计/万 t	106.38	134.12	182.71	205.18	191.85
液体乳	4.05	9.38	18.46	32.02	45.96
乳粉	44.95	57.31	85.44	92.34	54.72
炼乳	0.49	0.55	0.93	0.92	1.09
发酵乳	0.25	0.79	1.02	0.87	1.03
乳清类产品	34.42	37.84	43.41	40.47	43.58
奶油	3.57	4.83	5.23	8.04	7.13
干酪	2.86	3.88	4.73	6.60	7.56
乳糖	5.51	7.98	8.35	8.49	8.95
零售婴幼儿食品	7.83	9.15	12.27	12.31	17.99
酪蛋白	1.01	1.25	1.25	1.55	2.12
白蛋白	1.42	1.16	1.61	1.59	1.72

注：液体乳数据不包括发酵乳。

资料来源：中国海关。

表 11　2011—2015 年全国乳制品进口额变化情况

商品种类	2011 年	2012 年	2013 年	2014 年	2015 年
进口额合计（亿美元）	37.88	46.74	71.47	84.88	61.11
液体乳	0.60	1.19	2.35	4.08	4.85
乳粉	16.45	19.29	35.85	44.38	15.07
炼乳	0.12	0.13	0.21	0.21	0.22
发酵乳	0.09	0.25	0.40	0.37	0.28
乳清类产品	5.71	7.48	8.50	7.89	5.25
奶油	1.84	1.96	2.26	3.78	2.65
干酪	1.39	1.87	2.31	3.42	3.48
乳糖	0.70	1.56	1.45	1.26	0.84
零售婴幼儿食品	8.61	10.48	14.78	15.66	25.18
酪蛋白	1.06	1.24	1.39	1.83	1.72
白蛋白	1.31	1.30	1.98	2.00	1.57

注：液体乳数据不包括发酵乳。

资料来源：中国海关。

儿配方乳粉企业进行了生产许可的重新审核，提高了行业整体技术装备水平；2013 年，工业和信息化部发布《提高乳粉质量水平，提振消费信心行动的方案》并推动实施；2014 年工业和信息化部、国家发展与改革委员会、财政部、国家食品药品监督管理总局联合发布《推动婴幼儿配方乳粉企业兼并重组工作方案》；工业和信息化部推动建立了食品工业企业质量安全追溯平台，目前有 6 家大型骨干企业在平台进行试用；近几年国家加大了对婴幼儿配方乳粉的抽检力度，并启动了对婴幼儿配方乳粉生产企业的食品安全审计。以上这些措施，对提升国产婴幼儿配方乳粉产品质量，恢复市场信心，促进企业兼并重组起到了积极作用，也取得了不错的成绩。

根据收集到的国家食品药品监督管理总局公布的国家监督抽检结果，2015 年共抽检婴幼儿配方乳粉样品 1540 批次，不合格样品 60 批次，其中标签标识不合格 44 批次，质量指标不合格 16 批次，抽检合格率为 96.1%，除去标签不合格样品，合格率为 99.0%。16 批次质量不合格样品中，宏量营养素不合格样品 5 批次，占 31%，其中蛋白质 1 批次，反式脂肪酸 2 批次，亚油酸 2 批次；污染物硝酸盐不合格 2 批次；微生物菌落总数不合格的 1 批次；微量成分不合格 8 批次，占 60%，其中硒不合格 5 批次，维生素 C 不合格 2 批次，叶酸不合格 1 批次。

2015 年，新修订的《中华人民共和国食品安全法》正式发布并实施，其中第八十一条明确规定“婴幼儿配方乳粉的产品配方应当经国务院食品药品监督管理部门注册。注册时，应当提交配方研发报告和其他表明配方科学性、安全性的材料。”配方注册实施后，将使国内婴幼儿配方乳粉品牌数量大幅缩减，质量水平进一步提升。

8. 乳制品质量稳定可靠

根据国家食品药品监督管理总局公布的数据，2015 年共抽检乳制品 9350 批次，检出不合格产品 44 批次，合格率 99.5%，是食品行业中合格率最高的。不合格产品涉及巴氏杀菌乳、灭菌乳、发酵乳、奶油等，主要问题为菌落总数、大肠菌群、金黄色葡萄球菌、霉菌、酵母等微生物指标以及酸度不符合国家安全标准。

二、行业面临的问题分析

2015 年，乳制品行业克服了很大的困难，虽取得了不错的成绩，但是仍然面临着一些问题，值得行业高度关注，主要有如下几方面。

（一）我国生鲜乳价格明显高于国际平均价格，高成本制约行业正常发展

虽然我国生鲜乳价格自 2014 年年初开始出现下降，到 2015 年年底降幅近 30%，但生鲜乳价格仍然远高于国际平均价格。以 2015 年 12 月为例，据农业部对内蒙古、河北等 10 个奶牛主产省（自治区）生鲜乳平均价格的调查数据，12 月生鲜乳平均价格为 3.54 元/kg，而同期世界生鲜乳平均价格仅为 1.72 元/kg（IFCN 数据，按美元/人民币汇率 1/6.5 计算得出），我国价格是世界平均价格的两倍多（图 12）。高的原料价格造成我国乳制品生产成本居高不下，市场竞争力不足，在与进口产品竞争中处于十分不利的地位。2015 年 12 月，我国乳粉的平均进口价格仅为 2782 美元/t，加上税费、运费等费用，到达工厂的价格每吨不超过 2.5 万元，而国内乳粉价格仅成本价就超过 3 万元。国内外产品价格的倒置，

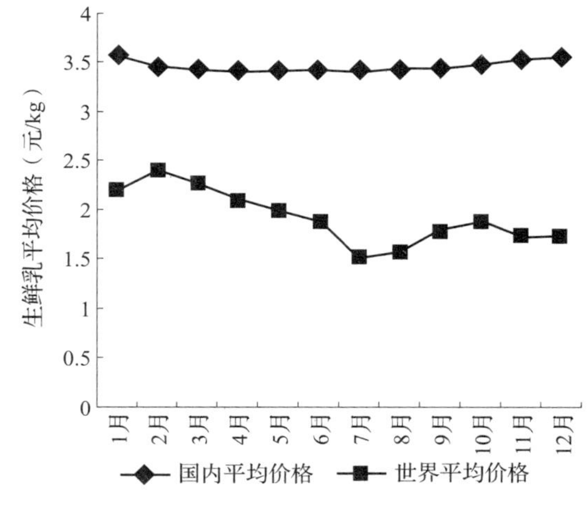

图 12　2015 年我国与世界生鲜乳平均收购价格比较

资料来源：农业部监测数据，IFCN。

导致国内乳制品尤其是乳粉销售困难，库存大量积压，企业经营困难，只能减产或限产，制约了行业的正常发展。

（二）乳制品消费增长放缓，对国产乳制品消费信心仍显不足

近几年，受较高的生鲜乳价格等因素影响，国产乳制品价格虽在2015年内小幅回落，但其平均增速仍明显高于其他食品增速，价格的快速增长对乳制品消费的提高产生抑制效应，乳制品消费增速明显放缓，2015年国内乳制品消费增长几乎可忽略不计。同时，消费者对乳制品负面信息仍处于高度敏感期，媒体对国产乳制品的不断炒作，不断打击着国人对国产乳制品的消费信心，使国内消费者心生疑虑，对选购国产产品变得非常谨慎，使国产乳制品消费增长放缓。

（三）进口产品价格低廉，对国内乳制品行业造成冲击

2009年至今，我国乳制品进口持续高速增长，部分品类甚至成倍增长，而出口则停滞不前。2015年我国乳制品进口191.85万t，货值61.11亿美元，同比分别下降6.49%和28.00%，进口乳制品货值达到国内规模以上企业乳制品销售收入的11.9%。除婴幼儿乳粉外，其他进口乳制品的价格都低于国产产品，对国内乳制品的生产和销售都造成很大的冲击。虽然2015年乳粉进口有所减少，但究其原因主要是企业库存需要消化，待库存消耗后乳粉进口会重新增长。近几年，液体乳和婴幼儿配方乳粉的进口一直处于快速增长中，2015年，进口液体乳45.96万t，同比增长43.54%，进口量约为国产液体乳的1.8%；进口婴幼儿乳粉17.99万t，同比增长46.20%，进口量约为国产婴幼儿乳粉的25.7%。

（四）多项重复检测指标设定加大企业成本，削弱了产业竞争力

按照《食品安全法》的规定，企业应对收购的生鲜乳和生产的乳制品按照食品安全标准进行检验。监管部门要求企业对原料乳、乳制品要按照安全标准设定的项目批批进行全项检验，原料乳检验通过，产品还要再检。这样的要求不科学，有些项目实际操作也不可行。

如生产巴氏杀菌乳，原料乳标准规定的检验项目有14项，加上农药残留、兽药残留，检验项目可多达几十项，经过杀菌灌装制成产品——巴氏杀菌乳后要再检验一次，检验项目一项不能少，且要有检验记录备查，如有省略不检，即视为违规。两次检验有许多项目是重复检验，如脂肪、蛋白质、碳水化合物、环境污染物（铅、砷、汞、镉、硒）、真菌毒素、农药残留等在巴氏杀菌过程中不发生变化。特别是环境污染物、农药残留，属于较稳定的项目，一般变化不大。在食品安全标准实施之前的产品质量标准中属于定期监测项目，不进行批批检验。有些项目检验花费时间较长，要1～2d才能出结果，这在实际生产中不可行，等到出了结果牛乳已经酸败了。又如三聚氰胺，本不属于牛乳固有成分，属人为犯罪添加，于2008年列为原料乳收购、乳制品出厂批批必检项目，这是非常时期的应急措施，是必要的。但时至今日已过7年，行业早已不见三聚氰胺的踪影，但其仍然是原料、成品批批检验的项目。检验已成为企业生产的主要环节，检验费占产品成本的相当比例，检验人员占到员工总数的15%～20%。重复检验、不必要的检验增大了企业的生产成本，推高了产品的价格，削弱了行业的竞争力。

（五）产品结构还需进一步调整

目前我国乳制品仍主要局限于以液体乳产品为主，产品结构单一，缺少特色产品和附加值相对较高的干酪等产品，产品同质化严重，在激烈的市场竞争下，企业吸引消费者促进消费主要靠低价促销。

我国是婴幼儿配方乳粉的生产和消费大国，而婴幼儿配方乳粉的必需原料，如乳清粉、乳糖等，都可以通过干酪生产的副产品乳清得到，但我国由于干酪产量很小，因而乳清粉、乳糖基本全部借助于进口，不利于婴幼儿配方乳粉产业的健康持续发展。

三、发展趋势

综合目前乳业状况及发展趋势，预计2016 年及今后一段时期，我国乳制品行业仍将进一步发展，但发展将受到一些条件的制约。

（一）企业自有奶源比例会进一步提高，规模化牧场会继续发展，生鲜乳质量会得到较大提升

生鲜乳质量直接影响着乳制品的质量安全，因此近几年乳制品生产企业不断加强自有奶源的建设，以自建、合资建设、收购、投资等方式获得优质奶源，加强对奶源质量的掌控。同时，由于小型奶牛养殖户牛乳质量的不稳定，难于监管，大型企业逐渐减少了对这部分牛乳的收购，转为依靠大型规模化牧场，规模化牧场发展迅速，国内已出现了多家大型牧业公司，且规模化牧场的投资的热度仍在。可以预见，今后一段时间内，规模化牧场将逐步取代小型奶牛养殖者，企业自有奶源比例会进一步提高，生鲜乳质量会得到较大提升。

（二）行业内兼并重组将加快进行

随着国内企业间经营状况的不断分化，以及国家鼓励兼并重组的政策支持，今后一段时期，乳制品行业将进入兼并重组的活跃期。

（三）国内乳制品行业受国际乳制品供求关系影响会更加明显

近年来，我国乳制品进口量快速增长，巨大的可预期增长潜力吸引着越来越多的乳业发达国家和地区的关注，随着欧盟牛乳配额限制的取消、中国 - 澳大利亚自贸协定的签署，以及我国企业国外工厂的相继投产，将为国内进口乳制品提供更多选择，我国将更多地参与国际乳制品贸易，国际市场已经是我国乳制品供应不可或缺的一部分，国内乳制品生产和市场消费对国际市场的依赖程度进一步提升；同时，我国乳制品行业受国际乳制品供求关系的影响也会愈加明显。

（四）国内消费市场会得到进一步发展

随着各地全面放开二胎政策的实施，政策效应将逐步显现，婴幼儿配方乳粉消费量会有所增长。

我国人口基数大，发展基础低，目前人均乳类消费量仍处于世界比较低的水平，仅相当于亚洲人均消费量的 1/3，不到世界人均消费量的 1/5。特别是广大农村地区，受经济条件限制，很多人还没养成饮用乳品的习惯，随着农村经济条件的逐步提高，可拓展市场空间非常大。伴随国家城镇化的加快推进，未来几年将有至少一亿农业人口转入城镇，也将成为乳品消费增长的潜在因素。当下，乳制品早已成为了一种大众消费品，并已经成为高品质食品的代名词，随着我国经济的发展和居民收入水平的不断提高，乳制品工业还有很大的发展空间，发展潜力很大。

四、政策建议

面对行业问题，我们亟需做好以下工作。

（一）继续抓好奶源基地建设，扩大自有奶源比例

奶源是乳制品行业发展的根本所在，也是历来乳制品行业最容易出现问题的环节，因此，建议继续加强以下三方面工作，提高我国奶源的数量和质量。

第一，继续鼓励乳品企业提高自有奶源比例。通过企业自建、合建、收购、投资入股牧场等方式，加强对奶源的控制，鼓励生产企业与牧场企业互相入股，对企业、牧场间的互相参股给予信贷支持，使其形成利益

联结共同体，共享发展成果，共担质量风险，促进企业奶源质量安全水平的不断提升。

第二，促进奶业的整合升级，鼓励小规模养殖户进行联合成立奶牛饲养股份制企业，降低饲养成本，提高饲养水平。中小规模养殖户饲养奶牛数量少，饲养技术普遍不高，成本和质量稳定性不如规模牧场。建议国家及地方政府畜牧主管部门引导这些养殖户进行整合和技术设备升级，采取规范化管理，减少设备实施的重复投资，减少牛的患病率，降低单个产奶牛的设备设施使用成本，提高牛乳的生产效益，降低国内生乳价格，提高竞争力。

第三，鼓励国内良种奶牛的培育和推广，降低奶牛购进成本，扩大良种牛群，提高单产。

（二）维护原料乳收购秩序

奶牛培育周期长，供求双方一旦有一方出现断供或断收，都将给另一方造成很大损失，因此应该完善生鲜乳收购合同中违约的赔偿和惩处条款，增大违约成本。加强对供需双方相关责任的宣传和教育，鼓励供需双方积极通过法律手段解决合同执行过程中的违约问题，树立典型违约赔偿惩处案例，促进合同履行，维护原料乳收购秩序。

（三）促进乳制品消费增长

乳制品消费的增长是促进乳制品行业持续发展的根本所在，建议加快农村义务教育学生营养计划发展进度，加大支持力度；开展老年人等特殊人群的营养改善行动；着力进行乳品营养宣传，展示国产牧场、加工企业的发展成就，促进国产乳制品消费的增长。

（四）继续鼓励和支持企业走出去的发展战略

从我国资源条件及市场发展趋势看，从国外进口部分乳制品，利用国外奶源资源，是满足国内市场需求和生产需要的一条重要途径。进行海外投资，进行全球布局也是超大型乳品企业发展的必然选择，国家应予以鼓励和充分支持。近几年，伊利、光明、圣元、雅士利等多家企业已经对世界乳业发达国家进行了投资，利用当地奶源资源反补国内市场，并尝试进行国际市场的开拓，取得了不错的成绩。同时，与国外企业和研究机构共同成立研发中心，进行技术合作，有利于企业对国外先进技术的学习和引进。

（五）推进兼并重组，淘汰落后产能，提升企业管理水平

近年来，在有关监管部门风险监测、飞行抽查中发现了一些问题，如检出菌落总数、致病菌超标，发现违法使用添加剂，营养素不达标等反映出生产企业在工艺控制、配料精准度、原料质量风险控制、管理制度实施等方面存在的漏洞和缺陷。行业企业和管理部门需要重视这些问题，应继续推进企业兼并重组，促进企业先进管理模式、技术的推广，淘汰落后产能，进一步提升乳制品企业管理水平，提高生产工艺，要求所有企业建立并认真实施良好生产规范（GMP）、危害分析和关键控制点（HACCP）管理体系、诚信管理体系和产品质量安全追溯体系。

（六）推动乳制品检验项目的研究，取消不必要的检验项目，降低企业成本

食品质量安全重在过程控制和对原材料质量的把控，企业本应在这方面投入更多的精力。但目前国内乳制品企业检验成本占比过大，繁重的检验任务消耗了企业大量的人力财力的资源，因此应尽快推动监管部门对检验要求的合理性进行研究，制定出更科学的检验措施要求，取消不必要的检验项目，降低企业成本。推动企业过程控制和对原材料把控能力的发展，保证产品质量稳定和安全。

（七）推动产品结构调整

奶源供需不稳定、奶价高将是困扰我国乳业发展的根本问题，短期内很难得到彻底

解决。我国已进入世界高奶价行列，产品生产成本高，受国际市场的影响也越来越大，某些产品已经失去了竞争能力，如全脂乳粉、脱脂乳粉。加快产品结构调整，已是行业发展的必然。建议以全脂乳粉、脱脂乳粉为主的企业，要尽快向液体乳产品转变，液体乳企业要扩大低温产品生产。积极发展干酪、乳清制品等产品，努力实现产品结构多元化；提供多层次的产品供应，以适应不同人群的消费需求和消费能力。同时，要不断提升牛乳的品质，把发展高端牛乳作为企业利润增长新的突破口和重要抓手，积极抢占高端市场。

中国乳制品工业协会

水产品加工业

“十二五”是我国水产品加工发展最好的五年，产量连续增长，消费进一步增加，水产品加工能力稳中有升，贸易规模达到峰值，为丰富居民日常食品消费、保持农产品贸易平衡发挥了重要作用。

2015 年在宏观经济下行压力加大的背景下，我国水产品生产整体上保持了稳定发展势头，产量小幅增加。受全球经济维持低迷状态和国内生产成本持续增加等因素的影响，水产品加工业面临前所未有的挑战，水产品进出口量、进出口额出现近十几年来的首次双降。借助互联网发展电子商务等新型经营业态呈现，国内市场开发力度明显加强，水产品消费市场蓬勃发展。

一、行业概况

（一）主要经济指标

1. 水产品产量持续较快增长，综合能力显著提高

据统计，2015 年我国水产品总产量为 6699.6 万 t，同比增长 3.7%，已经连续 27 年居世界首位。其中，养殖产量 4937.9 万 t，同比增长 4.0%，占总产量的 73.7%；捕捞产量 1761.7 万 t，同比增长 2.8%，占总产量的 26.3%。捕捞产量中，近海捕捞产量为 1314.7 万 t，同比增长 2.6%；远洋捕捞产量增至 219.2 万 t。

“十二五”期间，中国水产品产量连续 5 年增长，年均增长 4.5%，完成了“十二五”规划指标。其中，养殖产量增长相对较快，年均增长 5.2%，在水产品总产量中占比由“十一五”末年的 71.3% 增至 2015 年的 73.7%，支撑了总产量增长；捕捞产量相对缓慢，年均增长 2.5%，见图 1。从图中可以看出，相对于远洋捕捞的快速发展，国内捕捞生产保持稳定。

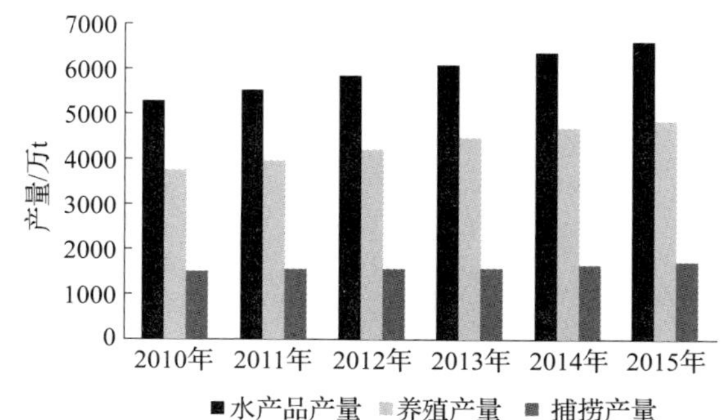

图 1　2010—2015 年中国水产品产量统计

资料来源：《中国渔业统计年鉴》。

2015 年，我国水产品加工业实现总产值 3880.5 亿元，同比增长 4.5%，占全国渔业经济总产值的 34.3%。加工产品总量为 2092.3 万 t，同比增长 1.9%。其中，海水加工产品 1718.4 万 t，同比增长 2.3%；淡水加工产品 373.9 万 t，同比降低 0.1%。“十二五”期间，中国水产品加工业较快发展，加工产值年均增长率为 4.1%，加工品总量年均增长率为 9.7%。

2. 产业转型升级加速推进，经济与社会效益有所提升

2015 年，用于加工的水产品总量为 2274.3 万 t，水产品加工率为 33.9%。其中，海水产品加工比例 50.2%，淡水产品加工比例为 17.0%，基本与 2014 年持平，加工比例

与欧美等发达国家和地区相比仍有上升空间。在加工产品中，水产冷冻品为 1376.5 万 t，同比增长 4.5%；鱼糜制品为 145.4 万 t，同比下降 4.2%；干腌制品为 163.8 万 t，同比增长 5.6%；藻类加工品为 98.2 万 t，同比下降 9.7%；罐制品为 41.3 万 t，同比增长 3.3%。受国内消费习惯的影响，冷冻品依旧是水产品加工的主要品类；由于市场需求调节等原因，鱼糜加工从前几年的持续快速增长，转向下降通道，行业进入滞涨期，见图 2。

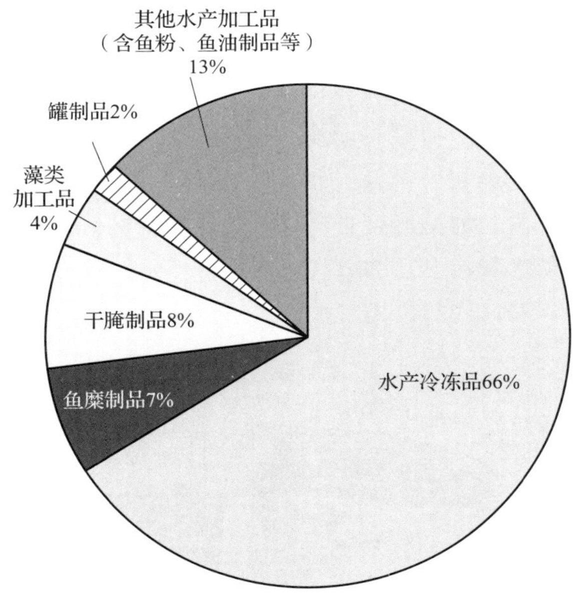

图 2　我国水产加工品统计（按类别分）

面对新形势，各地政府和企业主动转方式、调结构，越来越多的省份开始注重应用信息化新技术助推水产加工业发展，积极尝试互联网、电子商务、大数据、云平台等信息化成果在现代水产加工业生产、经营、管理中的应用，积极开拓“互联网 + 现代水产品加工业”的发展新格局。通过开展诸多有益的探索，取得了较好的经济和社会效益。

（二）行业发展分析

1. 市场运行保持平稳，价格水平与 2014 年持平

据全国 80 家水产品批发市场监测数据显示，2015 年水产品批发市场综合平均价格 21.0 元/kg，与 2014 年价格基本持平。其中海水产品综合平均价格 36.9 元/kg，同比下跌 6.3%；淡水产品综合平均价格 15.0 元/kg，与 2014 年基本持平。海珍品等高档水产品告别暴利时代，价格趋于理性，生产趋于有序；其他各品种价格涨跌互现。

“十二五”期间，水产品市场价格总体保持上涨态势，年均增长 4.4%，年度涨幅前高后低。海水产品、淡水产品价格与水产品总体价格走势一致，但海水产品价格年均增长 5.6%，上涨速度明显快于淡水产品价格的年均增长 2.9% 的速度。[资料来源：《中国农业展望报告（2016—2025 年）》。]

2. 主要出口市场呈现萎缩迹象，国内市场拓展新思路频现

当前，世界经济复苏依然缓慢，尤其是作为我国主要出口目的地的发达经济体市场消费萎缩，需求下降，订单减少，价格低迷，2015 年我国对日本、美国、欧洲、韩国、香港等传统市场出口量额均出现负增长。相比而言，东盟市场可谓一枝独秀，尤其是 2015 年 6 月之前，我国对东盟出口一直保持强劲的增长势头，6 月之后增幅出现回落，但仍保持了稳定增长，目前东盟已赶超欧盟和韩国，成为我国第三大出口市场，但出口产品形态以初级冷冻品为主，多用于在东盟加工后再出口，东盟国家对中国水产品加工业的同构竞争进一步加剧，见表 1。

表 1　主要出口市场统计

出口市场	数量/万 t	同比增减/%	金额/亿美元	同比增减/%
日本	60.56	-8.51	36.38	-4.25
美国	55.08	-5.47	31.95	-5.83
东盟	56.29	6.94	27.76	2.25

续表

出口市场	数量/万 t	同比增减/%	金额/亿美元	同比增减/%
欧盟	51.34	-7.29	22.14	-6.41
中国香港	21.97	-5.07	21.15	-16.13
中国台湾	13.20	-3.54	15.88	1.51
韩国	49.12	-2.26	15.61	-7.56

资料来源：农业部《2015 年水产品进出口贸易概况》。

据测算，2015 年水产品加工消费量高达 2280 万 t，比 2014 年增长 4.0%。在消费量不断增加的同时，水产品消费的多元化、优质化和便捷化特征更加凸显。一些高端水产品，如三文鱼、鳕鱼、北极虾等在城市高收入人群中持续热销；受网络营销、文化消费、品牌宣传带动，一些地方特色水产品如淡水小龙虾，逐渐走向全国市场；部分名优产品在消费者中的知名度和影响力不断增强，消费需求不断扩大。与消费结构变化相比，水产品流通销售方式的变化则更加明显。随着互联网、移动互联网的普及与发展，水产品电子商务发展迅速，各种综合电商企业、物流企业、食品供应商、线下超市以及微商加入，交易规模呈几何级数增长。水产品电子商务打破了市场的空间限制，降低了交易成本，在方便消费者的同时，提供了更多优质产品选择，将进一步深刻影响水产品的生产、流通和消费。

3. 掌控海外优质资源，打通市场消费通道

国内一些大型龙头企业通过走出去和引进来两种方式，在全球范围内如澳洲、新西兰、北美、东南亚等国家或地区布局优质养殖、捕捞资源，提升产业链资源整合能力，确保优质加工原料供应。充分利用国内外资源，通过收购、并购等拓展方式，进行资源重组和整合，投资国外养殖基地、加工企业，采取国际运营的方式，整合全球的原料资源、渠道资源、资金资源、技术资源，进一步改变单一资源结构、市场结构和业务结构，有效提升企业对资源、市场的应变能力及价格两端的把控能力，对接消费需求。

4. 产业持续集聚态势，产业布局深度调整

结合优势和特色水产品区域布局规划，围绕“自贸区”建设、“一带一路”“海上丝绸之路”以及“海洋牧场建设”等国家战略的提出，水产品产业布局深度调整，产业向重点功能区和产业区集聚。2015 年，各地瞄准市场需求，制定实施特色水产发展规划，大力发展独具特色的水产加工业经济。

水产加工区域集中的态势发展明显。山东、福建、浙江、辽宁、江苏、广东、湖北、广西、海南和江西等 10 省（自治区）的加工量之和占全国加工总量的 96.5%，同比下降 0.9%，见图 3。

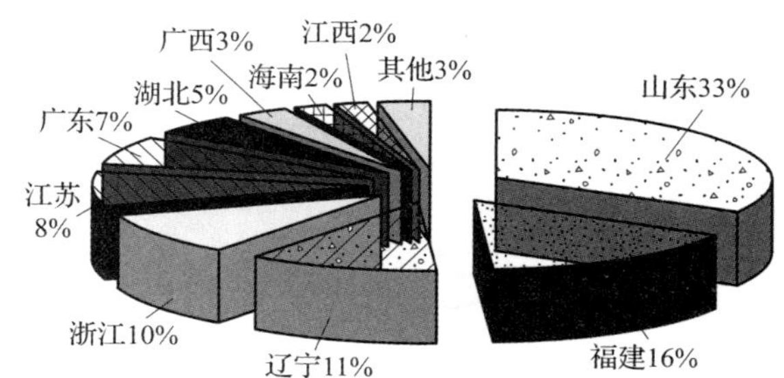

图 3 2015 年水产品加工产量排名总体情况

“十二五”期间，水产加工业稳步发展，产业集群发展态势良好，各地立足资源禀赋和生态类型，区域布局逐步优化，形成分工合理、优势互补的发展格式。逐步形成了沿海区域和长江中下游为主的加工和进出口优势布局。

5. 产业集中度提高，集群化格局形成

2015 年，我国从事水产品加工的企业有 9892 家，比 2014 年同期上涨 2.37%。规模以上水产品加工企业 2753 家，占水产加工企业总数的 27.8%。

如浙江、福建等地建设的水产品加工园区将原料基地、加工转化、现代物流和便捷营销集合为一体，培育了标准化原料基地、集约化加工园区、体系化物流配送和营销网络“三位一体”、相互配套、功能互补、联系紧密的水产品加工产业集群。园区企业可以实现园区基础设施、公共服务、人力资源、上下游产业、环保设施、金融、政策支持及周边良好的资源禀赋条件等资源要素共享，降低了企业生产成本，提高了产业整体竞争实力。大量企业入园，形成了显著的规模经济和分工效应。

6. 首次出现出口量额双降，仍保持全球第一大水产品出口国地位

2015年我国水产品进出口总量814.15万t，进出口总额293.14亿美元，同比分别下降3.59%和5.08%。2015年中国水产品的进出口从2014年的高峰回落，进出口量、进出口额双降。其中，出口量406.03万t、出口额203.33亿美元，同比分别下降2.48%和6.29%；进口量408.13万t，进口额89.82亿美元，同比分别下降4.66%和2.22%。

2015年水产品一般贸易出现波动，占水产品出口总额比重达到73.3%，出口量279.84万t、出口额149.14亿美元，同比分别下降1.71%和7.07%。墨鱼鱿鱼及章鱼、对虾、贝类、罗非鱼、蟹类、鳗鱼、淡水小龙虾、大黄鱼等产品出口额占我国一般贸易出口总额的66.8%，见图4。其中，头足类、贝类、蟹类出口量额均略有增长，鳗鱼出口量增加、出口额下降，对虾、罗非鱼、大黄鱼、淡水小龙虾出口量、出口额双降。罗非鱼产能过剩的情况较为突出，产业后续发展面临较大压力；对虾加工货源不稳定，直接影响了出口的可持续性。淡水小龙虾国内消费持续升温，价格居高不下，加工出口企业利润低，生产积极性普遍不高。

“十二五”期间，我国水产品出口量和进口量高位徘徊；2011—2014年出口额和进口额连续增长至历史新高，2015年有所下滑。

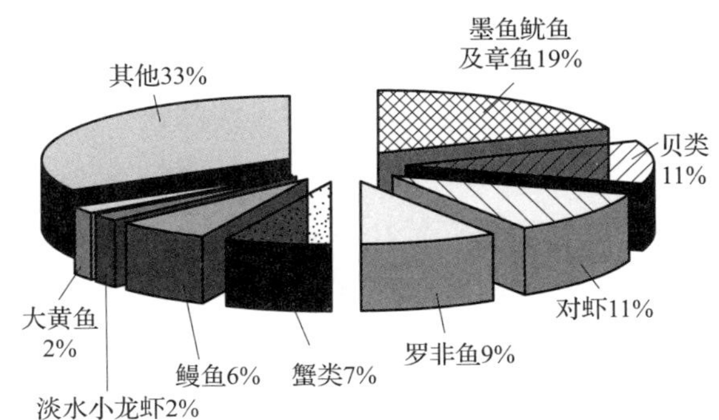

图4 我国水产品一般贸易主要出口品种统计

二、行业面临的问题分析

（一）水产品出现结构性供大于求，发展不平衡、不协调、不可持续的问题突出

随着国际经济持续低迷，国内经济发展进入新常态，水产品供过于求的问题凸显，追求产量、忽视质量效益、忽视资源环境保护的粗放型发展模式必然难以为继，2015年是水产加工业尤为艰难的一年，行业内许多企业由于订单不足、资金链中断等各种问题出现了倒闭，甚至一些规模以上企业纷纷表示经营困难、效益低迷、难以为继。当前，我国水产加工品大路货多，受制出口市场程度深，优质品牌产品少。以加工对虾、罗非鱼出口型产品的企业为例，受国际市场需求下降、国内原料数量及成本等因素的影响，供给出现结构性产能过剩，多数企业开工率平均在30%～50%。这些问题倒逼水产加工业必须转型升级，如何转变发展方式，调整产业、产品结构是摆在行业发展面前的问题。

（二）国际贸易形势不容乐观，加工业面临前所未有挑战

2015年全球水产品贸易普遍下滑，我国水产品贸易也未能幸免，面临近二十年来最为严峻的形势。受全球经济复苏缓慢，外需不振，人民币汇率波动频繁，国内养殖、加

工和劳动成本刚性提升，环境保护投入需求，融资困难，结构性产能过剩，周边国家、国内同行同品同构竞争激烈，关税成本加大，出口国家加强对我国出口产品检验检疫强度，技术性贸易壁垒增强及国际市场大宗水产品价格下跌等贸易环境变化一系列因素综合影响，我国加工出口持续下滑，整体来看，短期内我国水产品对外贸易形势不容乐观。进料加工受人工等生产成本不断提升的影响，竞争优势不断下降，总体规模逐年萎缩。出口下降迫使传统外向型企业也开始转向关注国内市场。其他国家也加强了对我国市场的开拓力度，通过各种渠道进入国内的水产品数量大幅增加。据了解，仅阿里巴巴 2015 年“双 11”就销售了 90t 波士顿龙虾，阿根廷红虾、加拿大北极虾、挪威三文鱼等产品的国内市场份额也显著增加，国内市场竞争空前激烈。

（三）质量安全潜在隐患不容忽视，需要提升应急处置能力

总体来讲，我国水产品是安全的，但污染和质量安全问题在供应链的各个环节都可能出现。我国主要水产品生产经营的主体是小规模分散的个体养殖户，很难有部门能够做到全程监管、指导及控制。在趋利动机下，经营主体意识不足，水产品存在隐患。因此，2014 年大菱鲆（多宝鱼）检出违禁渔药问题，罗非鱼出口美国市场因磺胺超标被退货，国家食品药品监督管理总局抽检水产品特别是海米产品不合格率高等问题多次曝光，以及市场中一些制假售假、商业欺诈等问题出现，加之信息共享机制不完善，广大消费者获取相关信息的渠道匮乏，影响了产业发展和消费信心。一方面，水产品安全生产各类突发事件在微信、微博等新媒体的迅速传播，对相关部门危机应急处置能力提出新挑战；另一方面，媒体不公正及不专业的报道会误导消费者，影响民众消费水产品的信心，舆论正确引导及公益性宣传工作尚有较大完善空间。

（四）国家生态文明建设要求，加工业绿色发展任务迫在眉睫

十八届五中全会提出“必须坚持节约资源和保护环境的基本国策，坚持可持续发展”，将生态文明建设列入“十三五”规划的任务目标。加工企业生态、绿色、循环、可持续发展的目标十分明确，尽管企业前期投入了环保支出，但效果有待提高。随着国家环境治理力度不断加大，部分环保不达标的企业被强制关停，据不完全统计，2015 年因环保原因关停整顿的水产加工企业就超过 300 家。面临巨大的资源与环境压力，亟需制定切实有效的环保节能措施并落实。

（五）服务体系不健全，行业服务能力薄弱

专业化服务机构不足，缺乏对专职人员的指导和配套资金投入，服务功能同质化、针对性不够强，难于与企业有效沟通对接。

三、发展趋势

2016 年是国家“十三五”开局之年，同时“自贸区”建设、“一带一路”“互联网 +”“供给侧改革”和“一二三产业融合发展”等相关国家宏观政策导向均会关系到我国水产加工业的发展。我国将持续加强生态环境的保护力度，随着资源束紧水产品产量增长空间将受到限制；加之生产成本不断上升，生产比较收益下降，调结构、转方式、提质增效已成为水产品生产关注的重点。水产品产业面临转型关键时刻，转型的成功与否关乎企业的命运，水产品加工将改变现有依靠规模扩张、资源消耗和片面追求产量的粗放型发展模式，转向依靠质量效益、科技创新、关注生态环境保护和追求品牌品质的绿色发展方式。

目前，国内对水产品需求增长将逐渐代替国外需求。随着经济社会不断发展、生活

节奏加快、对水产品质量安全和品牌消费的重视程度提高，水产加工品所占比例将持续增加，水产加工品的消费需求增长，市场供需结构将持续优化，水产品消费需求迅速分化，市场细分，市场分层对水产及工业的影响不断深化。消费日益呈现功能化、多样化、便携化的趋势，个性化、体验化、高端化日益成为水产品消费需求增长的重点。开发出适合工薪阶层、白领阶层、青年一代等不同群体消费的不同系列产品，如厨房食品、微波产品等多元化预制产品，推动消费转型，水产品消费将拥有合理、稳定的消费群体，保持消费量稳定增加。

随着全社会对食品安全的重视程度越来越高，水产品加工业的技术门槛与质量标准将大幅度提升，全行业将面临重新调整，资金雄厚、规模较大、标准更高、拥有品牌的企业将在行业整合中获得更多的市场份额。未来几年，品牌建设将进一步加强，开展产品差异化发展，提升核心竞争力。

行业预测 2016 年水产品国际贸易形势比较严峻，2015 年出口量及出口额齐降的情况可能延续至 2016 年，甚至到 2017 年年底，提高水产品加工业的质量效益、抗风险能力和竞争力势在必行。

四、政策建议

（一）加大对水产品加工业的扶持力度，促进一二三产业融合

以提高产品附加值、满足居民消费需求和营养均衡为目标，坚持政府引导、企业主体、科技支撑、品牌带动，积极发展水产品精深加工，支持开展现代冷链物流体系建设和技术设备提升，构建从池塘、渔船到餐桌的水产品全冷链物流体系，减少物流损失，有效提升产品品质。强化水产加工业的扶持政策落实初设，综合利用国家财政、税收、金融等政策工具支持产业发展，提高财政和金融资金的使用效果，以“金融创新”和“兼并收购”为实现路径，助力水产品加工业提升生产效率，实现“标准化”“规模化”与“专业化”生产，建议加大科技关键环节的资金投入，改善基础设施和信息装备条件，不断延伸产业链、提升价值链，发挥好加工业的带动能力，促进一二三产业协调发展，更好地发挥政策引导作用。

（二）做好水产品贸易发展顶层设计，拓展国内外两个市场

积极运作国内国际两个市场，实现订单前置和精准生产，提高外贸风险防范能力，确保水产品出口发展后劲。做好资源挖掘与经营，产品形式和产品功能创新，实施多元化战略，深化品系与渠道运营，充分利用好电子商务等新业态，创造条件鼓励企业参加展会，加大线上线下联动营销力度，开展水产品营养宣传及推动优质水产品进超市、进社区、进学校项目，引领拓展国内水产品消费市场。

（三）推进品牌建设，提升品牌竞争力

挖掘水产品生产区域特征、工艺特点和文化底蕴，加强品牌建设。以特色、优质、高附加值、综合利用为重点，优化企业技术改造，加大运用新技术改造传统产业的力度，应用先进工艺和设备，培植和引导一批在经济规模、科技含量和社会影响力方面具有引领优势的品牌产业领军企业，积极引导龙头企业挖掘全产业链全价值链各个环节的潜力，鼓励出口企业从产品贴牌向打造自主品牌方向迈进，增强核心竞争能力和辐射带动能力。以此为基础促进产业集群式发展，推动各地创造特色的区域公共品牌通过推介会、展览等形式，加大品牌保护，提升品牌竞争力。

（四）提升质量安全水平，加强水产品质量监管

坚持用最严谨的标准、最严格的监管、最严厉的处罚、最严肃的问责，强化相关部门监管力度，落实生产主体责任。加强质量

安全监督执法，加大水产品质量安全监督抽查和风险隐患排查力度，扩大监测覆盖面，支持从源头治理、生产自律、市场准入、科技创新和加强质量标准认证管理、构建水产品可追溯体系、质量安全控制体系等方面，不断提升水产品质量安全。建议各部门间加强信息共享，严厉打击制假售价、商业欺诈等违法行为，维护和健全市场秩序，积极回应群众关注的热点问题，对舆论中存在的质疑、误解，要配合相关部门做好澄清和释疑解惑工作，及时回应公众关切，合理引导公众预期。

（五）全面树立绿色发展理念，扶持加工业环保设施投入

实现资源循环利用，促进水产品转化增值。严格生态环境评价，提高资源集约节约利用和综合开发水平，建立以生态文明、环保达标为基础的市场准入制度。大力扶持水产品副产物综合利用，有效提高资源利用率，实现“全鱼加工”和“废弃物零排放”，减少对环境的污染。加快淘汰落后、高能耗、高污染的加工企业，同时对水产品加工企业废水处理等节能减排措施给予补贴，大力推进水产加工业的绿色发展，为我国建设资源节约型和发展循环经济提供重要保障。

（六）加强行业管理，鼓励和支持行业协会发挥作用

在政府转变职能改革过程中，积极探索行业协会管理机制，依靠法律保障、行政推动和财政支持等手段促进行业协会发展。充分发挥行业协会的桥梁纽带作用，强化新闻宣传和舆论导向，营造促进产业发展的良好环境。发挥协会在产业内自我协调、自我管理、自我约束的作用，规范行业经营行为，开展团体标准制定、教育培训、品牌营销和商业模式推介等工作。

中国水产流通与加工协会

饮 料 工 业

2015 年，中国饮料行业增速下降到近几年来的最低点，产品结构及地区分布进一步调整，行业发展面临较大压力，但行业整体盈利能力较强，仍然有较大的发展潜力。如何开拓创新、开发新品、满足消费者不断发展变化的需求，是整个行业面临的紧迫任务，也是行业早一步跨出增速下滑区间的关键。

一、行业概况

（一）主要经济指标

“十二五”期间，饮料产品结构持续了“十一五”以来的调整趋势，碳酸饮料的占比下降了 2.5 个百分点，果蔬汁饮料的占比下降了近 5 个百分点，特别是包装饮用水上涨了近 7 个百分点，占比已接近饮料总量的 50%。“十二五”期间，爆发性增长的品类除包装饮用水外，还有植物饮料、蛋白饮料（含乳饮料、花生牛乳、核桃乳）、特殊用途饮料，而且形成了几大品牌，带动了很多企业跟进；成长势头比较好的有咖啡饮料、豆乳和醋饮料。

2011—2015 年饮料行业产品成本、价格及行业平均利润率变化情况来看，成本没有较大的上升，利润率大体呈逐年上升趋势。这一方面得益于饮料行业集中度较高，规模化的饮料企业在运营管理和市场推广上更加合理并日趋成熟，费用逐渐降低；另一方面，饮料行业一直在努力突破“价格天花板下降”，尤其是近两年企业纷纷推出新品以及高价值的产品，行业发展由过去的“产量驱动”逐渐转化为“价值驱动”的趋势开始显现。

近几年，一些大企业开机不足、行业存在一定程度的产能过剩现象，行业固定资产投资减速，行业总资产的增长率由从 2012 年的 18% 下降到 2015 年的 12% 。

1. 产量及品种结构

2015 年全国饮料行业总产量为 17661 万 t，比上年同期增长 5.9% ，这是近十年来增速首次下降到 10% 以下。分品种来看，碳酸饮料类产量比上年同期下降 0.9%；果汁和蔬菜汁类产量比上年同期下降 0.01%；包装饮用水类产量比上年同期增长 12.2% ，如图 1 所示。

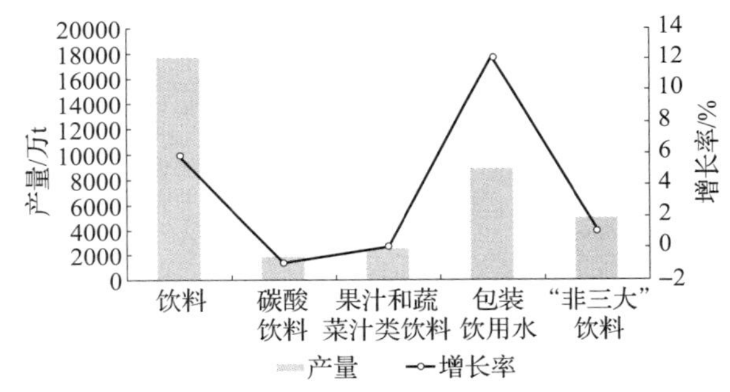

图 1　2015 年饮料分品种产量及增长情况

各饮料品种产量所占比重呈现两极分化现象，包装饮用水占比比上年同期增长 2.8 个百分点，碳酸饮料占比比上年同期减少 0.7 个百分点，果汁和蔬菜汁类占比比上年同期减少 0.8 个百分点。

2. 主营业务收入

2015 年饮料行业主营业务收入情况见表 1，其中行业整体为 6157.3 亿元，比上年同期增长超过 6%，碳酸饮料及果蔬汁及其饮料增幅较低，不到 1%，包装饮用水增长超过 12%。

表 1　饮料分品种主营业务收入及增长率

2015 年	主营业务收入/亿元	增长率/%
饮料制造行业	6157.33	6.4
碳酸饮料	810.67	1
果蔬汁类及其饮料	1219.13	0.7
包装饮用水	1268.91	12.1

3. 利税

2015 年饮料行业实现利税总额 815.8 亿元，比上年增长 15%，表明饮料行业采取了有效措施，为国家积极贡献税收。

（二）行业发展分析

1. 价格

近几年，行业产品整体的价格水平总体上呈逐年下降趋势，2015 年已不到 3500 元/t，比 2011 年的 3600 元/t 下降了 1000 多元（图 2）。价格在下降，而行业利润却增长，这得益于饮料行业集中度较高，规模化的饮料企业在运营管理和市场推广上更加有效地控制了单位产品成本。

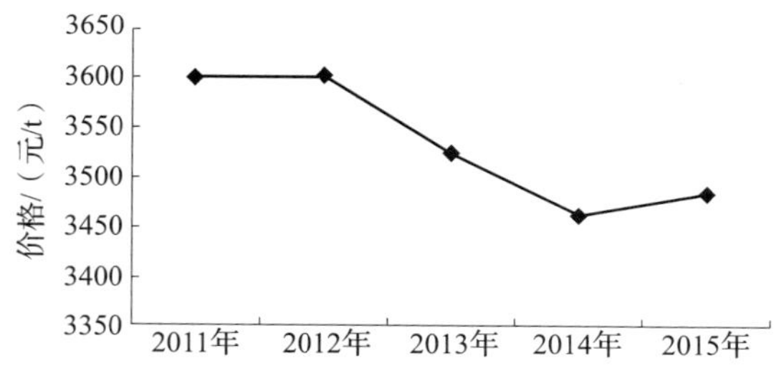

图 2　饮料行业吨产品出厂价格

2. 市场

2015 年饮料市场相较往年增速趋缓，这一方面是因为消费者受到了部分媒体对添加剂的错误宣导及网络谣言的影响，对部分饮料产品产生了不正确的认识，进而减少了对此类产品的消费；另一方面，新的消费市场和消费意愿需要不断培育，饮料厂商在开发适合消费者需求的新产品方面力度不够。

3. 投资

2015 年饮料行业资产总计为 4587.1 亿元，比上年增长超过 12%。近几年来，饮料在食品各行业中发展较为突出，盈利情况良好，备受资本青睐，资产增长率已连续多年保持在较高水平，行业规模的扩大为行业发展奠定了坚实的基础。

4. 区域分布

饮料消费与经济发展水平呈高度正相关，在经济较为发达的东部地区饮料产量比重较高，而中、西部地区比重相对较低。但随着中、西部地区的发展，与东部地区间的差距在逐步缩小。2015 年东部地区饮料产量占全国的比重比 2010 年减少 11.7 个百分点；而中部地区和西部地区分别比 2010 年增加 6.6 和 5.2 个百分点，如图 3 所示。

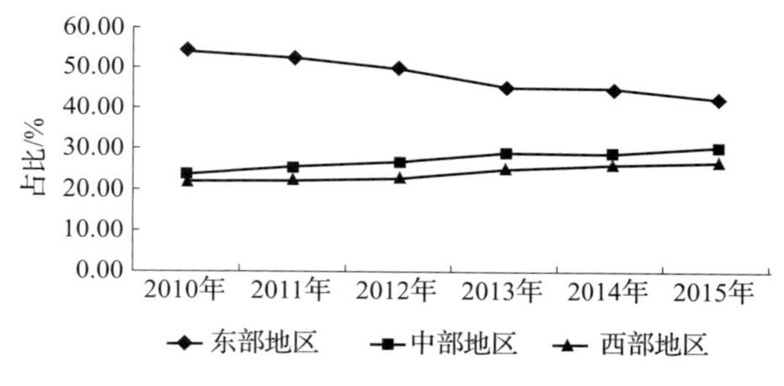

图 3　饮料产量地区分布情况

5. 行业集中度

2015 年饮料行业规模以上企业数量已达 1979 家，比上年增加 156 家，比 2011 年增加 558 家，新企业的不断涌现进一步分化了饮料市场，大企业产量占全行业的比重逐步下降。

6. 进出口

饮料行业进出口产品主要为浓缩水果汁。2015 年浓缩水果汁出口量为 54.2 万 t，比上年同期增长 3.9%；出口额为 6.6 亿美元，比上年同期降低10.6%；平均价格为1226.7美元/t，比上年同期降低198.7美元/t。其中浓缩苹果汁出口量为47.5万t，比上年同期增长3.6%，占浓缩水果汁出口量的87.7%；浓缩苹果汁出口额为5.6亿美元，比上年同期降低12.1%；平均价格为1181.7美元/t，比上年同期降低211.0美元/t。

2015年浓缩水果汁进口量为10.5万t，比上年同期降低3.5%；进口额为2.1亿美元，比上年同期降低12.5%；平均价格为1947.6美元/t，比上年同期降低199.6美元/t。其中冷冻浓缩橙汁进口量为4.5万t，比上年同期降低14.2%，占浓缩水果汁进口量的42.6%；冷冻浓缩橙汁进口额为0.9亿美元，比上年同期降低23.9%；平均价格为2065.9美元/t，比上年同期降低262.6美元/t。浓缩葡萄汁进口量1.2万t，比上年同期降低10.4%，占浓缩水果汁进口量的11%；浓缩葡萄汁进口额为0.2亿美元，比上年同期降低27.9%；平均价格为1719.8美元/t，比上年同期降低419.9美元/t。

7. 产品质量

2015年国家食品药品监督管理总局在全国范围内共抽检饮料12705批次，样品合格率为94.1%，较2014年产品合格率提高。

饮料行业基础标准和食品安全标准发布。2015年2月4日，基础标准《饮料通则》（GB/T 10789—2015）发布；2015年11月13日，《食品安全国家标准　饮料》（GB 7101—2015）发布。两项标准的发布对于引导饮料行业产品创新和质量安全保证有着重大意义。

8. 包装与装备

我国饮料行业包装与装备水平参差不齐，大型企业可以达到国际先进水平，生产设备自动化水平较高，基础较好，在不同阶段、不同需求驱动下导入了很多信息管理系统和手段，种类繁多但不集中，功能有所交叉；中小企业装备水平有待提高。

二、行业面临的问题分析

（一）政策与市场

1. 社会对饮料含糖质疑的影响

最近几年，社会公众慢性病越来越受到人们的关注，尽管没有充足证据证明，但依然会将肥胖、糖尿病等的元凶认定为含糖饮料，同时含有食品添加剂也被指责，这样的信息经常在网络、自媒体、电视上出现。在这样的舆论环境下，对含糖饮料的消费会产生较大的影响。

2. 消费群体增长放缓的影响

“十二五”期间，人均饮料消费量年均增长率下跌了一个台阶，由“十一五”的20%以上下降到10%以上。适龄人口数量减少是饮料消费量增长率下降的原因之一。“十二五”期间我国每年净增人口的基本趋势是逐渐减少的，2014年末我国16周岁以上至60周岁以下的人口比上年末减少371万人，而且老龄化加速，导致饮料的消费人群增长有限。

（二）科技创新

1. 产品创新需转型升级

2015年饮料行业增长持续放缓，确立了近三十年高速发展后的下滑调整，目前产品结构与创新方向已不能满足行业发展需求。“创新升级”成为突破发展瓶颈的行业共识。

随着人们健康意识的觉醒和增强，消费者对营养产品的需求增加，同时，十八届五中全会确定了“健康中国”的国家战略，调整产品创新方向，提升饮料的健康价值，“更营养、更多元”的饮料产品既是消费者需求，也是政府对中国饮料行业的期望，更是行业共同努力的方向。

2. 节能降耗相关技术需加大推广

与其他相近食品行业相比，饮料行业属于低耗水、低耗能行业。虽然饮料工业不是水耗与能耗大户，但节能降耗关系到社会的可持续发展。饮料企业乃至整个行业始终以节水、改善环境为己任，积极通过提高技术装备水平、改进生产工艺、加强管理措施以及依靠行业引导、技术进步、科技创新使饮料生产过程的水耗与能耗逐年降低，但在饮料行业尤其是中小企业及新加入饮料行业的企业中，仍存在较大的进步空间。同时，节水节能技术的进一步推广应用也尚需加大政策支持力度。

我国饮料产品品类丰富，主要原料为水，同时涉及茶叶、果蔬、谷物、植物等农产品的加工，加工副产物的综合利用技术应用较少，造成资源浪费。需要加大支持与推广力度，如茶渣、植物提取废渣的综合利用技术。

3. 产品真实性检测技术有待研发

我国饮料产品品种非常丰富，为了保护消费者利益、保障饮料产品的真实可靠、提高行业门槛，行业努力进行了饮料产品的真实性检测技术，但有些检测项目尚待研究，如植物原料、果汁含量等。

三、发展趋势

消费需求决定了行业的增长。2014 年末，城镇常住人口比上年末增加 1805 万人，乡村常住人口减少 1095 万人，按照国家“十三五”规划，城镇化建设将会加快，饮料消费人群自然会增加。同时消费者对饮料的需求在不断提高和延展，如更加关注食品安全、营养健康、补水解渴、便捷消费、产品多元化等。

随着供给侧结构性改革的不断深入，饮料行业也面临消化过剩产能的任务，2015 年饮料行业主要通过创新来达到去产能的效果，采取了多项措施并初见成效，产品创新如口味多元化的植物蛋白饮料、燕麦等粗粮饮料、低糖无糖饮料、发酵饮料、营养素强化饮料；包装创新如包装拼颜值、昵称瓶罐、特殊用途定制、一瓶一码等；营销途径创新如互联网 + 包装、互联网 + 销售、自媒体；生产和管理创新如信息化管理、智能制造。特别是所有食物原料均可作为饮料原料的特性、原料加工技术的不断提高、包装饮用水以外的所有饮料都可以进行营养素强化等，将为产品创新创造很大的空间。这些创新在“十三五”期间的广泛应用，必将促进饮料行业从过去对量的追求转变为对质的提升，从一味扩大产能到消化产能、提高产能效率、理性扩大产能。

四、政策建议

（一）加大原料保障力度，提高产品质量和原料稳定性

鼓励有能力的企业建立原料基地或原料示范园区，加强原料生产的质量安全管理水平，提高原料生产规模，提高单产，生产适合饮料产品加工的原料品种，从而提高饮料产品质量，保障原料供应和品质的稳定性。

（二）推动科技进步，提高自主创新能力

鼓励大型企业提高科研资金的投入比例，建设自己（或与科研单位联合）的研发中心，加大对新产品的开发力度，积极开发适应不同人群、不同用途的特色饮料，加大食品液态化全营养保持技术攻关，使饮料市场的竞争从价格竞争向产品特质化竞争转移。

坚持科技进步和创新，整合力量集中资源，强化产学研科技创新平台，加大对关键技术、应用技术的研究，不断跟进和引进世界先进技术，有重点地选择一批基础研究、综合应用、专项技术项目进行攻关和推广。加强对食品中有毒有害物质残留检测技术的研究、食品安全风险评估技术研究、食品安全溯源和预警技术研究、生物工程技术研究、食品功能评价技术以及食品包装材料的安全性研究、果蔬汁含量测定技术研究以及饮料中特征性成分定性定量的检测方法开发。

引入“工业 4.0”，使信息化技术在饮料行业发挥作用，提高生产效率和管理能力。

在装备方面，重点消化现有过剩产能，重点发展节水节能技术、节能高效蒸发浓缩设备以及在线检测技术；加快橙汁压榨设备的改造和升级，解决出汁率低、能耗高的问题；降低废水废渣处理成本，提高排放标准；提高高速灌装设备的稳定性；加强中性饮料产品的杀菌和设备清洗技术研究，适度杀菌；鼓励推广自动化、立体化仓库。

制定企业自主创新鼓励机制，设立企业研发评级制度，对有成就的技术创新人员、创新产品给予鼓励和支持，鼓励企业使用中国制造的创新设备和技术，并给予税收政策支持。

（三）鼓励制定特殊产品特征成分的检测方法标准

鼓励国内外有关科研机构间的合作，加大力度制定饮料产品特征成分的定性和定量检测方法标准，以果蔬汁、茶饮料、谷物饮料、蛋白饮料为突破口，提高产品的诚信水平和产品标准的可执行性。

（四）鼓励节水、节能、降耗、减排的培训和激励以及标准水平的提高

进一步加强专项培训，严格按照标准开展相关的企业评级及建立激励机制，通过行业活动促进标准的实施，并适时提高标准水平，积极参与到国家节水节能项目中，认真总结饮料企业的生产实践经验，鼓励经济实用的技术在行业内进行推广，以实现进一步降低行业水耗和能耗、提高用水和用能效率的目标。

（五）加大对涉农饮料产品的支持，从农产品深加工角度实现农民增收

近 50% 的饮料产品原料涉农，饮料加工产业关系到上亿农民的利益，是解决“三农”问题的有效途径之一，建议国家进一步加强对原料涉农饮料产品的政策支持力度，通过系统研究揭示涉农饮料加工与上下游利益相关方的内在关系，特别是与“三农”和消费的联系，针对性地鼓励涉农饮料产业的发展。

（六）优化果汁加工产业布局，鼓励浓缩苹果汁过剩产能的转化应用

随着消费者需求的多样化和企业创新的需要，我国饮料企业对多品种果蔬汁原料的需求日益增加，这从“十二五”期间我国进口果蔬汁产品类别可以看出，而我国国内生产还不能满足这一需求。与此同时，我国浓缩苹果汁产能严重过剩，在当前浓缩果蔬汁出口下滑的背景下，寻求新的发展方向、优化果汁加工产业布局、合理利用浓缩苹果汁的过剩产能将是解决这一矛盾的途径之一。

中国饮料工业协会

制 糖 工 业

2014/2015 年制糖期[①]，全国食糖产量大幅减少，消费稳定增加，进口保持高位但进口节奏可控、有序、均衡，食糖价格合理回升，制糖工业企业全行业大幅减亏，但是连续三个制糖期亏损且拖欠农民糖料款问题仍然存在。面对糖料生产下滑势头以及制糖企业严峻的生产经营形势，为促进糖业健康稳定持续发展，需要保持总量平衡，完善宏观调控，加大对糖业生产和制糖行业的支持力度，加强糖精等高倍化学合成甜味剂管理，尽快实施食糖目标价格管理和补贴政策，尽快启动糖业立法程序。

一、行业概况

（一）主要指标情况

1. 制糖行业大幅减亏

2014/2015 年制糖期，虽然国际市场食糖价格继续大幅下跌，但在全国原糖进口加工企业开展行业自律的基础上，进口关税配额外食糖纳入自动进口许可证管理，食糖进口实现了“按需、有序、平稳、可控”。国内食糖价格出现合理回升，制糖工业企业食糖平均销售价格接近完税成本，全行业实现了大幅减亏，农民糖料款拖欠问题得以缓解。统计显示，2014/2015 年制糖期，全国制糖行业实现销售收入 549 亿元[②③]（图 1），比上一年制糖期减少 40 亿元；实现利税总额 10.4 亿元，比上一年制糖期增加 79.9 亿元，其中，上缴税金 29.1 亿元，比上一年制糖期增加 1 亿元；亏损 18.7 亿元，比上一年制糖期减少 78.9 亿元，全行业亏损面减少至三分之一左右。

由于农民调减了糖料种植面积，导致糖料产量下降，加之广西等主产糖省区的糖料价格下调，农民种植糖料收入下降。2014/2015 年制糖期，农民种植糖料收入 385 亿元，比上一年制糖期下降 108.2 亿元，降幅 21.9%；农民种植糖料收入占全国制糖行业销售收入的 70.1%。

“十二五”期间[④]，全国制糖行业实现销售收入 3457 亿元，比“十一五”时期增加 968 亿元，增幅 38.9%（表 1）；实现利税总额 196 亿元，比“十一五”时期减少 202 亿元，其中，上缴税金 204 亿元，比“十一五”时期增加 22 亿元；亏损 8 亿元，而“十一五”时期盈利 216 亿元。

---

① 制糖期是自每年 10 月 1 日至翌年的 9 月 30 日。例如，2014/2015 年制糖期是自 2014 年 10 月 1 日至 2015 年 9 月 30 日。

② 资料来源：中国糖业协会（CSA）。如无特别声明，以下相同。

③ 数据仅包括以国产甘蔗或甜菜为原料生产食糖的制糖企业，不包括单一原糖进口加工企业。如无特别声明，以下相同。

④ “十一五”时期是从 2005/2006 年制糖期至 2009/2010 年制糖期；“十二五”时期是从 2010/2011 年制糖期至 2014/2015 年制糖期。2009/2010 年制糖期是“十一五”末期，2014/2015 年制糖期是“十二五”末期。如无特别声明，以下相同。

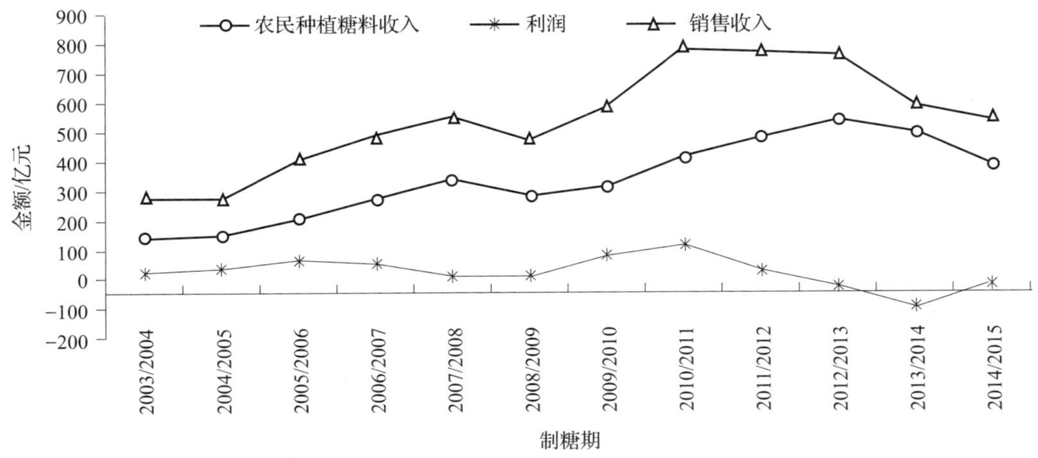

图 1　制糖行业收入与农民种植糖料收入波动情况

资料来源：中国糖业协会（CSA）。如无特别说明，以下资料来源相同。

表 1　“十二五”时期制糖行业效益及农民种植糖料收入变化情况

时期	制糖企业销售收入/亿元	农民种植糖料收入/亿元	利税总额/亿元	利润/亿元	税金/亿元	农民收入占比/%
“十二五”	3457	2299	196	-8	204	66.5
“十一五”	2489	1397	398	216	182	56.1
波动	968	902	-202	-224	22	10.4%
波幅	38.9%	64.6%	-50.8%	-103.7%	12.1%	18.5%

“十二五”时期，农民种植糖料收入 2299 亿元，比“十一五”时期增加 902 亿元，增幅 64.6%；农民种植糖料收入占全国制糖行业销售收入的 66.5%，比“十一五”时期提高 10.4 个百分点。

2. 加工产能下降，产糖率上升

开工生产时间方面，2014/2015 年制糖期于 2014 年 9 月 26 日中粮屯河新源糖业公司正式开机生产，至 2015 年 6 月 24 日云南孟定糖厂最后一个停机，历时 272d，比上一年制糖期多生产 31d。

开工糖厂方面，2014/2015 年制糖期全国共有开工制糖生产企业（集团）46 家，开工糖厂 245 间，其中：甜菜糖生产企业（集团）4 家，糖厂 27 间；甘蔗糖生产企业（集团）42 家，糖厂 218 间；单一原糖进口加工企业 15 家。与上一年制糖期相比，开工制糖生产企业（集团）减少 2 家，开工糖厂减少 15 间，其中，甜菜糖生产企业（集团）减少 1 家，糖厂减少 4 间；甘蔗糖生产企业（集团）减少 1 家，糖厂减少 11 间。与“十一五”末期相比，开工制糖生产企业（集团）减少 3 家，开工糖厂减少 31 间，单一原糖进口加工企业增加 5 家。

加工产能方面，2014/2015 年制糖期全国制糖生产企业（集团）日加工糖料能力 109.5 万 t，比上一年制糖期下降 7.5 万 t，其中，甘蔗日加工能力 101.9 万 t，比上一年制糖期下降 7.5 万 t；甜菜日加工能力 7.6 万 t，与上一年制糖期持平。与“十一五”末期相比，糖料日加工能力增加 2.5 万 t，其中，甘蔗日加工能力增加 4.7 万 t；甜菜日加工能力减少 2.2 万 t。

单产方面，2014/2015 年制糖期，甘蔗平均单产 4.12t/亩，比上一年制糖期下降 0.36t/亩；甜菜平均单产 3.16t/亩，比上一年制糖期提高 0.11t/亩。含糖量方面，甘蔗平均含糖分 13.66%，比上一年制糖期提高 0.02 个百分点；甜菜平均含糖分 15.14%，比上一年制糖期提高 0.01 个百分点。

产糖率方面，甘蔗产糖率 11.94%，比上一年制糖期提高 0.12 个百分点；甜菜产糖率 12.11%，比上一年制糖期提高 0.06 个百分点。

（二）行业发展分析

1. 食糖产量下降，食糖消费增长

全国糖料种植面积下降，其中以甜菜种植面积减幅最大。2014/2015 年制糖期，全国糖料种植面积 2369 万亩，比上一年制糖期减少 302 万亩，减幅 11.3%。其中，甘蔗种植面积 2186 万亩，比上一年制糖期减少 253 万亩，减幅 10.4%；甜菜种植面积 183 万亩，比上一年制糖期减少 49 万亩，减幅 21%。

全国食糖产量下降，连续三个制糖期增长的态势结束。2014/2015 年制糖期，全国食糖产量 1056 万 t（图 2），比上一年制糖期减少 276 万 t，减幅 20.7%，其中，甘蔗糖产量 982 万 t，比上一年制糖期减少 275 万 t，减幅 21.9%；甜菜糖产量 74 万 t，比上一年制糖期减少 0.8 万 t，减幅 1.1%。

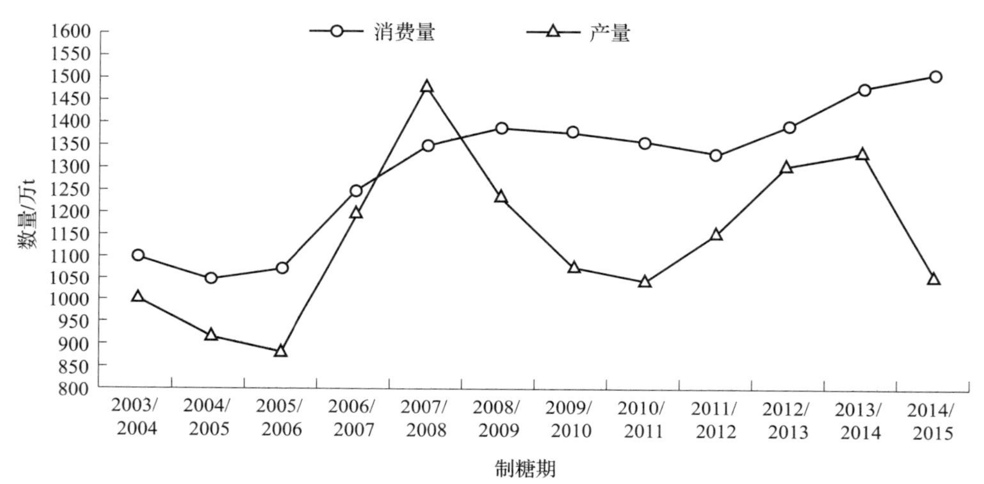

图 2 全国食糖产量与食糖消费量变化

经济保持增长和人民生活水平不断提高，有利于刺激食糖消费增加。食品工业增速虽然有所下降，但是效益明显改善，呈稳步发展态势，为食糖消费增加创造了条件。对糖精等高倍化学合成甜味剂的严格管理，压缩了食糖替代数量，相应扩大了食糖消费空间。受上述因素综合影响，2014/2015 年制糖期，全国食糖消费量 1510 万 t（图 2），比上一制糖增加 30 万 t，增幅 2%。

“十二五”时期，全国生产食糖 5891 万 t，比“十一五”时期增加 10 万 t，增幅 0.2%（表 2）；全国食糖消费量达到 7068 万 t，比“十一五”时期增加 629 万 t，增幅 9.8%。

表 2 “十二五”时期全国食糖产量、消费量和进出口量变化

时期	食糖产量/万 t	食糖消费量/万 t	食糖进口量/万 t	食糖出口量/万 t
“十二五”	5891	7068	1883	27
“十一五”	5882	6439	601	53
波动	9	629	1282	-26
波幅	0.2%	9.8%	213.3%	-49.1%

2．食糖进口保持历史高位

2014/2015 年制糖期，受国际食糖市场连续五个制糖期产需过剩以及国际食糖主要出口国货币持续贬值等因素影响，国际食糖市场保持弱势。纽约原糖期货价格自 2014 年 10 月（制糖期初）的 16.5 美分/lb（1lb = 0.453592kg）附近震荡下跌，于 2015 年 8 月下旬（制糖期末）创出 10.13 美分/lb 的七年新低，随后，受巴西不利天气影响产量和巴西石油公司提高汽油出厂价格等因素综合影响，纽约原糖期货价格止跌反弹，在制糖期末（2015 年 9 月末）报收于 12.17 美分/lb。整个制糖期，纽约原糖期货价格下跌 24%，最高跌幅约 37%。国内方面，食糖进口总体实现了“按需、有序、平稳、可控”，食糖价格震荡回升。进口食糖与国内食糖差价维持高位，食糖进口保持历史高位。

就年度看，据海关统计数据显示，2015 年全国累计进口食糖 485 万 t[①]（图 3），累计出口食糖 7.5 万 t；全国累计净进口食糖 477 万 t，比上一年增加 133 万 t，增幅 39%，其中，分属“保税监管场所进出境货物”和“特殊监管区域物流货物”净进口食糖 200 万 t，同比增加 133 万 t，增幅 199%。

就制糖期看，2014/2015 年制糖期，全国累计进口食糖 481 万 t，累计出口食糖 5.9 万 t；累计净进口食糖 475 万 t，比上一年制糖期同期增加 78 万 t，增幅 19.5%。“十二五”时期，全国累计进口食糖 1883 万 t，累计出口食糖 27 万 t，累计净进口食糖 1856 万 t，与“十一五”时期相比，累计进口增加 1282 万 t，增幅 2.1 倍；累计出口减少 26 万 t，减幅 48.7%；累计净进口食糖增加 1308 万 t，增幅 2.4 倍。

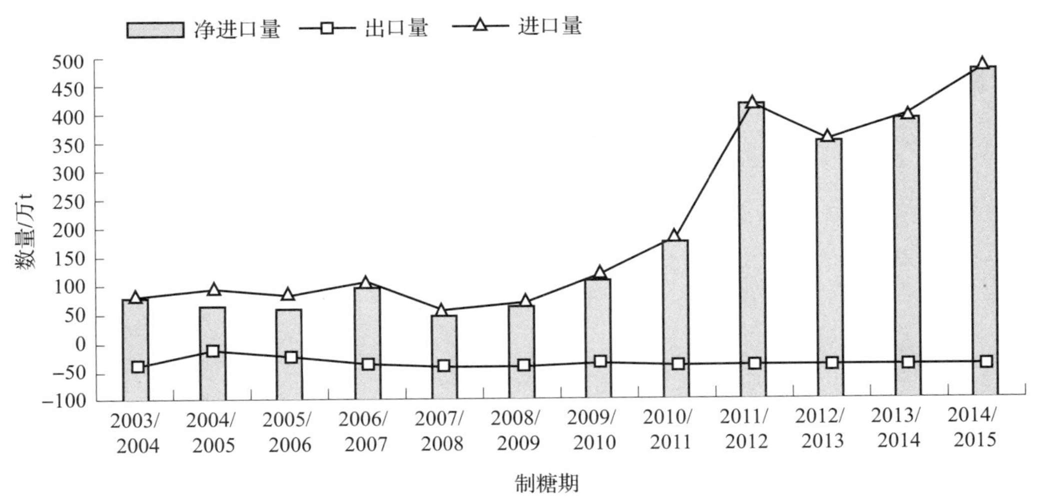

图 3　全国食糖进、出口数量变化

资料来源：海关总署，中国糖业协会（CSA）。

3．甘蔗收购价格下降，甜菜收购价格上涨，食糖价格回升

2014/2015 年制糖期，甘蔗平均收购价格（地头价，不含运输及企业对农民各种补贴费用等，下同）418 元/t（图 4），比上一年制糖期下降 17 元/t，降幅 3.9%；甜菜平均收购价格为 492 元/t，比上一年制糖期上涨 14 元/t，涨幅 2.9%。

① 进口食糖种类包括原糖和白砂糖等。为分析方便，本文未考虑进口食糖种类的差异。

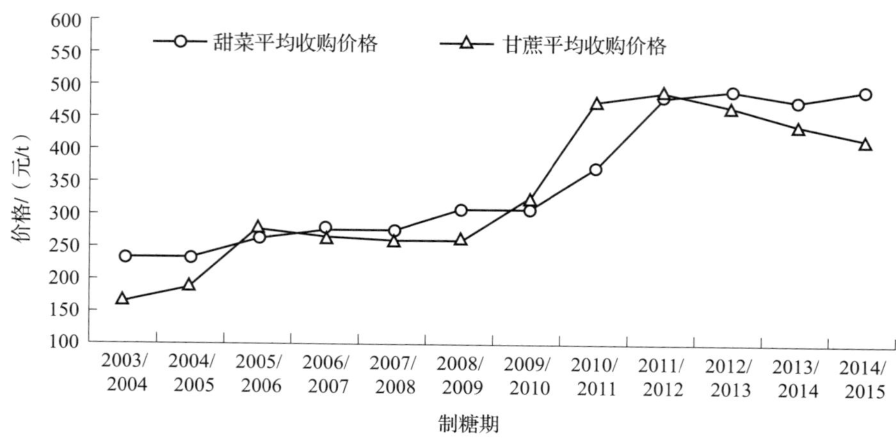

图 4　糖料收购价格变化

回顾前几个制糖期，国际食糖市场供应压力和国际食糖价格大幅下跌的信号通过大量的食糖进口得到强化，并传导至国内食糖市场。但是，自 2014 年起中国糖业协会组织全国原糖进口加工企业开展了行业自律工作，进口关税配额外食糖实施了自动进口许可管理，食糖进口总体实现了“按需、有序、平稳、可控”，保障了食糖市场供求基本平衡，摆脱了“食糖进口增加、食糖价格大幅下跌的恶性循环”。随着食糖产销变化，食糖价格合理回升。如图 5 所示，反映全国食糖平均价格水平的中国糖业协会食糖综合价格在 2014/2015 年制糖期末为 4979 元/t，较上一年制糖期上涨 141 元/t，涨幅 2.9%；全国重点制糖企业（集团）成品白糖累计平均销售价格 4945 元/t，较上一年制糖期上涨 312 元/t，涨幅 6.7%。

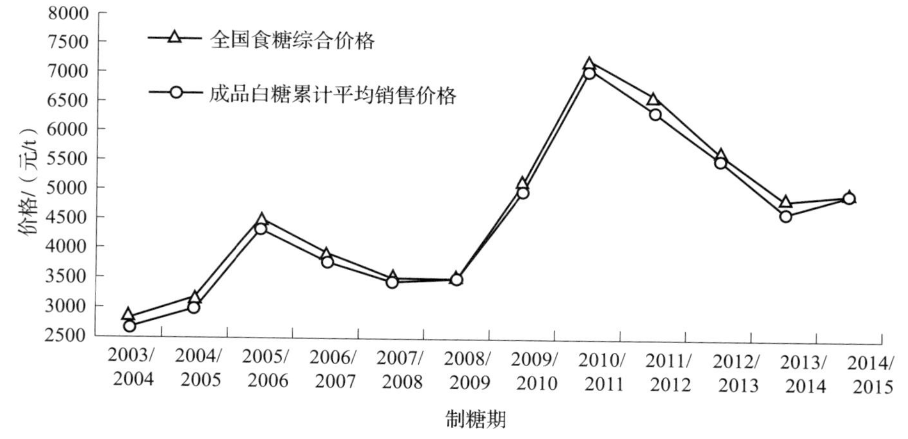

图 5　全国食糖综合价格和成品白糖累计平均销售价格变化

4. 国家实施了制糖企业临时储存国产糖等宏观调控政策

2014/2015 年制糖期，国家继续实施制糖工业企业临时储存 300 万 t 国产糖、中央财政半年贴息的政策，缓解了开榨期间食糖市场供大于求的矛盾、制糖企业资金困难和农民糖料款兑付等问题，为企业融资、贷款创造了良好环境。文件统一规定了贴息起止时间，地方重视程度和部门执行协调工作力度提高，政策落实速度、效率明显提升。

自 2014 年 11 月 1 日起，国家将进口关税配额外食糖实施自动进口许可管理，食糖进口实现了“按需、有序、平稳、可控”，促进了食糖供求基本平衡。海关总署等有关部门对食糖走私保持高压态势，严厉打击食糖走私，维护食糖市场秩序，保障食糖市场运行基本稳定。

5. 各主产省区生产份额出现波动

我国既生产甘蔗糖，又生产甜菜糖，其中，甘蔗糖产区主要分布在广西、云南、广东（以广东湛江地区为主）和海南等省区；甜菜糖产区主要分布在新疆、内蒙古和黑龙江等省（自治区）。食糖主产省（自治区）位于老少边穷地区。

2014/2015 年制糖期，上述七省区的糖料种植面积占全国 98%，比上一年制糖期扩大 0.4 个百分点；产糖量占全国 98.3%，比上一年制糖期收窄 0.3 个百分点。

与上一年制糖期相比，2014/2015 年制糖期，广西甘蔗种植面积份额和产糖量份额分别收窄 0.9 个百分点和 4.2 个百分点（表 3，表 4，图 6，图 7）；云南甘蔗种植面积份额和产糖量份额分别扩大 2.4 个百分点和 4.6 个百分点；广东甘蔗种植面积份额扩大 0.2 个百分点，但产糖量份额收窄 1.3 个百分点；海南甘蔗种植面积份额和产糖量份额分别收窄 0.6 个百分点和 0.4 个百分点；新疆甜菜种植面积份额和产糖量份额均扩大 0.8 个百分点；内蒙古甜菜种植面积份额收窄 0.3 个百分点，但产糖量份额扩大 0.4 个百分点。

表 3　全国主产糖省区糖料种植面积份额变化

	广东	广西	云南	海南	黑龙江	新疆	内蒙古
2009/2010	7.8%	59.9%	19.0%	3.9%	2.7%	4.0%	1.1%
2013/2014	8.2%	57.9%	20.2%	3.8%	1.9%	3.5%	2.1%
2014/2015	8.4%	57.0%	22.6%	3.2%	0.6%	4.3%	1.8%
波动①	0.2	-0.9	2.4	-0.6	-1.3	0.8	-0.3
波动②	0.6	-2.9	3.6	-0.7	-2.1	0.3	0.7

注：① 指 2014/2015 年制糖期与 2013/2014 年制糖期相比较的变化，下同；
② 指 2014/2015 年制糖期与 2009/2010 年制糖期相比较的变化，下同。

表 4　全国主产糖省区产糖量份额变化

	广东	广西	云南	海南	黑龙江	新疆	内蒙古
2009/2010	8.0%	66.1%	16.5%	3.0%	0.9%	3.6%	0.7%
2013/2014	8.9%	64.3%	17.3%	3.1%	0.2%	3.4%	1.3%
2014/2015	7.6%	60.1%	21.9%	2.7%	0.3%	4.2%	1.7%
波动	-1.3	-4.2	4.6	-0.4	0.1	0.8	0.4
波动	-0.4	-6.0	5.4	-0.3	-0.6	0.6	1.0

与“十一五”末期相比，2014/2015 年制糖期，七个主产糖省区的面积份额和产糖量份额分别下降 0.5 百分点和 0.3 个百分点，其中，广西甘蔗种植面积份额和产糖量份额分别收窄 2.9 个百分点和 6.0 个百分点（表 3，表 4）；云南甘蔗种植面积份额和产糖量份额分别扩大 3.6 个百分点和 5.4 个百分点；广东甘蔗种植面积份额扩大 0.6 个百分点，但产糖量份额收窄 0.4 个百分点；海南甘蔗种植面积份额和产糖量份额分别收窄 0.7 个百分点和 0.3 个百分点；新疆甜菜种植面积份额和产糖量份额分别扩大 0.3 个百分点和

0.6 个百分点；内蒙古甜菜种植面积份额扩大0.7 个百分点，产糖量份额扩大 1 个百分点。

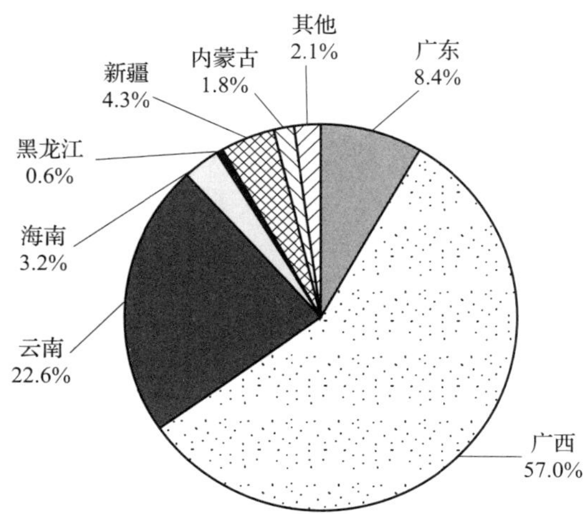

图 6 2014/2015 年制糖期全国主产省区糖料种植面积份额

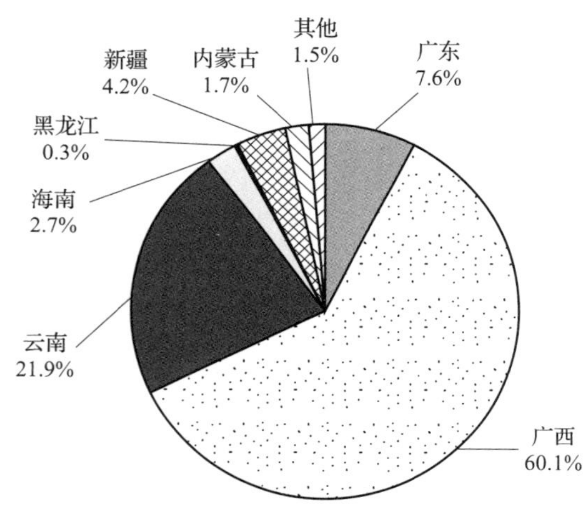

图 7 2014/2015 年制糖期全国主产省区产糖量份额

6. 行业集中度进一步提高

制糖企业的兼并和重组推动了行业企业结构优化，提升了大型制糖企业（集团）市场份额。2014/2015 年制糖期，10 家制糖企业（集团）的产量超过 40 万 t，占全国食糖产量 72.3%，比上一年制糖期扩大 4.4 个百分点，比“十一五”末期扩大8.5 个百分点。单个制糖企业平均日榨能力达到4469t，比上一年制糖期减少 31t，比“十一五”末期增加593t。其中，甘蔗糖厂平均日榨能力 4674t，甜菜糖厂平均日榨能力 2815t。

7. 行业节能减排工作取得新进展。

2014/2015 年制糖期，在工信部的支持下，制糖行业继续组织开展了绩效同业对标活动。“绩效同业对标活动”推动了企业间的比学赶超、降低生产成本、提高企业节能减排水平。据中国糖业协会统计，2014/2015 年制糖期，全国甘蔗糖厂平均吨糖综合能耗 424.110kgce/t，吨糖耗新鲜水 10.939t，吨糖 COD 排放量 0.633kg。与上一年制糖期相比，吨糖综合能耗、吨糖耗新鲜水和吨糖 COD 排放量分别下降 2.2%、6.2% 和 8.1%。甜菜糖厂方面，全国平均吨糖综合能耗 592.692kgce/t，吨糖耗新鲜水 15.879t，吨糖 COD 排放量 1.242kg。与上一年制糖期相比，吨糖综合能耗略有下降，吨糖耗新鲜水和吨糖 COD 排放量分别下降 14.9% 和 58.0%。

二、行业面临的问题分析

（一）政策和市场

当前，制约糖业发展的深层次结构性矛盾和体制机制问题还没有得到根本解决，主要包括四方面。一是全国糖料主产区均处在我国老少边穷地区，糖料生产效率低，糖料成本居高不下；二是农民与制糖企业之间存在天然的唇齿相依的产业关系，糖料生产成本决定了食糖生产成本，制糖企业生产成本高，生产经营举步维艰；三是我国加入世界贸易组织（WTO）时对食糖等农产品的关税水平和准入量作出了重大让步，食糖进口关税远低于 WTO 成员国 97% 的平均进口关税水平，我国糖业生存空间继续受到食糖进口的冲击和挤压；四是我国糖业发展缺乏政策和法律法规的支持和保障。

因此，我国制糖行业持续发展面临着巨大困难，主要包括四方面。一是食糖进口继续挤压国内市场。我国农业生产效率低，糖料种植成本高，制糖成本不具有国际竞争力。2014/2015 年制糖期，在原糖进口得到有效管理同时，成品糖进口压力大幅上升。海关数据显示，2014/2015 年制糖期，全国成品糖进口量达到 66 万 t，同比增加 32 万 t。进口成品糖直接进入国内市场的终端用户，同时挤压了全国制糖企业和原糖进口加工企业的生存空间，给行业自律工作带来冲击。另外，自 2015 年三季度以来，国内食糖走私“回潮”，据业内反映，食糖走私主要集中在云南、广西两个食糖主产区。食糖走私严重扰乱食糖市场秩序，严重干扰国家宏观调控政策，严重损害国家利益，沉重打击了 4000 万糖农和广大涉糖企业的信心，危及我国糖业健康、稳定、持续发展。二是全国制糖工业企业仍然亏损。2014/2015 年制糖期，全国制糖行业虽然大幅减亏且亏损面缩小，但全行业仍然亏损 18.7 亿元且连续三个制糖期亏损。三是糖农收益受到严重影响，食糖供应安全受到冲击。全国制糖工业企业连续亏损，制糖企业信用评级下降，银行信贷收紧，制糖企业资金紧张，难以全额向糖农兑付糖料款，拖欠农民糖料款现象仍然存在，影响了农民收益和农民种植糖料的积极性，糖料种植面积锐减，致使全国食糖产量大幅下降，食糖供应安全受到冲击。根据中国糖业协会统计，2014/2015 年制糖期全国制糖企业拖欠农民糖料款尚有近 10 亿元，近三个制糖期合计约 40 亿元。四是糖业宏观调控需要继续完善。2014/2015 年制糖期，国家完善了制糖工业企业临时储存 300 万 t 国产糖、中央财政半年贴息的政策，统一了贴息时间，提升了政策效果。但是，全国各主产省区开榨时间不一，且由于食糖市场波动节奏呈现新特点，临储时间及临储数量僵化的问题凸显，影响了政策效果的充分发挥。另外，这一政策只能调节淡、旺季供求矛盾，不能解决超量进口造成的全年供求失衡问题，这些都需要政策进一步完善。中国糖业协会组织全国原糖进口加工企业开展了行业自律工作，国家将进口关税配额外食糖纳入许可证管理，食糖进口实现了“按需、有序、平稳、可控”，这是一条成功经验，在当前市场环境下，还需要继续坚持和充分发挥。

（二）科技创新

1. 糖料生产效率低

制糖行业是传统的农产品加工产业，目前已经形成了以龙头企业为核心的农工紧密结合的产业模式。但是，由于受到自然资源禀赋条件及土地制度的约束，糖料生产效率低成为影响我国糖业国际竞争力的瓶颈因素。

首先，我国糖料生产尤其是甘蔗生产的自然资源禀赋条件较差，这是我国国情。经过 20 年来的东糖西移和产业结构调整，糖料种植自然成为老少边穷地区的支柱产业之一。这是因为就土地、气候等自然资源禀赋条件而言，糖料生产市场风险小、工业反哺农业的支持力度大、地方财政收入稳定，与粮食和其他经济作物相比，具有明显的比较优势。但是，由于我国甘蔗绝大部分种植在丘陵旱坡地带，土壤贫瘠、土地分散、水利和道路等基础设施条件比较差。另外，与世界主要产糖国家相比，我国甘蔗种植面积分散，户均种植规模低。分散的土地经营规模不利于技术推广、防虫防病、机械耕作和农田水利建设，导致我国糖料生产效率低，糖料生产成本高。

其次，国产高产高糖糖料新品种选育进展缓慢。根据中国糖业协会统计，2014/2015 年制糖期，甘蔗品种仍然主要是台糖系列和粤糖系列，分别占甘蔗总种植面积的 67.7% 和 20.4%，两个系列共占总种植面积的 88.1%，比上一年制糖期提高了 0.7 个百分点；桂糖、闽糖、云糖系列等其他品种约占 11.9%。

甜菜主要种植品种仍以原种引进为主，主要是德国的KWS系列、比利时安地系列和瑞士的先正达系列等国外品种，分别占甜菜总种植面积61.2%、10.9%和9.3%，共占比81.4%，比上一年制糖期提高了7个百分点；而国内甜研系列仅占1.7%，比上一年制糖期提高了0.3个百分点；其他品种占16.9%。

台糖系列品种引进大陆多年，虽已出现退化现象，但仍为甘蔗主要品种，且单一品种种植比例过高，还没有相应新品种能完全替代。

甜菜品种主要依靠国外进口，80%以上是来自德国、瑞士、荷兰、比利时等国家；购买国外种子的费用要比国内种子高2倍以上，且还在不断攀升，这不利于甜菜的种植安全，且影响了糖厂效益和工业反哺农业作用的发挥，制约了甜菜产业的发展。

由于品种问题，糖料生产风险上升。因此，必须加大糖料品种的研发投入，加快国产、高产、高糖糖料新品种选育。

最后，糖料生产机械化水平需要提高。当前我国糖料生产尤其是收获机械化水平非常低。以我国糖料主产区广西为例，其甘蔗生产综合机械化水平约43%，但主要集中在耕种环节，其机械化率88%左右，而收获环节机械化率非常低，甘蔗砍收以人工为主，人工成本达到130元/t左右，已经超过甘蔗收购价的三分之一；甜菜机械化程度稍高，估计在20%左右。只有在东北、新疆的大型农场、兵团和少数种田大户才有部分进口机械用于甜菜生产，且机械价格非常昂贵。国产机械目前还处于开发试用阶段，技术还不够成熟。特别是在我国目前土地经营比较分散的情况下，糖料生产急需适合我国国情的一些小型种植和起收机械。

2．制糖生产技术水平需要提高

“十一五”以来，虽然我国制糖产业布局渐趋合理，企业结构得到了进一步优化，但制糖行业转型升级步伐缓慢，生产效率不高，与国际糖业先进水平相比还有“糖厂规模小、工艺装备落后；能耗高、污染重，节能减排任务艰巨；产品单一，产品结构有待优化；综合利用产品少，产业链条有待延伸”等一系列的差距。

从长远发展来看，制糖行业要以创新为动力，围绕产品质量、节能减排、两化融合、高值利用为重点，努力攻克推广一批先进适用技术。使制糖行业能耗、物耗及污染排放进一步下降，制糖装备的自动化和智能化水平有所提高，食品安全保障能力进一步巩固，副产品高值化利用和食糖产品多元化实现新突破，进而推进制糖行业的产业升级，提高行业综合竞争力。

首先，不断提高产品质量。我国糖厂基本都是采用传统的一步法制糖工艺，产品在储存、使用过程中存在返黄、二氧化硫及色值超标等产品质量不稳定现象。甘蔗糖厂要着重研究提高蔗汁澄清效率和脱色效率，推广半碳法制糖工艺，研发酶膜耦合澄清新工艺、臭氧法澄清新工艺来处理甘蔗混合汁，生产无硫糖、高品质糖和甘蔗原汁、浓缩汁、生态红糖等新型糖品。要推广近红外技术在原料进厂、过程控制和成品糖在线检测等领域的应用。

其次，挖掘节能减排潜力。“十二五”以来，我国制糖企业积极进行技术改造，清洁生产水平近些年有了较大的提升。2014/2015年制糖期，我国糖厂综合能耗为百吨糖料4.79t，吨糖排放COD 9.12kg，较2009/2010年制糖期分别降低9.8%和51.0%，能耗仍然是国外先进水平的两倍，COD排放是国外先进水平的9倍。所以无论是甘蔗糖厂，还是甜菜糖厂，还有巨大的节能减排潜力。因此，要推广糖厂热能集中优化及控制、全自动连续煮糖、高压大容量热力机组改造、锅炉烟道气余热干燥蔗渣、低品质热源利用等新技术，降低糖厂单位产品的综合能耗；推广糖厂节水降耗闭合循环用水处理系统、甜菜干法输送系统、压粕水回头技术和烟道气脱硫脱硝技术，降低糖厂污染物排放。注重低碳环保，推动绿色加工，全面提升制糖行业清洁生产水平。

第三，加快两化融合步伐。我国制糖生产自动控制还处在单元控制阶段，甚至蒸发、煮糖过程的部分工序还是人工操作，生产全过程自动控制技术基本上还是空白，信息化管理还处于起步阶段。例如，我国日加工糖料 0.5 万 t 的糖厂需要员工 300 ~ 400 人，国外日加工糖料 1 万 t 的糖厂仅需要员工 100 ~ 120 人，其中车间生产三班员工 50 ~ 60 人。制糖行业必须加快两化融合步伐，优化生产控制和企业管理，提高生产效率。重点推广甘蔗原料信息管理系统、制糖生产过程两化融合控制系统和成品糖自动包装与智能码垛系统，提高糖业生产的信息化、智能化水平。

第四，重视循环经济与糖品高值化应用。目前，我国糖业资源开发利用主要是白砂糖、造纸、甜菜粕、糖蜜和酒精等产品，综合利用产值占总产值的比重还很低，制糖行业仍然是“一糖独大”的产品格局，抵御市场风险能力不足。制糖行业要利用糖厂副产物（蔗渣、甜菜粕、滤泥、糖蜜）开发生产木糖、糠醛、活性炭、动物饲料、生物质能源、膳食纤维、食用果胶、酵母及其抽提物和生物肥等高附加值产品，提高资源使用效率。开发生产高品质精制糖、金砂糖、保健红糖、速溶糖、液体糖等高附加值食糖产品，实现食糖产品多元化，满足市场需求。

3．国际竞争力缺乏

首先是糖料种植成本高，糖料收购价格居高难下，食糖生产成本维持高位。糖业的核心竞争力是农业竞争力。糖料生产是影响糖业国际竞争力的核心环节。但是，受制于自然资源禀赋条件和社会经济发展水平等因素，我国糖料种植成本高于巴西和泰国等世界其他糖料主产国家或地区。

其次，农工两个环节缺乏根本利益的联系。受制于土地流转政策，糖业仍是农工两张皮的发展模式，一方面造成制糖企业对土地资源和生产原料缺乏掌控能力，影响了工业反哺农业的信心和力度；另一方面农民对于良种良法推广积极性不高，对于高糖品种不够重视，最终造成产业国际竞争力缺乏。

三、发展趋势

食糖生产方面，在新一年制糖期，全国糖料种植面积继续减少。另外，海南、广东湛江产区在 2015 年上半年遭受历史罕见的干旱灾害，广东省湛江市和广西南部产区在 2015 年 10 月遭受第 22 号台风“彩虹”（强台风级）影响，甘蔗出现倒伏和折茎，其单产和出糖率受到影响，将导致食糖产量下降。

消费层面，国民经济增长、人民生活水平提高、人口增长以及化学合成甜味剂加强管理等因素有利于食糖消费增加，但是，淀粉糖生产成本大幅下降，提升其替代食糖能力，挤压食糖消费增长空间。

综合来看，预期在新一年制糖期，全国食糖市场存在产需缺口。如果食糖进口管理有力、有效，综合考虑食糖结转库存，预期新一年制糖期食糖市场供求将基本平衡。但是，由于制糖企业连续三个制糖期亏损，银行降低信用等级，贷款融资困难，企业资金短缺矛盾依然突出，制糖工业企业全行业生产经营形势面临严重挑战。

四、政策建议

（一）把握总量平衡，完善宏观调控

1．把握食糖市场供求总量平衡工作

食糖供求总量基本平衡是市场保持稳定、促进糖价合理回升的基础。虽然预期新制糖期食糖产量下降，消费稳定，产量少于需求量，但是，综合考虑工业结转库存、中间商库存、国家和地方储备，只有在食糖进口管理有力、有效条件下，食糖市场才能实现供求基本平衡。因此，加强宏观调控，控制好食糖进口，做好总量平衡工作十分艰巨。

2. 加强食糖进口管理

严格配额管理，将食糖进口管理与国家宏观调控紧密结合；支持行业协会加强行业自律，进口关税配额外食糖继续纳入许可证管理等加强食糖进口管理，两者缺一不可；加强成品糖进口管理；健全中央、地方联合打击食糖走私的联动机制，强化海关总署、公安部等国家相关部委的综合执法，加强宣传国家打击食糖走私政策，保持高压态势，持续严厉打击食糖走私行为。

3. 严格控制原糖进口加工产能

建议国家有关部门对违反《国务院关于发布实施<促进产业结构调整暂行规定>的决定》（国发［2005］40号）和国家发展与改革委员会发布的《产业结构调整指导目录（2011年本）》的地区和企业予以严厉查处，坚决清理在建项目，严格控制原糖加工规模。

4. 完善制糖企业临储政策，加大对制糖企业金融支持力度

制糖企业临储政策有利于解决制糖企业银行贷款难问题，有利于减轻制糖企业财务负担，确保糖料款及时兑付，保障农民利益。由于制糖企业连年亏损，生产经营资金紧张，影响新榨季正常开榨，应适当扩大制糖企业食糖临时储存规模。同时，采取措施加大对制糖企业金融支持力度，解决制糖企业融资难、融资贵等问题，保障制糖企业正常生产经营。此外，由于食糖市场变化，财政贴息建议按实际储存时间及存储数量计算且及时到位，让企业及早享受到国家政策的实惠。

5. 做好储备食糖投放工作

要根据宏观调控目标，把握好储备食糖的投放时机、数量和价格，防止市场恶意炒作和市场过度投机行为，充分发挥储备糖投放在宏观调控中的作用。

6. 加强糖料产区管理工作

要严格按照2002年原国家计委、原国家经贸委、农业部、国家工商总局联合下发的《糖料管理办法》，按照糖料产区属地管理的原则，切实加强糖料产区管理工作。要保持糖料区域相对稳定，坚持谁投资谁受益的原则，鼓励制糖企业加大支农惠农力度；坚决遏制糖料无序流动和跨区抢购行为，加强糖料收购秩序的督促检查工作，发现问题及时解决。

（二）加大对糖业生产的支持力度

完善糖料生产补贴政策，将糖料生产纳入农资综合补贴范围；加强糖料生产保险支持力度，中央及地方财政支持糖料种植保险的保费，制订切实可行的办法使受灾农民得到必要的生产成本补偿。创新补贴发放模式，将国家所提供的各类补贴资金通过扶持龙头制糖企业来实施，真正实现以工补农、稳定食糖生产的目的。

（三）加大对制糖行业财税金融支持力度

加大对制糖企业的财税金融支持力度，解决制糖企业融资难和融资贵等问题。根据食糖季产年销特点，向制糖企业提供匹配预期食糖产量规模的食糖工业短储资金；通过制糖企业向种植糖料农民提供包括优惠信贷资金在内的金融服务产品。

（四）加强糖精等高倍化学合成甜味剂管理

化学合成甜味剂在食品中添加使用有严格的范围和数量限制，关系到食品安全问题，应该加强监管。建议将安赛蜜、阿斯巴甜和甜蜜素等其他高倍化学合成甜味统筹纳入到整体甜度市场的监管当中。严格控制糖精产量和规模，规范市场销售和使用。

（五）尽快实施食糖目标价格管理和补贴政策

棉花和大豆目标价格管理和补贴试点已经开展，食糖尚未列入。从糖业生产集中度

高、糖料生产与制糖联系紧密的特点看，在粮棉油糖四大农产品中，食糖实施目标价格管理，操作成本低、易于管理、最容易实施并易取得经验。

实施食糖目标价格管理和补贴政策是糖业摆脱目前困境，走上良性发展道路的最有效办法。制糖业对各主产省区农民增收、地区经济发展具有同等重要的作用，建议食糖目标价格管理和补贴政策在主产糖省区按照自然形成的经济区划统一实施，以免政策不统一，影响糖业发展，给国家造成损失。

（六）尽快启动糖业立法程序

根据世界主要产糖国家的经验，要实现糖业健康稳定持续发展，从根本上保护农民的合法权益，保障食糖供给安全，必须通过制定法律和法规。借鉴巴西、泰国、澳大利亚、欧盟、美国、日本等世界主要产糖国家或地区糖业法律的核心内涵，我国糖业法律应该包括以下内容：糖业管理基本模式和统一管理机构；规范的农工利益关系；国家采取的常规和临时性措施以及相关产业的管理政策等。

中国糖业协会

方便食品制造业

方便食品是以米、面、杂粮等为主要原料加工制成，可直接食用或经简单烹制即可食用的食品，多为主食类食品。

一、行业概况

随着人们生活水平的提高和工作节奏的加快，对食品的消费观念也发生了变化。方便食品具有食用简便的特点，同时伴随企业的不断创新，消费者对其接受度越来越高。由此，过去五年行业发展整体呈增长态势，主营业务收入逐年提升，如表1所示。

表1　2011—2015年全国方便食品制造行业经济运行情况

	规模企业数/家	主营业务收入/亿元	利润/亿元	利税/亿元	企业资产总计/亿元	出口交货值/亿元
2011年	999	2548.04	182.95	271.2	1297.74	78.28
2012年	1096	2818.08	210.30	318.16	1484.30	90.33
2013年	1206	3149.83	237.15	346.89	1743.12	73.41
2014年	1293	3463.87	238.10	361.59	1970.25	77.92
2015年	1406	3527.93	227.20	353.82	2102.02	85.05

资料来源：国家统计局。

（一）主要经济指标

2015年全国方便食品制造行业经济运行情况如表2所示。

1. 主营业务收入

2015年，全国方便食品制造行业规模以上企业累计完成主营业务收入3527.93亿元，同比增长5.55%。其中，米面制品行业974.44亿元，同比增长12.20%；速冻食品行业831.03亿元，同比增长13.44%；方便面及其他方便食品行业1722.46亿元，同比下降1.10%。

表2　2015年全国方便食品制造行业经济运行情况

	规模企业数/家	主营业务收入/亿元	利润/亿元	利税/亿元	企业资产总计/亿元	出口交货值/亿元
米面制品	575	974.44	59.71	87.43	437.39	18.67
速冻食品	424	831.03	51.54	57.93	580.13	48.02
方便面及其他方便食品	407	1722.46	115.95	186.49	1084.50	18.36

资料来源：国家统计局。

2. 利税

2015 年，全国方便食品制造行业规模以上企业实现利税 353.82 亿元，同比下降 2.15%。其中，其中，米面制品行业实现利税 87.43 亿元，同比增长 12.32%；速冻食品行业实现利税 57.93 亿元，同比下降 7.49%；方便面及其他方便食品行业实现利税 186.49 亿元，同比增长 7.55%。

“十二五”期间，方便食品制造业保持较快发展，全行业主营业务收入维持平稳增长。但随着产品创新速度加快，行业竞争激烈，行业利润增长缓慢并有所下降，行业处于转型与价值提升的“阵痛”期，就发展质量而言，行业的发展更加理性和健康，在产业转型与价值提升中有重要进展。

（二）行业发展分析

1. 价格

方便食品制造业产品价格主要受原材料、流通成本及人力成本影响。由于经营成本增加，2015 年利润比上年有所下降。米面制品、速冻食品、方便面及其他方便食品制造业数据见表 3、表 4 和表 5。

表 3　2011—2015 年米面制品制造业数据统计

	规模企业数/家	主营业务收入/亿元	利润/亿元	利税/亿元	企业资产总计/亿元	出口交货值/亿元
2011 年	422	529.88	32.45	48.29	201.98	15.13
2012 年	461	598.30	34.19	54.33	240.56	15.62
2013 年	495	712.81	42.25	64.05	288.05	14.86
2014 年	533	855.89	52.30	77.84	380.14	16.13
2015 年	575	974.44	59.71	87.43	437.39	18.6

资料来源：国家统计局。

表 4　2011—2015 年速冻食品制造业数据统计

	规模企业数/家	主营业务收入/亿元	利润/亿元	利税/亿元	企业资产总计/亿元	出口交货值/亿元
2011 年	252	547.67	38.61	54.87	308.59	40.91
2012 年	292	550.55	41.99	60.39	356.83	49.99
2013 年	335	649.81	51.42	71.84	412.07	37.39
2014 年	369	782.28	57.89	82.02	508.22	43.97
2015 年	424	831.03	51.54	79.90	580.13	48.02

资料来源：国家统计局。

表 5　2011—2015 年方便面及其他方便食品制造业数据统计

	规模企业数/家	主营业务收入/亿元	利润/亿元	利税/亿元	企业资产总计/亿元	出口交货值/亿元
2011 年	325	1471.03	111.88	168.03	787.18	22.23
2012 年	343	1636.32	134.12	203.42	886.91	24.73
2013 年	376	1733.96	139.47	210.67	994.67	21.50
2014 年	391	1825.69	127.91	201.73	1081.90	17.82
2015 年	407	1722.46	115.95	186.49	1084.50	18.36

资料来源：国家统计局

2. 市场

随着人们生活水平的提高和对营养、健康产品的需求，全行业创新加速。主要表现在以下两方面。

一是行业创新活力被激发。2015 年，全行业最大的变化是均展现出“以创新提升价值”的重要转型并付诸实践。以康师傅为例，其主动关闭了若干低价面加工厂，将仍有盈利的 1.5 元以下的低价面市场空间让给了众多以低价面为生的民企，使这一长期被挤压的低价面市场板块有了舒缓向上的活力。同时将产品创新的定位放在对原有产品健康内涵的提升上，使产品的营养价值大大提高。与此同时，还着眼于全行业的持续发展，通过与科技界的合作，启动行业对产品营养与健康的研究，成为全行业发展中至关重要的正能量。

二是健康内涵加大，健康转型的市场反响良好。企业通过持续创新，用新品带动销售，销售额上升的同时，也让各自企业在市场站稳脚跟。

3. 投资

2015 年全国规模以上方便食品制造企业资产总计 2102.02 亿元，比上年的 1970.25 亿元增加 131.77 亿元，增幅 6.69%。其中，流动资产总计 988.39 亿元，比上年同期的 922.42 亿元增加了 65.97 亿元，增幅 7.15%。

4. 区域分布

2015 年全国方便食品制造行业规模以上 1406 家企业中，河南省规模以上企业数 269 家，占比 19.13%；山东省规模以上企业数 134 家，占比 9.53%；安徽省规模以上企业数 110 家，占比 7.82%；广东省规模以上企业数 92 家，占比 6.54%；四川省规模以上企业数 85 家，占比 6.05%；湖北省规模以上企业数 76 家，占比 5.41%；湖南省规模以上企业数 75 家，占比 5.33%；福建省规模以上企业数 64 家，占比 4.55%；江苏省规模以上企业数 59 家，占比 4.2%；吉林省规模以上企业数 55 家，占比 3.91%；其他规模以上企业数 387 家，占比 27.52%，如图 1 所示。

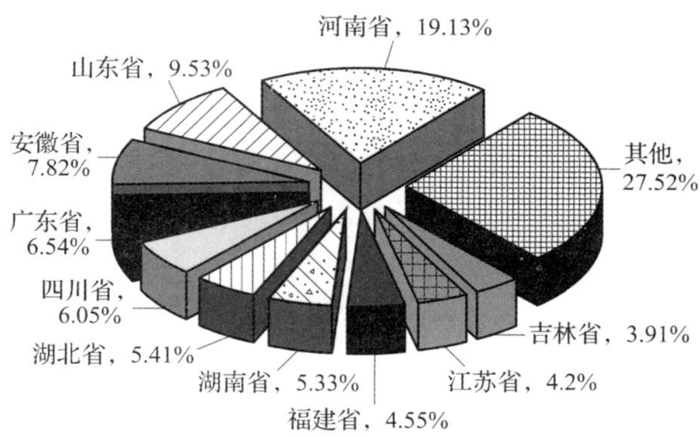

图 1 2015 年全国方便品制造行业地区分布图

资料来源：国家统计局。

5. 行业集中度

2015 年全国方便食品制造行业规模以上企业中，大型企业 54 家，占比 3.84%；中型企业 220 家，占比 15.65%；小型企业 1132 家，占比 80.51%，如图 2 所示。

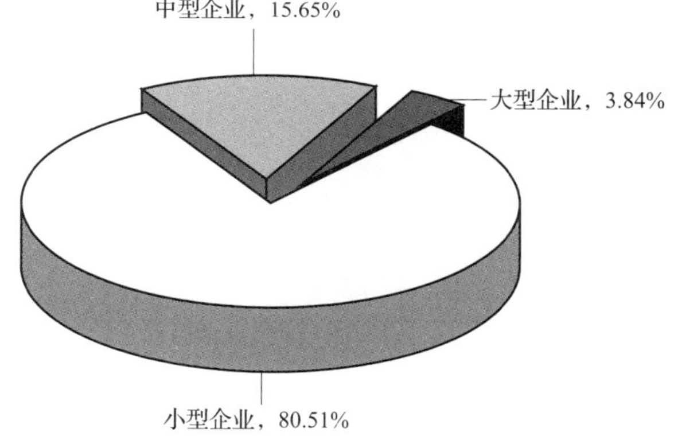

图 2 2015 年全国方便食品制造行业规模以上企业分布情况

资料来源：国家统计局。

（1）米面制品 在 575 家规模企业中，大型企业 4 家，占比 0.7%；中型企业 54 家，占比 9.39%；小型企业 517 家，占比 89.91%，如图 3 所示。

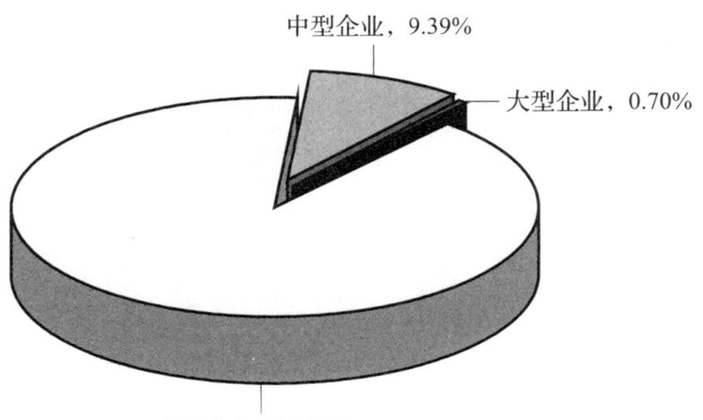

图 3　2015 年米面制品行业规模以上企业分布情况

资料来源：国家统计局。

（2）速冻食品　在 424 家规模企业中，大型企业 14 家，占比 3.3%；中型企业 67 家，占比 15.8%；小型企业 343 家，占比 80.9%，如图 4 所示。

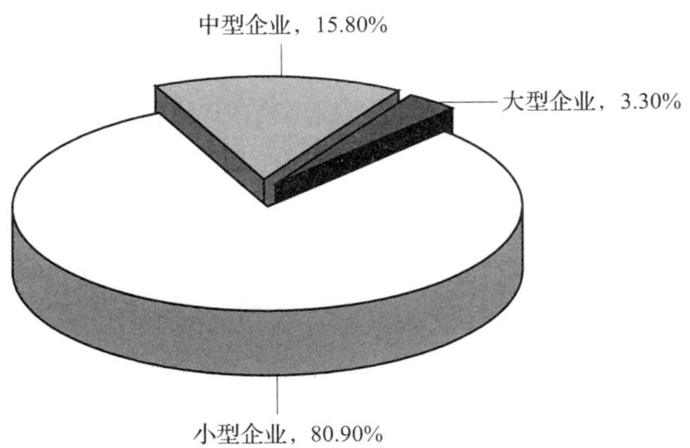

图 4　2015 年速冻食品行业规模以上企业分布情况

资料来源：国家统计局。

（3）方便面及其他方便食品　在 407 家规模以上企业中，大型企业 36 家，占比 8.85%；中型企业 99 家，占比 24.32%；小型企业 272 家，占比 66.83%，如图 5 所示。

6. 进出口

2015 年全国方便食品制造行业累计完成出口交货值 85.05 亿元，同比增长 9.15%（表 6，图 6）。

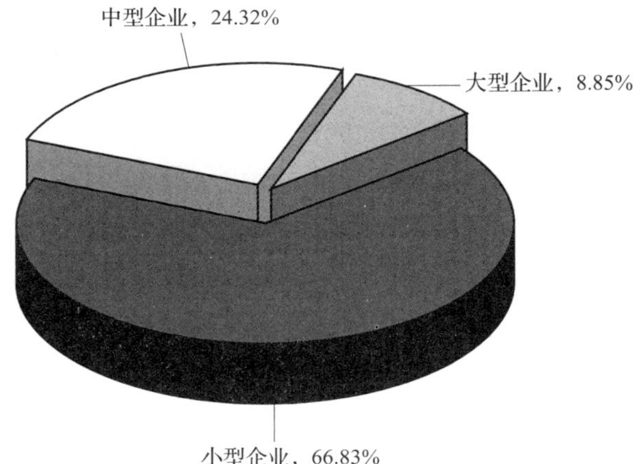

图 5　2015 年方便面及其他方便食品规模以上企业分布情况

资料来源：国家统计局。

表 6　2015 年全国方便食品制造行业月度出口交货值

月份	出口交货值/亿元	同比增长/%	月份	出口交货值/亿元	同比增长/%
1 月	5.97	31.39	7 月	7.4	12.19%
2 月	5.97	31.39%	8 月	7.35	5.35%
3 月	5.94	4.05%	9 月	7.87	5.14%
4 月	6.01	21.76%	10 月	8.72	13.61%
5 月	6.09	－3.44%	11 月	9.22	11.2%
6 月	6.97	4.24%	12 月	9.04	－2.13%

资料来源：国家统计局。

7. 包装与装备

方便食品行业的生产装备经过近 30 年的发展，已经拥有了高度自主化的知识产权，促进了行业生产的安全规范和管理的自动、高效。但由于企业规模不一，装备水平参差不齐，中小企业的设备机械化、大型企业的设备自动化亟需提升。

方便面行业设备已经走在世界前列，大量自主研发的自动化设备不仅为生产企业提高了生产效率，降低了人工成本，而且还以稳定、价优的特性出口海外。但在速冻食品

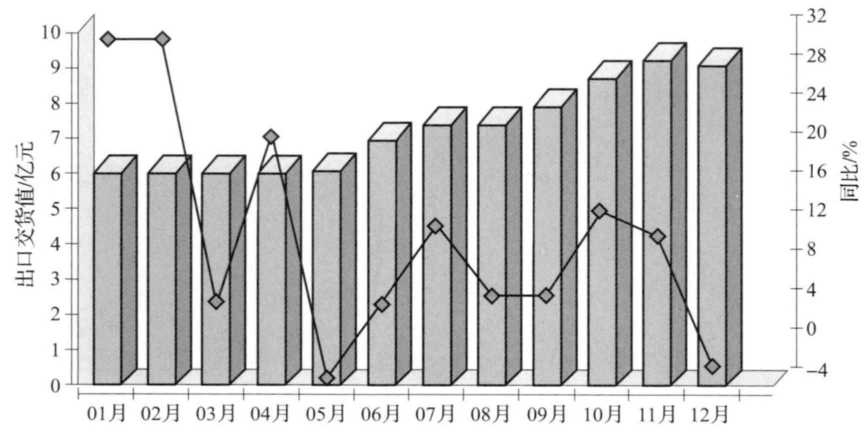

图6　2015年全国方便食品制造行业月度出口交货值及同比

资料来源：国家统计局。

面点自动化醒发蒸制技术与装备、水饺自动化包装系统、粽子自动成型技术、馄饨自动化生产等技术和装备的开发研究上还有待突破。同时在冷冻技术上，我国大多采用平板和双螺旋速冻机，加工多为一段式速冻，工艺单一，冷冻时间长，能源浪费严重。速冻装置柔性风场设计、进出口防跑冷装置、冻结区分段和压缩机变频分组供应等技术已在国外行业中应用，相较而言我国新型冷冻技术的研发、引进、应用和推广滞后。

与日本最先进的生产企业相比，国内装备在自动化、智能化和可追溯方面还存在着较大差距。政府在对行业管理时，也应加大对企业工业化水平的支持力度，以带动行业的工业升级。

二、行业面临的问题分析

（一）政策与市场

1. 为解决“三农”问题做出贡献

方便食品为我国“三农”问题的解决做出了重大贡献，在解决大量农村劳动力就业问题的同时，也转化了大量农副产品，形成了一条完整的产业链条。因此，在未来的行业发展中，需要国家投入更多的关注和支持，引领行业走可持续、现代化的发展道路，鼓励其通过“中国制造2020”“工业4.0”等相关政策的扶持，进一步提升产业自动化，从而实现产业升级，为消费市场提供更多更高品质的创新产品。

2. 完善标准，企业加强过程管理

《食品安全国家标准　速冻面米制品》（GB 19295—2011）目前已实施多年，得到行业广泛认同，但实施过程中仍存在一些需要完善的地方。标准的适时修订，更有利于科学规范行业发展。《食品安全国家标准　速冻食品生产卫生规范》于2015年度在网上公开征求意见，为企业食品安全过程控制提供了有效的科学指导。

《食品安全国家标准　方便面》（GB 17400—2015）于2015年颁布实施，为行业发展提供了有效保障。但由于消费市场对方便面长期的误解，“方便面32h不消化”等负面新闻不断，使得产业发展遭遇连续4年滑坡。政府应对食品行业的正面宣传加以完善。

3. 实施商业模式创新、拔高竞争维度

近两年，方便食品行业品类销量增长放缓，品类均价出现下滑，部分面米企业又开始实施低价竞争。价格战导致行业偷工减料、食品安全等问题出现，行业亟待规范。实施商业模式的创新、拔高竞争维度是行业突围的有效途径。

4．新产品品质需要进一步提升

2015 年，行业新产品层出不穷，从产品色泽、口味、口感及产品规格、产品外形、包装等方面都有了明显的突破，推动了行业的发展。在企业促销手段结束后，高颜值的产品热度退去，部分产品出现销售下滑现象，产品品质提升亟待解决。

（二）科技创新

每一次行业的大发展都伴随着科技创新与消费理念的升级。尽管近年食品行业增速放缓，行业企业并没有放慢创新的步伐和设备升级改造的进程。

1．开展传统特色食品工业化研究

中国的方便食品具有中华传统特色食品品种繁多的特征，产品质量的安全性、稳定性问题亟待解决。需通过开展工艺优化、新型技术开发、装备自动化研究推动我国传统特色食品的工业化生产进程。在产品风味上，企业在原有精典口味的基础上持续开发新品，让风味回归自然与真实，地域特色产品成为创新的方向；同时，冷冻干燥、鲜湿面、杂粮面等产品相继问市，都是对原有工艺的突破。未来，中国的方便食品市场还需要伴随产品的升级，更好地迎合消费需求，为消费者提供以健康、营养为目标的食品。

2．提升产品品质，去除工业化味道

随着机械化在行业的推广应用，主要产品的工业化特征明显。需要开展原料物理特性、物料加工适应性、降脂去油腻、品质评价体系等新技术的研究和应用，使产品的色泽、口感、组织状态、风味与“家庭厨房”保持一致，从而去除工业化特性。

3．突破关键技术，稳定产品品质

需要开展品质稳定控制技术的工程化应用推广，如开展原料组分标准化重组技术、质构特性控制技术、风味稳定化的酶活性控制技术等的研究。建立原料的物性特征数据库和风味指纹图谱，突破原料物理特性特征性能、组分重组等品质提升关键技术研究。

三、发展趋势

社会经济发展、生活方式改变、生活节奏加快以及供应链的发展，都促进了方便食品行业的发展，行业的持续快速发展离不开创新，未来主要方向包括以下几方面。

1．价值提升促成差异化发展

在科技界的引领下，行业发展已经开始由“价格竞争”转向“价值竞争”。无论是大企业还是中小企业，都已不再将企业发展目标锁定在竞争对手身上，而是更专注于特色化的产品开发，走差异化竞争的道路，产品价格也逐渐走出恶性竞争的洼地。产品形成能够支持企业健康发展的价值空间，以促进行业的可持续发展。未来行业将迎来更丰富和多样化的创新发展，而伴随产品价值的提升，相信行业的市场规模也会触底反弹。

2．营养、健康更受关注

目前企业在产品设计阶段，大多关注的是产品的口感、口味、外形、成本及工业化生产的难易程度，对产品配方的营养配比关注甚少。吃饱、吃好、吃得安全、吃得营养、吃得健康是人们饮食的多层级需求，健康、营养的食品是人们饮食追求的最终目标。特别是在新的膳食指南出台后，对于降油、降盐的需求成为行业关注的重点。未来，更多的创新产品将通过工艺的改进和对营养、安全的基础研究，行业也将为消费者带来更丰富的产品线。

3．餐饮、业务市场的开发需求加大

餐饮市场规模庞大，2015 年我国餐饮收入达 32310 亿元。利用方便食品企业规模化、标准化、工业化的生产和成熟的质量安全控制体系，与餐饮企业共同研发适合餐饮需求的产品，做好餐饮市场的优质供应商，是企业在差异化发展中的一条新通路。

4．家庭调理预制食品的开发是新的消费需求

随着生活节奏加快，家庭规模缩小，人

们迫切希望从繁重的厨房工作中解放出来，特别是80后、90后在成为消费主力后，对食品的便利性提出了更高的要求。目前，不少生产企业都在积极研究、开发可微波的产品。行业间的合作研究亟待开展，技术瓶颈亟待突破。产品的加工也将向更精更细的方向发展，方便、省时、经济节能、保持食物原有风味和营养等产品的开发，将使工业食品能更好地融入百姓的生活。

四、政策建议

针对行业目前的发展态势、现状及国际、国内市场需求，对以下方面提出建议。

1．尽早启动团体标准的建立，促进创新，加强行业自律

作为一个快速创新和发展的行业，行业应在现有食品安全标准之上，还需要相关质量标准配套，以服务于产品创新和行业自律。应倡导方便食品行业团体标准的建立，从而在保护消费者利益的同时能更好地促进行业创新，从而能够繁荣市场，为消费者提供更多样、更丰富的选择。

2．开展智能制造工程，提高行业装备研制的自动化水平

经过20多年的发展，行业机械化水平有了明显的提升，但大多中小型企业机械化水平仍然很低，根据“中国制造2025”发展纲要和我国食品供应链发展现状，迫切需要提高行业装备制造能力和自动化水平，支撑行业发展方式转变和产业结构调整升级。突破食品装备数字化设计与先进制造、智能控制等关键装备与配套技术，加快装备自主化进程。在自动化成套设备的引进和自动化装备的重大科技攻关项目方面，政府应配套支持资金并加大立项数量及经费支持力度，引导行业自动化水平的提升，建设一批自动化生产车间。

3．完善网络食品安全管理体系的建立，加强配送环节食品安全管理

针对网上销售食品的生产企业，要制定全程供应链管控体系、产品配送技术规范和配送防护技术标准，确保产品处于良好的防护状态。特别是对速冻食品的销售网站，要制定速冻食品企业准入制度，严格入网企业的资格管理和配送企业的资格管理。速冻食品要制定强制性速冻食品物流配送人员健康、配送车辆、冷链温度控制、产品追踪、速冻食品配送存储等严格的强制性行业规范，确保速冻食品的品质和质量安全。

4．实施制造业国际化工程，推进企业向海外投资建厂，将传统中华美食推入国际市场

深化产业国际合作，制定方便食品企业走出去发展的总体战略，建立完善统筹协调机制，推进优势企业走出去，将传统的中华美食推入国际市场。例如，思念食品已在美国投资建厂，未来中华美食将在美国本土生产、销售，其他企业也有积极运作海外投资和海外研发中心的建设。

中国食品科学技术学会

发 酵 工 业

“十二五”以来，发酵行业按照“自主创新、规模发展、产业集聚、拉动内需、稳定市场”的原则，随着产业规模的不断扩大，产业结构的调整，企业的兼并重组和技术水平的提升，高效、绿色、低碳等可持续特征已经逐步显现，发酵行业作为我国战略性新兴产业中的重要组成部分，呈现出稳定发展的态势。同时在错综复杂的国内经济形势变化格局下，我国也面临着产业结构进一步调整、经济运行稳定可持续增长、节能减排等方面的挑战，因此加快发展和壮大生物发酵产业，以充分利用可再生资源，解决国民经济发展中可能面临的资源短缺等问题，构建可持续的经济发展之路成为必然选择。

生物发酵产业是生物产业的重点行业，行业为了适应市场需求，积极朝着多品种、个性化、专一化、高附加值发展，在提高产品产量的同时，各企业积极注重产品结构调整，品种结构日益完善。从2012年起，发酵行业从快速增长转变为增速放缓，2013—2014年许多企业阶段性减量，由于一些企业失去竞争力、经营连续亏损或资金周转出现严重危机等因素，行业已有不少公司退出市场。2015年总体来看，发展形势趋稳，行业效益整体下滑，大宗产品亏损或微利经营的情况对行业的可持续发展十分不利。产能结构性过剩依然未得到有效缓解，玉米原料价格依然较高，临储政策对行业的负面影响还在持续，市场需求依旧疲软，产业出现企稳回升的迹象，需通过提质增效、科技创新、注重清洁生产和环保治理、加强与互联网经济的结合等手段解决不断面临的问题，推动产业可持续健康发展。

一、行业概况

（一）主要经济指标

“十二五”期间，生物发酵产业通过增强自主创新能力、加快产业结构优化升级、提高国际竞争力，使得产业规模持续扩大，并形成了一些优势产品。大宗发酵产品中的味精、赖氨酸、柠檬酸等产品的产量和贸易量位居世界前列；淀粉糖的产量在美国之后，居世界第二位；其他如山梨醇、葡萄糖酸钠、木糖醇、麦芽糖醇、甘露糖醇、酵母和酶制剂等产品也处于快速发展阶段；生物基材料、化学中间体的生物制造等尚处于起步阶段。

1. 产量基本持平

“十二五”时期，我国生物发酵产业规模继续扩大，总体保持平稳发展态势，主要生物发酵产品产量从2011年的2230万t增加到2015年的2426万t，年总产值接近2800亿元。目前我国生物发酵产业产品总量居世界第一位，成为名副其实的发酵大国。2015年我国发酵行业主要产品产量2426万t，与2014年基本持平，扭转了下滑的势头。其中，酶制剂、酵母、功能发酵制品保持小幅增长，其他行业持平或负增长（见表1）。

表 1　2011—2015 年发酵行业主要产品产量

年份	2011 年	2012 年	2013 年	2014 年	2015 年
产量/万 t	2230	2364	2429.4①	2420	2426

注：① 氨基酸总产量中所含赖氨酸产品产量折算方式有变，2012 年以前均为折纯后产量，2013 年为实际产量，包括不同含量的赖氨酸（盐），因此数值变化较大。

资料来源：源自 2015 年 12 月 31 日止行业统计数据。

2. 出口小幅增长

受国际大的经济环境影响，“十二五”期间生物发酵产品出口增长一直处于低位徘徊，每年有所增长，但普遍增幅不大或有所下降。主要产品出口从 2011 年的 286 万 t 增加到 2015 年的 344 万 t，出口额 2015 年达到 36 亿美元。柠檬酸、味精、淀粉糖一直是生物发酵产业主要出口产品，柠檬酸出口量占总产量的 80% 以上，味精占 18%，淀粉糖占 10%。出口产品中谷氨酸及盐类、赖氨酸及盐类、葡萄糖酸及其盐酯出口量增长幅度较大，柠檬酸及其盐酯、淀粉糖、酵母出口量增长幅度较为稳定。

2015 年主要出口产品出口量 344 万 t，同比增长 3.3%。由表 2 可以看出，受出口退税政策的刺激，味精出口量增长幅度较大，柠檬酸受出口价格继续降低的影响也保持了持续增长。酵母、酶制剂的增幅有了较大下滑，乳酸继去年 -2.2% 的负增长又出现了更大的下降（-13.9%）。

表 2　2011—2015 年发酵行业主要产品出口量变化情况

年份	2010 年	2011 年	2012 年	2013 年	2014 年	2015 年
出口量/万 t	264	277	280	312	333	344
出口额/亿美元	28	32	34	34	35	36

资料来源：源自 2015 年 12 月 31 日止海关进出口统计数据。

（二）行业发展分析

1. 价格

2015 年影响行业发展的最大的因素就是原料玉米价格。2015 年前两个月份玉米价格与 2014 年底基本一样，从 3 月起开始上涨，4—7 月维持高位，9—10 月底，玉米价格一路暴跌，山东玉米降到 1700 多元/t，11 月初至年底，在新季临储收购政策带动下，整个 11 月份的玉米价格呈现持续上涨趋势，山东、河南等地玉米价格领涨全国，12 月初部分地区玉米价格虽掉头下行，但月中价格又略有抬头。玉米淀粉价格与 2014 年相比也有所下降。糖蜜的价格一方面受上游糖业的供给影响，另一方面受下游需求的影响。糖蜜是酒精、酵母等发酵产品的主要原料，糖蜜 60% 用于制作酒精，虽然 2015 年白糖的价格有所回升，但受糖蜜价格主要下游产品酒精产量持续下降的影响而下跌。

（1）氨基酸　由于近年来谷氨酸（味精）产品利润低，产量从 2012 年达到历史高峰后就基本没有再增长。受味精市场整合影响，味精的平均售价稳定并自 2014 年下半年起呈上升趋势。2015 年上半年吨产品味精销售价格提高了 300 多元（约 4%），虽然原辅料成本也上涨约 5%，但总体来说味精行业处于良性运行，产品有了一定的利润。特别是玉米价格下降对大宗产品非常有利，目前企业生产规模都较大，原料成本下降为产品利润腾出了一些空间，企业经营状况有所好转，经济效益尚好。2015 年赖氨酸产量比上年下降 18%，近两年的盲目生产受到抑制，产量压缩。从 2013 年产能急剧增加后，竞争形势严峻，市场持续疲软，产品利润降至最低，销售价格临近成本。其他小品种氨基酸中除去对食药级产品的质量要求高，需求量有限，产量较少以外，饲用氨基酸产量占大部分。苏氨酸平均价格较 2014 年下降 6.19%，色氨酸出现了销售价格在本年度内折半下降，乃至跌至成本线以下的不良现象，其他小品种氨基酸也有类似现象。

（2）有机酸　柠檬酸行业特点是产能过剩导致行业集中化进一步增强，小企业的生存空间进一步减小。2015 年在 2014 年 12 月价格（824 美元/t）基础上继续走低，至 2015 年 12 月柠檬酸出口价格为 741.9 美元/t，出口价格再创新低，是自 2010 年以来的价格最低点，行业困境进一步加深。其中柠檬酸盐降幅更大，恶化趋势最为明显。2012 年与 2013 年葡萄糖酸钠发展过于迅速，导致目前出现了产能过剩，主要是低端葡糖糖酸钠产品产能过剩幅度较大。2015 年葡萄糖酸钠平均出口价格比 2014 年下降 100 美元，最低月份价格下降了近 130 美元，而且呈现继续下降趋势。自 2011 年以来乳酸出口量持续走低，国际市场份额不断流失，值得庆幸的是 2015 年乳酸出口价格出现回升。

（3）淀粉糖（多元醇）　自 2013 年以来，在生产成本高涨、产能增长过快、食糖价格低迷、市场疲软等诸多因素影响下，淀粉糖产量一直处于负增长态势，2014 年跌破 1200 万 t 关口，回落至 2011 年水平以下，2015 年产量虽然基本稳定，但产品价格一直低迷，近两年企业一直微利甚至保本、亏损运行，特别是产品简单、竞争力差的企业亏损严重，已有部分企业资金链断裂而倒闭停产，行业发展局面严峻。由于玉米价格的下降，2015 年玉米淀粉价格相比于 2014 年有所下降，价格在 2400 元/t 左右，但淀粉糖的价格也下降，结晶葡萄糖 3500 元/t 左右，糊精 3900 元/t 左右，麦芽糖浆 2800 元/t 左右，F55 果葡糖浆价格在 2800 元/t 左右，液体山梨醇 3350 元/t 左右，甘露糖醇 22500 元/t 左右。

（4）酶制剂　2011—2015 年只有个别品种如纤维素酶、脂肪酶价格下降比较明显，其余基本维持价格不变，见表 3。

表 3　主要酶制剂产品价格

品种	年份	价格/（万元/t）	酶活力
纤维素酶	2015	1.1	10 万单位
	2014	1.1	10 万单位
	2013	1.1	10 万单位
	2012	1.2	10 万单位
	2011	2	10 万单位
	2010	3	1 千单位
酸性蛋白酶	2015	1.8	5 万单位
	2014	1.8	5 万单位
	2013	2	5 万单位
	2012	2	5 万单位
	2011	2	5 万单位
	2010	3	5 万单位
中性蛋白酶	2015	1.2	5 万单位
	2014	1.2	5 万单位
	2013	1.6	5 万单位
	2012	1.5	5 万单位
	2011	1.5	5 万单位
	2010	1.5	5 万单位
碱性蛋白酶	2015	2.0	20 万单位
	2014	2.0	20 万单位
	2013	2.0	20 万单位
	2012	2.6	20 万单位
	2011	1.1	10 万单位
	2010	1.1	10 万单位

续表

品种	年份	价格/（万元/t）	酶活力
高温淀粉酶	2015	1.6	4 万单位
	2014	1.6	4 万单位
	2013	0.9	2 万单位
	2012	0.75	2 万单位
	2011	1.6	4 万单位
	2010	0.8	2 万单位
中性淀粉酶	2015	0.6	2 千单位
	2014	0.6	2 千单位
	2013	0.7	2 千单位
	2012	0.6	2 千单位
	2011	1	3 千单位
	2010	0.7	2 千单位
木聚糖酶	2015	1.5	5 万单位
	2014	1.5	5 万单位
	2013	3.5	10 万单位
	2012	1.5	5 万单位
	2011	2	1 万单位
	2010	1.2	1 万单位
糖化酶	2015	0.7	10 万单位
	2014	0.7	10 万单位
	2013	0.7	10 万单位
	2012	0.7	10 万单位
	2011	0.7	10 万单位
	2010	0.7	10 万单位
植酸酶	2015	0.35	5 千单位
	2014	0.4	5 千单位
	2013	0.8	1 万单位
	2012	0.4	5 千单位
	2011	0.7	5 千单位
	2010	0.7	5 千单位
脂肪酶	2015	1.5	1 万单位
	2014	3.0	1 万单位
	2013	11	10 万单位
	2012	11	10 万单位

（5）酵母　酵母价格近年来一直保持稳定，部分品种略有增长。大部分酵母产品价格保持在 1.5 万元～2 万元/t。酵母抽提物及其他酵母深加工产品价格更高。随着中国糖业竞争力进一步下降，2015—2016 年榨季糖业出现萎缩，糖蜜总产量下降，将对中国酵母产业的进一步扩张发展产生重大影响与制约。中国北方尤其是东北甜菜种植严重萎缩，哈尔滨马利酵母公司、黑龙江九鼎酵母公司等几乎都从中国广西等地采运糖蜜原料。

2. 市场

面对 2015 年世界经济缓慢复苏，中国市场经济运行缓中趋稳，总体来看，发酵行业也进入一个稳健的发展态势。市场整合也给行业带来一定的效果，使产业更加集中，企业的盈利能力增强。

（1）氨基酸　我国氨基酸三大主产品（谷氨酸、赖氨酸、苏氨酸）产量仍保持世界第一，根据市场需求，这三大主导产品基本维持等量或减量生产状况。2015 年我国氨基酸发酵产品市场需求与上年基本持平。在当前产品利润普遍较低的情况下，企业的生产规模大、成本低仍是企业盈利的一个重要因素。赖氨酸从 2013 年产能急剧增加后，竞争形势严峻，由于下游饲料工业持续需求不旺，市场持续疲软，导致价格波动较大，产品利润不断下滑，2015 年产品利润降至最低，销售价格临近成本。

（2）有机酸　有机酸行业形势严峻。柠檬酸行业产量略有增长，价格持续下跌，已经跌破成本线，大部分企业亏损运营。乳酸受进口产品冲击较大，同时出口受阻，形势不容乐观。葡萄糖酸钠一改去年的增长态势，由于下游水泥行业需求疲软，使得葡萄糖酸酸钠产量较大幅度下降，下降幅度约为 14%左右，价格依然低迷。

（3）淀粉糖　淀粉糖的市场受蔗糖价格的影响较大，2012 年以来，国际白糖价格与国内白糖的价格差巨大，大量的白糖进口到国内，促使国内白糖价格走低，很大程度上抑制了对果葡糖浆等产品的市场需求。2015 年，因为严格的进口政策以及超预期减产所致，蔗糖价格一直处于上涨趋势，对于果葡糖浆是很大的利好因素，2015 年后三个月果葡糖浆市场有所好转。但大部分淀粉糖产品价格持续低迷，特别是结晶葡萄糖价格有较大幅度下降。

（4）多元醇　多元醇行业“十一五”期间发展较快，在 2008 年金融危机大环境下，多数行业经济低迷、产量下降，糖醇行业仍保持了稳定的增长。2011 年国内外市场对糖醇产品需求量增加，特别是生物化工醇的加速发展，带动了山梨醇的需求增长，加之国内外牙膏、化妆品等日化产品、化工产品及食品的原料需求，有效带动国内外糖醇产品产量增长，使得糖醇行业产量超过了 150 万 t。进入“十二五”以来一直保持比较平稳的态势，总产量上下浮动不大。

（5）酶制剂　2015 年，我国酶制剂行业平稳增长。产品方面，根据现有统计数据，目前，国内酶制剂企业所生产的酶制剂主要品种有糖化酶、植酸酶、淀粉酶、蛋白酶、纤维素酶、木聚糖酶、甘露聚糖酶、谷氨酰胺转氨酶、β－葡聚糖酶、半乳糖苷酶、果胶酶、β－淀粉酶、真菌淀粉酶、脂肪酶、凝乳酶、葡萄糖氧化酶、普鲁兰酶、过氧化氢酶、乳糖酶、角质酶、饲用复合酶、纺织复合酶、啤酒复合酶等。

（6）酵母　我国酵母市场虽然仍在保持增长，但增长率呈逐年下降的趋势。尤其是发酵面食和酿酒等传统领域的活性酵母市场，基本已从成长性市场趋于成熟市场，活性酵母消费年均增长率约 6%。中国烘焙市场快速发展带动了鲜酵母的加快增长，但酿造和燃料乙醇领域的市场增长受限。与此同时，酵母在饲料养殖、生物发酵等新兴领域的市场容量巨大，应用前景广阔；酵母衍生制品在风味、营养、健康等新兴应用领域进一步深入拓展。

3．投资

2015 年，行业处于良性运行，产品有了一定的利润。与此同时，经过近两年调整、整合，小的及落后的产能得以淘汰，产业集中度进一步提升。优势企业在发展既有产品的同时，通过产业链延伸，并购相关类优质企业在有序地向高附加值领域战略转型。但是，此情形下仍不排除出现竞争加剧的可能性，一定要科学理性地对待高附加值产品的发展，不能蜂拥而上，要由以扩大产能来增加利润为标志的数量主导型进入到创新驱动发展为标志的技术主导型的新发展阶段，合理发展，这样产品才更有价值，市场才更加广阔。

从发酵行业需求方面来看，2015 年市场容量没有大的改变；从发酵行业供给方面来看，由于发酵产品的原料和热电消耗量大，对成本竞争力的依赖度较高，所处的玉米深加工行业仍属于国家严格限制新建产能的产业，2015 年基本没有产能新建项目投资。企业主要通过技术改造和技术进步方式挖潜提高产能；在处理有机物排放方面，投资环保技术，有助于减少产出物的排放，进一步改善盈利水平，增加环保效益；并在主业可持续发展的基础上，投放更多资源和精力在新产品开发方面，促进产业链的延伸。

4．行业集中度

“十二五”期间，生物发酵产业经过激烈的市场竞争，兼并、重组越发活跃，从而进一步提升了产业集中度。我国的谷氨酸发酵生产企业从“十二五”初年的 20 多家，减少到今年的 7～8 家，其中仍有 2～3 家中型规模企业在进行调整，没能正常运营。现在，谷氨酸产能最大的前三家企业年产量占全国总产量的 80% 左右。赖氨酸发酵生产企业从“十二五”初年的 4～5 家，增加到目前的十几家，基本也是以规模化占领市场，获得的利润并不太高。赖氨酸产能最大的前5家企业年产量占全国总产量的70%左右。生产大宗氨基酸的大型生产企业基本可以掌控整个大宗氨基酸产品的产量、市场和技术。它们通过产品布局的转移、工艺技术和设备等方面的改进，在原有规模基础上仍可提高不少产能，同时具有产品转换快的优势。因此，大宗产品产量处于可控的平稳趋势。这些企业已经具备了相当的生产规模，形成了自己的一些优势产品，行业内已经形成一批具有较强国际竞争力的大型现代生产企业。

2015年我国柠檬酸发酵生产企业有7家，其中东部地区6家、西部地区1家。2015年乳酸产量排名前两位产量占全国总产量的85%以上。2015年新出现了3家乳酸生产企业，均处在山东。

中国酵母产业继续推进行业整合与海外扩张。2015年7月安琪公司选址俄罗斯利佩茨克州投资建设第二家境外投资项目，并已开工建设，进一步将中国酵母产业的国际化进程推向深入。2015年9月，珠海天香苑并购了湛江五洲生物工程有限公司，计划弥补其酵母原料供应产能的不足。2015年11月，乐斯福并购广西湘桂酵母，实现对其70%的控股地位，乐斯福中国酵母总产能进一步增长，显示其对中国酵母行业的看好，提升了行业集中度。

“十二五”期间生物发酵产业特色基地得到快速发展，以山东禹城功能糖城特色产业基地、山东昌乐柠檬酸特色产业基地为代表的生物发酵产业集群对产业发展的带动效应显著，成为产业发展新的增长点。

山东禹城功能糖城特色产业基地利用当地丰富的玉米资源，以玉米和玉米芯为原料加工生产各种功能性糖（醇），打造了玉米深加工产业链条。功能糖产业在品种、规模、质量、创新等方面都取得突破性发展，企业产品多元化，从单纯生产功能糖的企业逐步综合生产糖类、医药类、食品、能源等产品，产业链不断拉长，终端产品不断增加，产品复合型企业已成为主流。功能糖产业以每年销售20%以上收入增长，产品涉及8大系列60余个品种，产品国内市场占有率80%，国际市场占有率35%。

山东昌乐柠檬酸特色产业基地在历史上是一个农业基础雄厚的地方。潍坊英轩实业有限公司是中国柠檬酸特色产业基地核心企业，公司主要有柠檬酸和食用酒精两大主导产品，围绕这两个主导产品，不断延伸产业链条，以发展循环经济为理念，以“三废”综合治理为抓手，建成了一批循环经济项目，在资源综合利用和环境保护方面走在了行业前列。另外，柠檬酸产业的发展带动了物流、商贸、包装印刷等相关产业的发展。山东半岛物流园、昌盛物流园、中冶物流园、包装印刷工业园等园区发展迅速，规模带动优势和市场竞争优势逐步显现。为推进柠檬酸产业持续发展，规划了柠檬酸产业园。园区发挥核心企业的优势，以一流的生产装备，专业的研发团队，顶尖的仪器设备为平台，发挥产学研优势，在工艺改进、科技创新、清洁生产、节能降耗、副产物综合利用、污染物综合治理、新产品研发应用、产业链条延伸拉长等多个层面实现新的突破，引领柠檬酸行业持续快速健康发展。产品国内市场占有率40%，国际市场占有率30%。

5. 进出口

（1）氨基酸　由于我国是氨基酸生产大国，产品进口量相对较少，每年进口量约在1万t左右，进口额为3千多万美元，暂且忽略不计。2015年我国氨基酸类产品总出口量为89.2万t，出口额为15.8亿美元，上年同期出口量为81.9万t，比上年增长8.9%。

（2）有机酸　2015年柠檬酸系列产品总进口量2011t，同比增长了14.0%；进口额965万美元，同比增长8.8%。其中，柠檬酸进口量 1006t，进口额 488 万美元；柠檬酸盐及酯进口量 1005t；进口额 477 万美元。2015 年乳酸及其盐和酯进口量 8355t，同比增长 3.0%；进口额 1783 万美元，同比下降 15.9%。乳酸产品进口量、进口额连续两年大幅上升后，进口量增幅减缓，进口额出现下降。2015 年葡萄糖酸及其盐和酯进口量 570t，同比下降 43.5%；进口额 209 万美元，同比下降 33.9%。

2015 年柠檬酸系列产品出口量为 95.86 万 t，出口额 75954 万美元。出口量同比上升 2.7%，出口额同比下降 9.6%。2015 年乳酸及其盐和酯出口量 37308t，同比下降 13.7%；出口额 5102 万美元，同比下降 5.2%。从 2011 年以来乳酸出口量持续走低，国际市场份额在不断流失，唯一值得庆幸的是乳酸出口价格有所回升。2015 年葡萄糖酸及其盐和酯出口量 14.31 万 t，同比增长 8.8%；出口额 10428 万美元，同比减少 4.3%。葡萄糖酸产品出口价格一直波动较大，但 2014 年价格基本是在近年来的低位徘徊。

2015 年柠檬酸产品前十家出口企业比例占到 90%，保持在较高水平，并且稳定。六家柠檬酸发酵生产企业出口在前十家出口企业中占据前六位，发酵生产企业整体出口比例稳步升高，已经把控了出口市场，发酵生产企业自主出口所占比例超过 85%，占据了出口主动权，下一步生产企业应该更好地加强合作，处理好出口目的国和价格，减少转口贸易。

（3）淀粉糖　淀粉糖产品进出口量略回升，进出口额同比略下降。从图 1 可以直观地看出，2008—2015 年间出口总体是震荡上升的趋势，2013 年达到了高点，2014 年下降，2015 年略有上升，但是还没有恢复到 2013 年的水平，在玉米原料国内外倒挂的大环境下，国内淀粉糖产品出口优势已丧失，出口规模能止跌并达到 2.3% 的小幅增长已比较乐观，价格比 2014 年有所降低，企业盈利空间降低，由于淀粉糖是薄利产品，价格成本占据了至关重要的位置，若想打破出口僵持局面，还需要国家在退税方面、价格成本方面给以更有利的政策刺激。进口方面，2008—2015 年淀粉糖进口规模一直保持增长的态势，在 2010 年大幅增长后，增长速度逐年回落，2015 年仅增长了 1.4%。从侧面表明国内的淀粉糖产量逐步满足了国内市场需求，同时，开发的部分高端产品性能也能满足国内用户的需求，进口逐年降低。

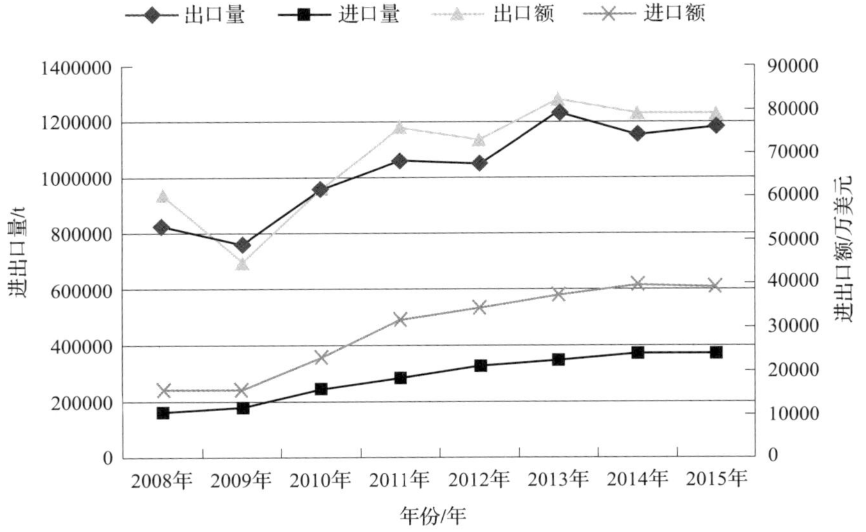

图 1　2008—2015 年淀粉糖产品进出口量、进出口额曲线图

（4）多元醇　多元醇进出口量均保持上升，进出口额均下降。2015 年多元醇相关产品出口增幅虽然不大，但保持住了增长的态势，从图 2 可看出，2008 年是近几年的出口高点，2015 年的出口量还未恢复到 2010 年和 2011 年水平，并且出口平均价格下降，企业出口利润降低；多元醇 2015 年进口持续增长，超过 40 万 t，从曲线图上看，2008—2015 年进口整体保持震荡增长的态势，进口额 2015 年出现大幅下降。

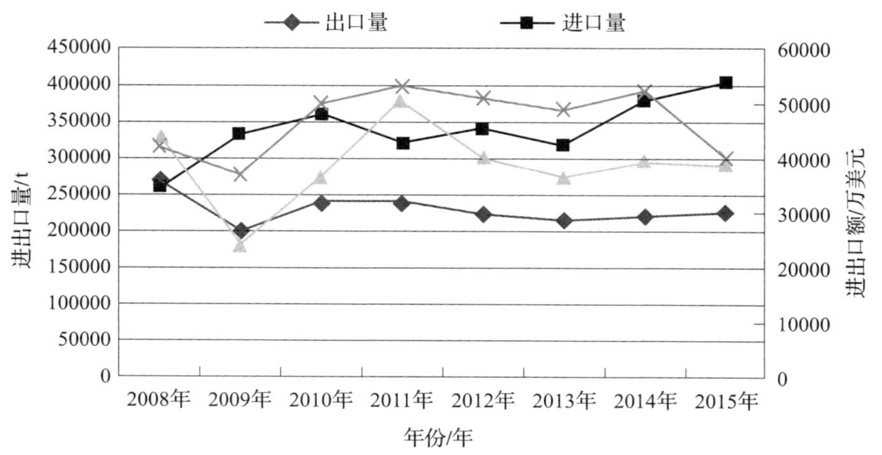

图 2　2008—2015 年多元醇产品进出口量、进出口额曲线图

2014 年 12 月 31 日，财政部发布《关于调整部分产品出口退税率的通知》，多元醇产品中的液体山梨醇、液体麦芽糖醇并未列入其中，在一定程度上影响了产品出口。

（5）酶制剂　比较近年来酶制剂的出口情况，由图 3 可以看出，在持续了几年酶制剂产品出口量保持增长的态势后，从 2011 年开始出现出口量下降，2014 年形势趋好，恢复了较快增长，2015 年增幅变缓。出口额多年来一直保持平稳增长。

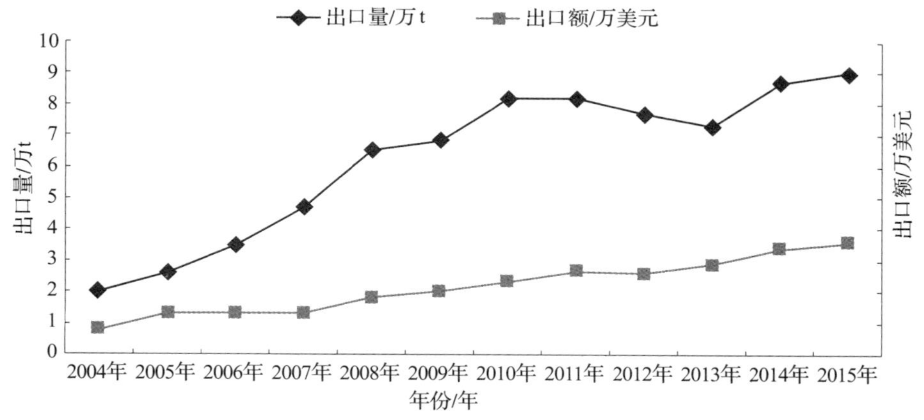

图 3　2004—2015 年酶制剂产品出口情况变化趋势

与 2014 年相比，2015 年酶制剂产品进口量继续呈现增长态势，增长幅度为 9.5%，进口额增长 4.0%。2015 年酶制剂产品出口量与 2014 年相比有所增长，增幅为 3.9%，出口额增幅为 5.8%，增幅较去年有所回落。

（6）酵母　由图 4 可以看出，从 2004—2015 年酵母产品出口一直保持较高增长，出口量增长的幅度远大于出口额增加。

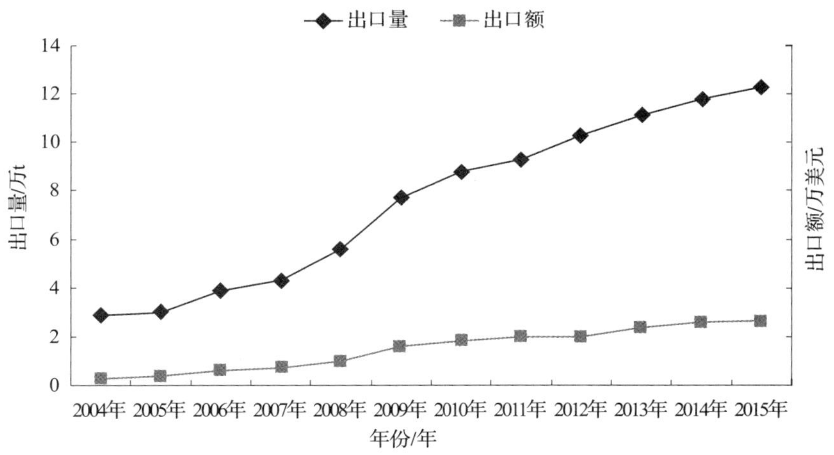

图 4　2004—2015 年酵母产品出口情况变化趋势

6. 科技创新

自主创新能力增强，生产技术水平显著提高。“十二五”以来，随着国家对生物产业的政策支持力度不断加大，企业在技术研发、技术改造等方面的投入也越来越多。据调查，生物发酵行业企业研发投入平均约占销售收入的 4.3%，获得的专利成果数量逐年递增，从而较好地实现了创新带动行业技术水平的提升。生产技术指标不断提高，生产工艺得到明显改进，产品质量和产率达到较高水平。柠檬酸、味精、山梨醇、果葡糖浆、酵母等产品生产技术工艺业已达到国际先进水平，从而大大提高了产品市场竞争力。柠檬酸行业 2015 年的平均产酸率达到 15.86%，较 2011 年的行业平均产酸率 14.19% 提高了 1.67 个百分点；2015 年行业平均总收率为 89.86%，较 2011 年行业平均总收率 88.71% 提高了 1.15 个百分点。在味精行业，目前谷氨酸发酵有 80% 以上采用了高性能的温敏菌种发酵工艺技术，使谷氨酸产酸率和转化率明显提高，平均产酸率从 10g/dL 可以提高到 20g/dL 以上，糖酸转化率也提高到近 70%。这些指标的提升，降低了产品粮耗、能耗和水耗，减少了 COD 的产生，很好地起到了节能降耗的作用。此外，味精生产中传统的等电离交提取味精工艺被列入淘汰落后之后，新型浓缩连续等电提取技术逐步替代等电 - 离交工艺老工艺，降低了各项消耗，提高了产品质量，减少了废水产生和排放，效果也很明显。

在研发基地建设方面，截至 2015 年年底生物发酵领域已有 3 家国家工程研究中心；4 家国家工程技术研究中心；22 家国家级企业技术中心。此外，建立了 15 家行业技术研发、检测中心。

7. 淘汰落后产能、综合资源利用与节能减排

（1）在产业结构调整和优化中，“十二五”期间继续加大淘汰味精、柠檬酸、酒精等行业落后生产能力的力度，依法淘汰落后的工艺技术和生产能力。2011—2013 年，淘汰落后味精生产能力 44.7 万 t，主要淘汰年产 3 万 t 以下味精生产装置；淘汰柠檬酸生产能力 17.55 万 t，主要淘汰环保不达标的柠檬酸生产工艺及装置。

（2）资源综合利用水平逐步提升，节能减排取得显著成效。在产量增长的同时，企业对产品质量安全和技术、装备有了更高的要求，更加重视清洁生产和循环经济的开展，积极进行技术创新和改造，在提升产品质量、

提高资源利用率、节能降耗等方面取得了较大进步。如采用连续喷射液化酶法制糖生产技术，不仅液化彻底、糖收率高，而且解决了酶法制糖最大的难题——过滤问题；采用高效酶制剂，提高原料转化水平、降低生产成本并减少废水排放；建立连续离子交换、连续色谱提纯、高纯度模拟移动床色谱分离、膜处理法回收废酸碱等产品精制技术，提高产品质量，减少原辅料、能源消耗和污水排放量，提高清洁生产水平；越来越多的企业采用多效技术、机械蒸汽再压缩（MVR）和热力蒸汽再压缩（TVR）等新型蒸发浓缩设备，由于蒸发技术的提升，使得蒸汽单耗降低较多；采用了新型的空气压缩机和大型发酵设备，大大降低电耗；进行节水技术改造，提高水循环利用率等，这些使行业的整体水平上了一个新台阶。以柠檬酸为例，行业平均成品粮耗从2011年的1.86t/t降低到2015年的1.77t/t；平均汽耗从2011年的4.29t/t减少到2015年的3.01t/t，下降幅度明显；平均耗电从2011年的930.0度/t下降到2015年的735.0度/t；平均水耗从2011年的22.46t/t下降到2014年的17.02t/t。味精平均产品综合能耗也从2011年的1.2t标煤/t下降到2015年的1.1t标煤/t，而目前水耗大部分可以达到20t/t以下。

（3）开展行业环保核查工作，生物发酵行业在环保等方面取得了显著成效。中国生物发酵产业协会先后组织了对味精、柠檬酸、淀粉糖、酵母、木糖（木糖醇）生产企业的环保核查工作，促进了固废、危废、废水、废气、噪声等的达标排放，同时引进了一批新的环保技术、设备，推动了生物发酵产业的绿色制造。

2002年12月13日原国家经贸委、外贸经部、国家环保总局联合发出公告《禁止未达到排污标准的企业生产、出口柠檬酸产品》，即现在正在执行的“92号公告”。到目前为止，协会组织专家共开展了5轮柠檬酸行业环保核查工作。促进了柠檬酸行业环保技术进步和可持续发展。

2009年，通过行业协会积极工作，国家对几项大宗产品都提高了出口退税率，但是味精行业由于环保问题，出口退税率一直为零。协会为推动味精行业的健康发展，积极向环保部汇报相关情况，促成了味精行业环保核查。目前为止，味精行业已开始进行了2轮环保核查工作，行业环保整体改观，取得了环境保护部和社会的一致认可，取得了出口退税的支持。

2011年，中国生物发酵产业协会与中国淀粉协会、中国酒业协会共同将玉米深加工产业整体情况和淀粉、淀粉糖、酒精行业发展现状、发展中存在的问题及时向环保部汇报，促成了淀粉、淀粉糖、酒精行业开展环保核查。

2013年和2014年由协会组织分别完成了酵母行业和木糖、木糖醇行业生产企业的行业内部环保核查工作。基本摸清了行业环保发展现状，对行业环保进行了总结，对优秀企业进行了表扬，对木糖、木糖醇行业三家企业提出了整改。

通过多年的环保核查实践证明，环保核查促进了行业环保进步、技术提高、行业自律、减少了无序竞争、提升了企业竞争力和行业形象。

二、行业面临的问题分析

（一）政策与市场

1. 大宗发酵产品产能过剩，小品种也要理性发展

大宗发酵产品产能过剩，部分企业限产或转产或关闭，另一方面重点企业快速发展，第一集团与后面的企业距离越拉越大。产能结构性过剩已成为行业发展的绊脚石。目前市场饱和，导致行业内价格比拼，无序竞争现象有损行业利益，制约行业发展。对整个行业来说，需在国家主管部门的指引下，引

导企业调整产品结构，优化市场、消减产能、淘汰落后，创新提高产品品质和特色，控制大宗发酵产品再度扩张。应在行业内形成协调、协商机制，共同维护行业健康发展。小品种发酵产品也需理性发展，要从量的竞争到质的飞跃，不要走大宗发酵产品的竞争老路。

2．玉米深加工政策有待进一步调整

玉米托市政策对成本价格影响大。根据行业调研，有企业对东北三省享受国储、临储玉米深加工补贴提出异议，提出应按企业生产规模实行补贴。还有企业提出此项政策不适合国情，应以市场定价格。总之，受益者和非受益者都有说辞，说明政策有待调整。按照目前的玉米价格仍比国际玉米价格高，淀粉糖产品在国际市场仍没有优势。希望 2016 年玉米由政策定价转向市场定价，逐渐向国际价格接近，并逐步实现玉米的市场化运行。

3．税费政策需要持续和争取进一步完善

出口退税率每年有调整，2015 年出口退税只增加了味精、葡糖酸及其盐和酯、乳酸及其盐和酯、玉米淀粉、纤维渣、乙醇（浓度≥80%）、季戊四醇、山梨醇、甘露糖醇等产品，2016 年政策未出台，企业出口受到影响，出口产品减少。还需要进一步与有关部门沟通，努力争取在“十三五”期间保持发酵产品均享受出口退税优惠政策，为行业争取更大的利益。生产过程中产生的综合利用副产品税费过高，制约行业发展，应在副产物综合利用方面多争取一些优惠政策，如其他玉米副产物享受饲料的优惠政策，而菌体蛋白没有。此外，玉米淀粉加工生产氨基酸产生的副产品税费过高，可否适度减免税收。还有复合肥的国家认定问题等。另外，自新的味精清洁生产标准实施以来，生产过程中使用的辅料助剂，均需使用食品级产品，无形中增加了生产成本。需进一步与有关部门沟通，在保障食品安全和不影响产品质量的前提下，恢复过去一贯使用的生产助剂，降低生产成本。

4．产品审批、标准滞后制约行业发展

近年来我国生物发酵产品的研发力度有很大提升，企业也都非常重视新品的开发，但新开发产品在市场准入方面受到标准滞后的制约，现在准入审批流程过长，有的审批长达数年之久，审批依据也不尽合理，影响新产品上市销售，降低企业竞争力。此外，标准缺乏与滞后严重，影响新产品投放市场。标龄过长，许多标准实施超过了五年，跟不上快速发展的生物发酵产业。有些产品适用范围也限定过窄，这些都影响产品的市场销售，限制了市场需求的增长。

（二）科技创新

在全国过度的追求 GDP 情况下，发酵行业经过前几年的快速发展，出现了发展过热，现阶段大宗发酵产品已经存在产能过剩和低价倾销，部分企业已经经营困难的情况，对这个现状我们必须要有充分的认识。因此通过内部挖潜降成本，通过开拓应用领域去库存，通过科技攻关重视节能环保，是发酵行业的主要工作方向。

1．内部挖潜转型升级，寻求竞争优势

在生产要素成本不断增加、行业利润降低，部分产品产能过剩、市场竞争激烈的情况下，行业企业正在不断适应外部环境的变化，企业不断深入挖掘内部潜力，精细化管理，通过技改、引入新设备、新技术，从而降成本、提品质、增效益，稳住已有市场，提升市场竞争力；部分企业将缺乏竞争力的产品减产或停产，转型延伸产业链条，以自产产品为原料延伸生产小品种氨基酸、生物农药、医药中间体等高附加值产品，寻求新的经济增长点，规避单一产品风险；有的企业借助地域优势、资源优势，谋求新的协同发展模式，带动自身产业发展。

2．开拓应用领域，提高门槛准入

生物发酵产品的应用十分广泛，但应用

领域开发远远不够。目前我国部分发酵产品如柠檬酸、乳酸等严重依赖出口，内需消费不足，企业应该学习国外应用研究成果，主动开展生物发酵产品的衍生物开发以及拓展产品应用领域范围，为产品客户提供完整的技术服务解决方案，从而消化过剩产能，扩大市场需求。一些企业在拓展领域方面花了精力和财力，但很难保护好这个领地，新开拓的市场和开发潜在客户同行较容易进入，需在门槛准入等方面采取相应的保护措施，避免出现竞相压价等不正当竞争，保证行业的健康发展。

3．环保治理、节能降耗依然是重中之重

国家对环保工作十分重视，特别是国内各行业面临去产能的重任，环保降耗将成为重要的调节手段，因此，发酵行业的发展将面临着加强环保治污和减少资源消耗的双重压力和约束，任务艰巨。政府对环保治理的政策加码以及行业协会的监督核查，一方面对业内企业起到了很好的指引与推动作用，各企业都加大了对环保治理的重视与投入，取得了良好成效。另一方面，也将起到优胜劣汰、提高行业门槛的效果，缺乏资金实力及环保治理能力弱的发酵企业，将面临生存挑战。企业在此方面也在努力克服，需要专业的研究和攻关，是行业亟待解决的问题。同时，加强业内环保信息交流，争取科技部门的协同与支持。

三、发展趋势

在生物发酵产业“十二五”发展的基础上，今后工作重点将放在去产能，降成本，去库存，抓环保，抓发展。第一，发展中高端产品，降低大宗生物发酵产品制造比重。产品趋向于多样性、小品种、高附加值、规模适中、利益最大化，从现有传统产品向衍生产品延伸发展，产品形式可根据用户特点进行产品个性化定制，满足市场需求。第二，突破一批关键核心技术，重点发展高产菌株的进化育种及高通量筛选技术，基于多参数在线联动反馈控制的发酵过程优化与控制技术，加强具有自主知识产权的酶种开发，形成关键核心技术与集成装置，提升原料利用率、糖酸转化率、分离提取收率等，提高生产效率。装备向着高效、方便、智能化和集成化方向发展。第三，加强创新研发，增加企业新产品的储备，并不断拓展应用领域研究，以消费需求引领产品生产，提高市场动力。第四，推进绿色发展，加大节能降耗、减排治污改造力度，推进发酵菌渣高值化综合利用，加强发酵含糖废水资源化关键技术的研发与应用。第五，做好主产业链条，并加强与互联网经济的结合，提升产业创新内涵，壮大新经济。同时，行业协会还将培育和依托产业集群，开展区域特色品牌的创建。

四、政策建议

（一）完善相关产业扶持政策

在全球经济仍然疲软的情况下，适当提高部分劳动密集型和高技术含量、进出口信贷优惠，鼓励生物发酵产品的出口创汇，出口退税率提高到17%。在2016年鼓励玉米加工政策出台的前提下，只保留国储安全库存，取消玉米临储和托市政策，让市场需求和种植成本来调节市场价格。随着食品工业的发展和生物发酵技术的进步，玉米精深加工程度提高，建议将玉米淀粉、淀粉糖列入粮食初加工产品，给予税费减免，缓解企业经济困境。组织好企业反倾销、反补贴、反商业贿赂，提高行业技术壁垒。提高行业准入门槛，坚持玉米深加工建设项目环境影响评价手续批复与备案同级审批制度，严格执行并适当提高新建项目最低产能规模要求。规范行业环保自律，严格开展环保核查，加快淘汰落后和环保未达标产能，优化产业结构。

（二）引导资本和行业对接，资助和培育创新型公司

参考欧美国家数十年在生物技术领域的

成功经验，聚集多学科人才，按公司运行模式进行技术创新和产品开发。鼓励这些公司出售技术产品、提供技术服务、或和大企业联合开发，有条件公司优先创业板上市。

（三）强化标准地位，完善标准体系建设

积极采用ISO系列和国际通行认可的认证和标准，进一步健全发酵行业标准化体系建设，增加团标的建设和推广。及时修订和完善系列产品标准，提升产品技术含量，强化推广力度；加强检测方法、生产规范和清洁生产等标准的制定。

（四）继续加大对产业财政支持力度，推动产业技术改造和工艺设备更新

利用技术改造专项资金，支持发酵行业加快结构调整、促进产业升级和实施“两化融合”；细化并落实《改善消费品供给专项行动计划（2016—2018年）》重点工作，支持骨干企业加快技术创新，提高核心能力；支持发酵行业装备的国产化进程，提高整体装备水平。全面深化行业体制机制改革，推动相关平台技术研发的外包服务，形成发酵行业的原始创新和集成创新的局面。

（五）培养符合产业发展的人才队伍

注重创新团队和青年人才的培养，大力引进海外高层次创新人才，建立一支创新能力强、掌握国内外技术市场发展的中青年工程技术和管理人才。鼓励国内企业参与国外技术研发、接受技术转让，提升我国生物发酵产业技术研发水平和创新能力。

中国生物发酵产业协会

酿 酒 工 业

2015 年是“十二五”规划的收官之年，是国民经济面临多重困难和严峻挑战，最终保持持续健康发展的关键时刻，也是酿酒行业通过深度调整，由快速增长转入平稳发展并且逐步走向复苏的一年，全酿酒行业继续保持了经济发展稳中有进的向好局面。

一、行业概况

2015 年，全国酿酒行业规模以上企业完成酿酒总产量 7429.33 万 kL，与上年同期相比下降 1.73%。规模以上企业累计完成产品销售收入 9229.17 亿元，与上年同期相比增长 5.34%；累计实现利润总额 1018.07 亿元，与上年同期相比增长 3.93%；上缴税金 853.15 亿元，与上年同期相比增长 2.06%。

主要经济效益汇总的 2689 家规模以上企业，其中亏损企业数为 299 家，亏损面为 11.12%，亏损企业累计亏损额 54.37 亿元，比上年同期增长 18.80%。

2015 年我国酿酒行业企业数量、产品产量、销售收入及利税总额分布情况分别由图 1、图 2、图 3 和图 4 所示。

2015 年整个酿酒行业产量比 2010 年净增 929.50 万 kL，产量增幅达 14.30%，行业销售收入净增 4136.17 亿元，销售收入增幅达 81.21%。五年间，我国酿酒产业各方面都得到不断发展。“十二五”期间我国酿酒行业发展概况见表 1。从表中可以看出，“十二五”期间我国酿酒行业经济效益稳步增长，产业结构和产品结构不断优化，品牌建设成

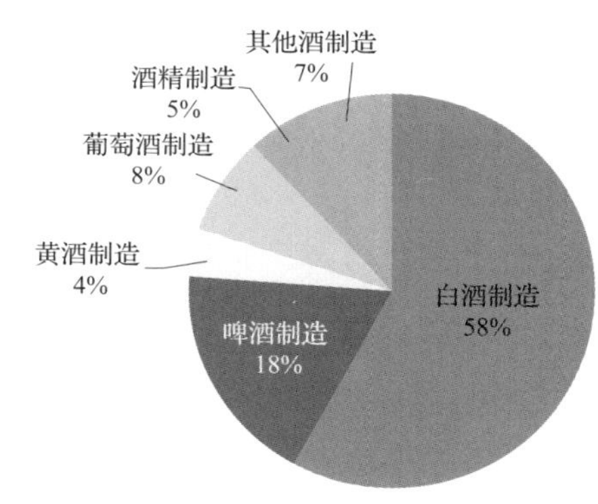

图 1　2015 年酿酒行业企业数量分布情况

资料来源：国家统计局。

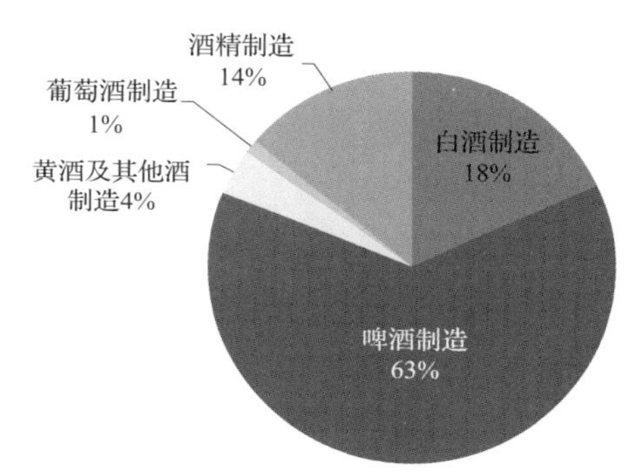

图 2　2015 年酿酒行业产品产量分布情况

资料来源：国家统计局。

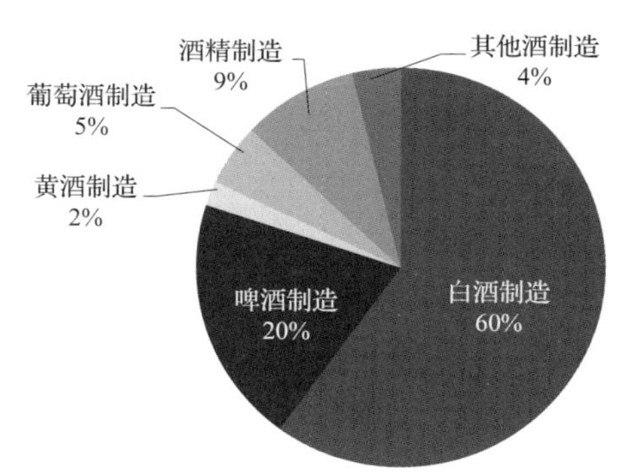

图 3　2015 年酿酒行业销售收入分布情况

资料来源：国家统计局。

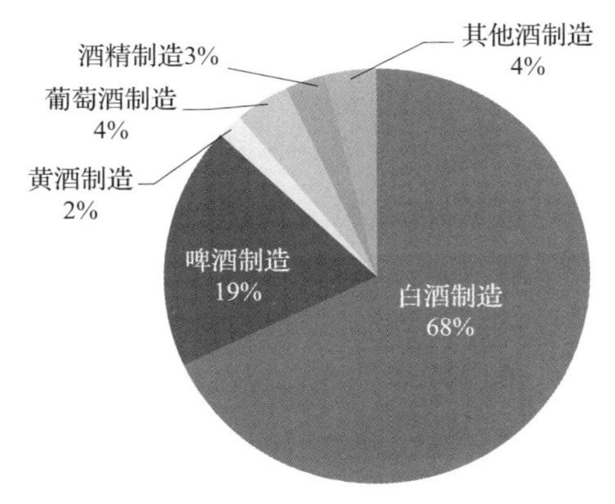

图 4　2015 年酿酒行业利税总额分布情况

资料来源：国家统计局。

果凸显，科技创新能力得到提升，文化建设也初见成效，同时，国际拓展进程有所加速，形成了酿酒行业人才培育体系。

（一）主要经济指标

1. 主营业务收入

2015 年，全国酿酒行业累计完成销售收入 9229.17 亿元，同比增长 5.34%。其中，白酒行业完成销售收入 5558.86 亿元，同比增长 5.22%；啤酒行业完成销售收入 1897.09 亿元，同比增长 1.52%；葡萄酒行业完成销售收入 462.64 亿元，同比增长 10.17%；黄酒行业完成销售收入 181.94 亿元，同比增长 13.92%；其他酒行业完成销售收入 328.72 亿元，同比增长 18.37%；发酵酒精行业完成销售收入 799.92 亿元，同比增长 6.34%（表 3）。

表 1　“十二五”期间我国酿酒行业发展概况

	2011 年	2012 年	2013 年	2014 年	2015 年
产量/万 kL	7103.46	7202.25	7511.88	7528.27	7429.33
销售收入/亿元	6631.47	7547.21	8453.21	8778.04	9229.17
税金/亿元	711.49	844.59	858.39	830.82	853.15
利润/亿元	806.91	1054.92	1062.11	976.16	1018.07

资料来源：国家统计局。

2. 利税

2015 年，酿酒行业完成利税总额 1871.22 亿元，同比上升 3.07%。其中，完成利润总额 1018.07 亿元，同比上升 3.93%；上交税金总额 853.15 亿元，同比上升 2.06%。分行业看，白酒行业完成利税总额 1279.71 亿元，同比上升 3.93%；啤酒行业完成利税总额 350.38 亿元，同比增长 0.84%；葡萄酒行业完成利税总额 84.35 亿元，同比增长 14.36%；黄酒行业完成利税总额 29.74 亿元，同比上升 7.92%；其他酒行业完成利税总额 70.60 亿元，同比增长 22.50%；发酵酒精行业完成利税总额 56.44 亿元，同比下降 27.38%（表 2）。

表 2　2015 年我国酿酒行业销售收入变化情况

酒种	销售收入/亿元	增速/%	利税总额/亿元	增速/%
发酵酒精制造业	799.92	6.34%	56.44	-27.38%
白酒制造业	5558.86	5.22%	1279.71	3.93%
啤酒制造业	1897.09	1.52%	350.38	0.84%
黄酒制造业	181.94	13.92%	29.74	7.92%
葡萄酒制造业	462.64	10.17%	84.35	14.36%
其他酒制造业	328.72	18.37%	70.60	22.50%
合计	9229.17	5.34	1871.22	3.07

资料来源：国家统计局。

表 3　2015 年我国酿酒企业分酒种产品产量情况

酒种	总产量/万 kL	增速/%
发酵酒精（折 96 度）	1016.74	4.23
饮料酒	6412.59	-2.62
其中：白酒（折 65 度）	1312.80	5.07
啤酒	4715.72	-5.06
葡萄酒	114.80	-0.73

资料来源：国家统计局。

由 2015 年酿酒行业经济效益数据并结合表 3 可以看出，饮料酒行业总体经济效益向好，而发酵酒精行业则出现较大幅度下降。

（二）行业发展分析

经历了 2013 年和 2014 年市场需求深度调整的“阵痛期”，2015 年，我国酿酒产业在深度调整中稳步发展，酿酒总产量主要受啤酒产业结构调整影响略有下降，但经济效益则整体趋好，产品、渠道、商业模式等创新步伐加快，市场进一步趋于稳定。2015 年，酿酒产业新常态继续，产业和产品结构持续调整，酒类消费需求趋于理性化、个性化、多样化，酒产品价格带调整适应市场和经济大环境，流通体系变革正在发酵，多元化消费潮流正逐渐形成。2015 年酿酒行业主要经济效益指标增速变化情况见表 4。

表 4　2015 年酿酒行业主要经济效益指标增速变化情况

单位：%

经济效益指标	1—3 月	1—6 月	1—9 月	1—12 月
产品产量	0.33	-2.45	-2.17	-1.73
产品销售收入	7.19	6.03	6.14	5.34
利润总额	4.36	9.09	7.55	3.93
税金总额	6.5	2.20	1.84	2.06
企业亏损面	14.23	12.21	11.31	11.12
亏损额	21.16	32.09	11.85	18.80
资产负债率	44.65	44.69	43.81	42.93
进出口总额	16.04	42.27	28.41	34.32
其中：出口额	36.54	57.29	39.79	34.69
进口额	11.28	37.11	25.41	34.21

资料来源：国家统计局。

1. 价格

2015 年全国居民消费价格指数同比上涨 1.4%，而酒类产品消费价格指数仍然降低。2015 年，虽然除发酵酒精外，各酿酒子产业利税和利润总额均有上升，但是，从单位产品利润上看，白酒和发酵酒精行业均有所降低，而啤酒和葡萄酒行业则有所上升（表 5）。酿酒行业仍处于调整阶段，酒类产品价格仍体现酒类市场资源配置和市场调整状态。以经济指标占比最大的白酒为例看价格走势。2015 年，白酒行业出现弱复苏、价格走稳、跌幅收缩迹象，但是，当前白酒消费市场需求并无大的实质性改变，与 2012 年相比，白酒价格仍处于底部区域。

表 5　2015 年酿酒子产业单位产品销售收入和利润情况

	销售收入/（元/L）	同比增幅/%	利润/（元/L）	同比增幅/%
发酵酒精制造	7.87	2.03%	0.32	-28.55%
白酒制造	42.34	0.14%	5.54	-1.70%
啤酒制造	4.02	6.93%	0.31	11.96%
葡萄酒制造	40.30	10.98%	4.47	16.78%

资料来源：国家统计局。

2015 年全国白酒批发价格同比指数月度跌幅逐步收窄，全年累计下跌 2%，同比跌幅收窄 1.84 个百分点（图 5）。名酒、地方酒价格趋势与全国基本相同，2015 年同比分别下跌 3% 和 1.29%，跌幅较上年分别收窄 2.98 和 0.67 个百分点。基酒价格与去年上涨 0.1% 相比，今年微跌 0.09%，侧面反映出白酒市场总体需求仍不足，产量过大（图6）。全国白酒价格定基指数平稳运行显示了白酒价格企稳的迹象，而指数仍较低显示了白酒价格的回升还任重而道远（图 7）。

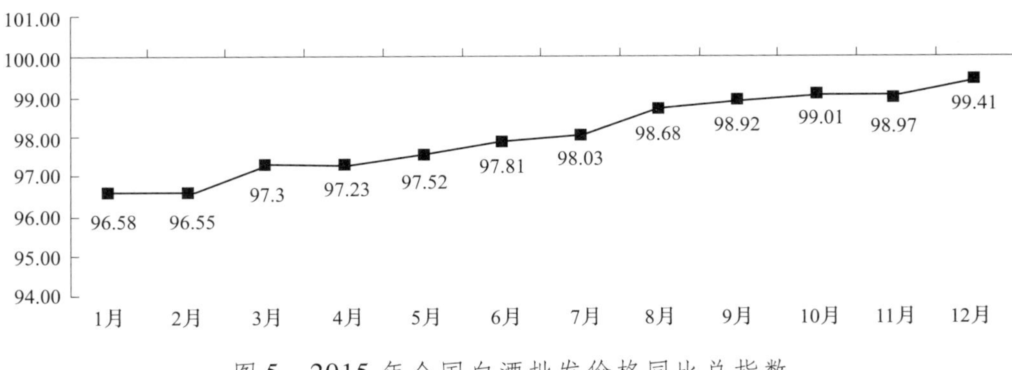

图 5　2015 年全国白酒批发价格同比总指数

资料来源：2015 中国白酒价格运行报告。

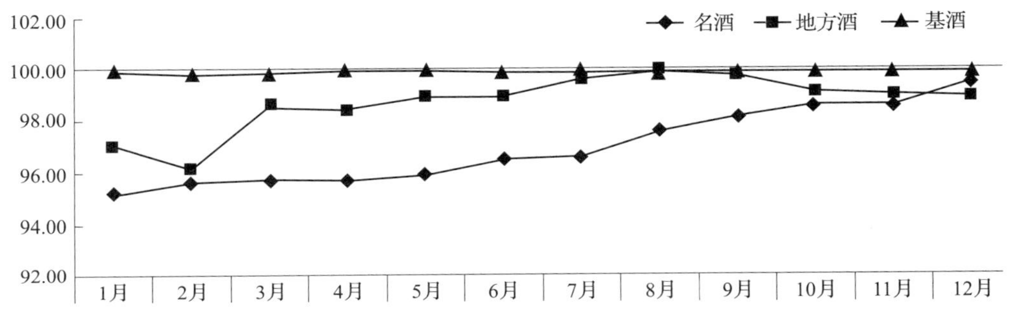

图 6　2015 年全国名酒、地方酒和基酒批发价格同比指数

资料来源：2015 中国白酒价格运行报告。

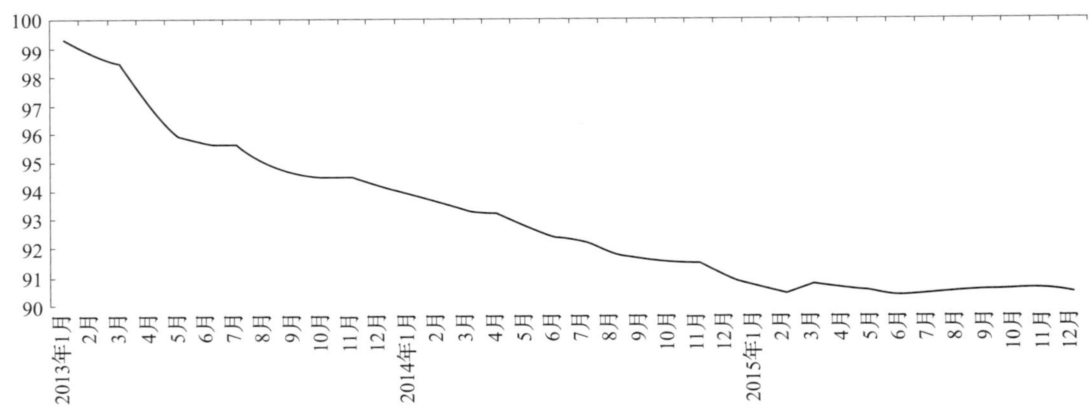

图 7　2013—2015 年全国白酒批发价格定基指数

资料来源：2015 中国白酒价格运行报告。

总体来看，白酒价格同比跌幅收窄，但目前仍处于下跌区间，未达到上年同期价格水平，既反映了白酒企业控量保价措施起到了一定稳定市场的作用，也反映了市场弱复苏背景下，白酒价格回收力度有限的态势。

2．市场

经过两年多的市场深度调整，多数酒类企业已经认识到，随着中国经济进入结构性改革的新常态，非理性消费和市场超高速增长已经不可持续，目前的行业调整正是缓解行业长期积累的矛盾、促进市场健康发展的重要契机。

2015年，针对市场变化，酒类生产企业主动对接大众消费需求，以需求定规模，以市场定产量，科学布局市场供给，密切关注市场需求和消费者心理变化，对原有产品价格结构进行调整，下调高端产品价格，扩大中低端产品消费市场。全行业客观研判市场形势，谋求产业转型创新的意识明显增强；准确把握市场需求导向，积极调整产品结构提高大众消费比重；积极探索新型营销渠道，主动创新营销模式应对市场变化，积极建立直营体系、下沉销售网络、压缩中间环节、实施“互联网+”战略，推动商业模式和业态创新，实现分销渠道的整合和调整；优化酿酒产业布局，着力打造特色经济区域，培育优质产区，提高产业集中度和企业竞争能力；注重创新与弘扬“新文化”理念和文化建设，通过“全国理性饮酒日”等活动承担了更多社会责任，树立行业良好形象。

3. 投资

2015年，除发酵酒精制造业外，酿酒行业总体资产投资总额均有所增加，其中，其他酒制造业增幅达20%以上。以企业规模不同来看，大中型酒精企业、中型葡萄酒企业以及大型黄酒企业均出现一定幅度的资产缩水，资产总额缩减（表6）。全国酿酒行业规模以上企业共亏损299家，亏损面为11.12%，亏损企业累计亏损54.37亿元，比上年同期增长18.80%。2015年12月，行业资产负债率达42.93%，负债总额达4154.62亿元，比上年同期上涨3.60%。

表6 2015年酿酒产业资产变化情况

	大型		中型		小型	
	企业数	资产总额增幅/%	企业数	资产总额增幅/%	企业数	资产总额增幅/%
酒精制造	9	-4.11	24	-4.11	105	5.70
白酒制造	53	11.33	219	3.56	1291	8.51
啤酒制造	31	1.16	225	2.75	214	7.06
黄酒制造	3	-0.36	14	7.19	86	39.96
葡萄酒制造	1	10.34	17	-9.47	201	4.56
其他酒制造	1	19.16	13	18.66	182	25.27
合计	98	8.75	512	2.38	2079	9.53

资料来源：国家统计局。

4. 区域分布

2015年我国酿酒产量最大的五个省为：四川、山东、河南、广东、江苏，五省酿酒总产量3122.25万kL，比去年同期下降4.49%，占全国酿酒总产量的42.03%；利润总额455.50亿元，比去年同期增长1.04%，占到全国酿酒行业利润总额的44.74%。其中，山东省酿酒总产量最大，达到799.26万kL，省内白酒、啤酒、葡萄酒产销量均名列前茅，分别实现利润26.87亿元、28.37亿元和31.99亿元，同比增速分别为1.91%、15.80%和5.30%；四川省白酒产量370.90万kL，省内白酒产业实现利润184.92亿元，占全省酿酒产业总利润的95.05%；江苏省2015年饮料酒总产量469.10万kL，实现利润115.79亿元；河南省的白酒、啤酒和葡萄酒行业发展相对均衡，但2015年该省酿酒行业利润出现大幅下降，共实现利润 38.20 亿元，同比降幅达 25.96%；广东省啤酒产业十分发达，2015 年该省酿酒产量 466.95 万 kL，其中啤酒产量占到 90.83%，省内酿酒行业实现利润 15.79 亿元，其中啤酒利润占到 68.20%（表 7）。

表 7　2015 年重点省市酿酒行业利润指标完成情况

	2015 年产量/万 kL	产量同比/%	2015 年利润/亿元	利润同比/%
全国	7429.33	-1.73	1018.07	3.93
四川省	634.62	3.38	194.56	2.66
江苏省	469.10	4.73	115.79	7.01
山东省	799.26	-17.18	91.06	7.70
河南省	752.32	-1.94	38.19	-25.96
广东省	466.95	-1.71	15.79	-6.75

资料来源：国家统计局。

5. 行业集中度

酿酒行业属于传统行业，既有白酒、黄酒等本土酒种也有啤酒等舶来酒种。一直以来，我国酿酒产业的重心是伴随我国经济重心的变化而变迁的。虽然自 2012 年以后我国酿酒产业的集中度有进一步提高，但是，由于各酿酒子产业发展状况不同，集中度也有所差别，整体表现为企业数量众多、单体规模偏小，目前，仅有啤酒形成了具有较高集中度的产业。

自 2010—2014 年，我国啤酒市场由三大集团市场占有率 49.2%（CR3）发展到五大集团市场占有率 76.5%（CR5），市场集中度不断提高（表 8）。通过计算赫希曼指数（HHI）得知，五年间市场结构由竞争Ⅰ型，经过三年低寡占Ⅱ型，到 2014 年 HHI 突破 1400，发展成为低寡占Ⅰ型。这表明，我国啤酒市场集中度已经达到较高水平。结合我国产业、经济及政策形势，未来啤酒产业集中度将会在一定范围内继续提高，随着中小企业的逐渐减少，可并购资源的匮乏以及我国反垄断政策的进一步加强，市场集中度提高的限度有限，啤酒产业结构发展成为高寡占型的几率较小，基本不会出现高寡占Ⅰ型情况（表 9）。

表 8　2010—2014 年五大集团市场占有率变化

	2010 年	2011 年	2012 年	2013 年	2014 年
华润雪花	22.1	23.0	23.9	25.2	26.4
青岛啤酒	15.2	16.2	17.8	16.8	17.0
北京燕京	11.9	12.3	12.2	12.3	11.8
百威英博		12.6	12.9	14.1	15.8
嘉士伯				5.7	5.5
合计	49.2（CR3）	64.1（CR4）	66.8（CR4）	74.1（CR5）	76.5（CR5）

资料来源：五大集团产量均为 20 万 kL 排名公布数据，为保持数据可比性，年度产销总量统一为行业统计数据；2015 年行业统计尚未完成，待增加。

表 9　2010—2014 啤酒行业赫尔芬达尔—赫希曼指数（HHI）变化

	2010 年	2011 年	2012 年	2013 年	2014 年
HHI	939	1153	1248	1327	1437
市场结构	竞争Ⅰ型	低寡占Ⅱ型	低寡占Ⅱ型	低寡占Ⅱ型	低寡占Ⅰ型

资料来源：所有涉及数据均为行业统计数据，2015 年行业统计尚未完成，待增加。

白酒行业等其他酿酒子产业集中度不高，长期以来，全国有上万家白酒生产厂，2015 年规模以上白酒企业 1563 家，市场竞争结构离散，短时间内集约化进程缓慢，葡萄酒、黄酒、其他酒行业等的集中度也均处于较低水平。

6．进出口

根据表 10 海关总署数据，2015 年饮料酒及发酵酒精制品累计进出口总额 49.96 亿美元，同比增长 33.09%。其中，累计出口额 11.68 亿美元，同比增长 33.39%；进口额 38.28 亿美元，同比增长 33.00%。啤酒 2015 年进口同比增长 59.18%，较上年同期的 85.54% 有所下降。葡萄酒进口增长 46.5%，相较于前两年有大幅增加，2014 年和 2013 年同期分别为 0.57% 和 -5.14%。由进出口数据可以看出，我国酒类商品进出口贸易在 2015 年回暖趋势明显。

表 10　2015 年酒类商品进出口贸易情况

商品名称	出口				进口			
	出口量 /kL	增速 /%	出口额 /万美元	增速 /%	进口量 /kL	增速 /%	进口额 /万美元	增速 /%
白酒	16188.83	22.56	44927.72	37.21	1158.72	-16.84	4509.46	5.82
啤酒	265480.50	2.94	18324.31	3.50	538383.86	59.18	57513.73	42.50
葡萄酒	8122.04	130.24	41302.41	217.16	542335.26	46.50	197752.01	37.76
黄酒	15247.10	-4.30	2425.50	-3.37	33.55	-89.77	22.25	-51.25
其他饮料酒	11772.42	-31.72	7682.98	-57.11	78383.09	1.33	86911.62	-10.92
酒精	25252.65	-22.91	2135.30	-41.75	686903.70	2471.00	36055.73	1686.64
合计	342063.54	0.44	116798.21	33.39	1847198.18	126.87	382764.80	33.00

注：（1）其他饮料酒包括：葡萄汽酒、味美思、蒸馏葡萄酒制得的烈性酒、威士忌酒、朗姆酒及蒸馏已发酵的甘蔗制得的酒、杜松子酒、伏特加酒、利口酒及柯迪尔酒、龙舌兰酒、浓度小于 80% 的未改性乙醇；其他酒精饮料、中药酒等 11 种。

（2）酒精包括：未改性乙醇（按容量计酒精浓度≥80%）、任何浓度的改性乙醇及其他酒精。

资料来源：海关总署。

7．重点行业

2015 年白酒行业经过调整和优化，产业市场发展总体趋于平稳，并有回升迹象，行业规模得到一定控制，产品结构更加亲民，骨干企业效益反弹，部分中小企业压力依然较大。企业产品、组织、渠道及商业模式的创新步伐明显加快，对市场企稳发挥了重要作用，但同时，行业面临的一些具体困难和体制、政策方面的障碍，仍然制约着白酒行业的转型和创新发展。过去一年，白酒价格带持续受压，消费增长压力、产能压力持续加强，酒类流通体系变革正在聚集，其他饮料酒冲击波正在汇集，个性化、多元化消费潮流涌动，市场秩序混乱、竞争不公平没有明显缓解。

2015 年啤酒行业呈现出主流啤酒市场继续萎靡和进口啤酒猛增，精酿、微酿的日渐兴起两种截然不同的态势。2014 年 7 月至 2015 年 12 月，啤酒产量出现连续 18 个月的负增长，行业亏损面 29.6%，但盈利水平总体提升，说明企业盈利状况继续分化。啤酒业市场压力越来越大，投资持续减速，仍未走出过度竞争的状态。大众啤酒消费市场趋于饱和，个性化、特色化的产品需求成为消费变革的热点。

2012 年 7 月，工信部发布与农业部联合制定的首个《葡萄酒行业“十二五”发展规划》，指出了“十二五”期间我国葡萄酒行业的发展目标和主要任务。我国葡萄酒行业经过多年的快速发展后，从 2010 年开始进入调整期，到 2015 年葡萄酒产量达到 114.80 万 kL。2014 年底葡萄酒市场出现触底回升迹象，虽然经济效益比上年同期有所增加，但目前整个行业仍处于底部徘徊阶段，行业两极分化加剧。“十二五”期间，我国葡萄酒的生产、销售形势发生了重大变化，产品结构也随之改变，高端产品销售大幅下降，中低端产品的销售逐步上升，且比重明显增加，2014 年和 2015 年度的变化尤为明显。干白、干红在葡萄酒产品中占有很大比例，半干、半甜、甜、桃红、起泡、加香、冰酒等酒种都大量生产。葡萄酒质量安全标准体系、质量控制和检测体系、产品质量安全可追溯体系得到进一步健全和完善。葡萄酒产品严格按国家标准组织生产，实行分级管理。葡萄酒生产更加规范，并缩小了我国葡萄酒质量与世界葡萄酒生产大国的差距。先进工艺技术和节能减排、清洁生产技术在行业得到进一步应用，抵御市场风险能力增强。随着国外的考察逐年增加，各种技术交流和讲座开拓了我国葡萄酒行业从业人员的眼界。许多大专院校开设的发酵、生物工程及相关专业，培养了具有现代葡萄栽培和酿酒知识的高级技术人才，全国已成立多个国家级葡萄酒研究中心和质量监督检验机构，配备了一流的分析检测仪器和专业技术人员。国家葡萄酒检测中心和相关行业协会组织国家评酒委员定期对葡萄酒质量进行品评监督，均推动了我国葡萄酒的技术进步和质量的提高。葡萄酒生产企业积极延伸产业链，产业多元化发展进一步推进。企业利用特有的生态、地理、文化等优势，加快发展葡萄采摘、葡萄酒品尝和休闲旅游等相关产业，形成多元化产业发展模式。随着各种葡萄酒培训的开展以及国内外产区和企业的产品推广，人们对葡萄酒的认知也随之改变、加深。尤其是年轻消费者对葡萄酒的认可度逐年提高。产区效应开始凸显，产品质量大幅提升。经过多年的努力，现在各产区都已出现了一些品质优良并具有个性的产品，特别值得关注的是，一些小葡萄品种酿造的产品已表现出产区的适应性，甚至初步表现出其明显的个性；以产区为依托进行整体宣传与推广已成为常态。目前已有多个产区的多个品种在国际大赛中获得荣誉，我国葡萄酒参与国际竞争的能力大幅度提高。

黄酒行业基本保持稳中有升的良好局面，传统产销区和非传统产销区均有不错的发展形势。

发酵酒精行业产能仍严重过剩，整体利润水平很低，亏损面达历史最大，停产率不断扩大。酒精行业继续执行淘汰年产能在 3 万t 以下酒精生产线。2011 年 12 月，工业和信息化部下达了《“十二五”期间工业领域 19 个重点行业淘汰落后产能目标任务》（工信部产业〔2011〕612 号），同时发布《淘汰落后产能工作考核实施方案》（工信部联产业〔2011〕46 号），确保落后设备（生产线）彻底拆除，不得向中西部地区和周边国家转移，全面完成“十二五”期间淘汰落后产能工作各项目标任务。其中酒精为100万t，涉及到的省份分别有河南32万t，江苏13万t，河北和山东各11万t，黑龙江10万t，甘肃5万t,安徽和新疆各3万t，山西和宁夏各2万t，四川和广西各1.5万t，内蒙古、辽宁、吉林、湖北和湖南各1万t。在淘汰落后产能过程中，行业协会参与了产能核实。到2014年年底，酒精行业完成了“十二五”淘汰落后产能的目标任务。随着我国酒精产品税收政策的调整，落后酒精产能的淘汰步伐已经加快，而且将通过市场竞争来实现自动淘汰。

其他酒行业在各项经济指标中表现最为亮眼，2015年销售收入、利润和上缴税金分别上涨18.37%、26.28%和16.52%。

8. 包装与装备

“十二五”期间，我国酿酒装备整体水平有明显提高，装备技术水平与国际先进水平的差距不断缩小。酒类包装和装备企业科技创新能力显著增强，企业间、企业与科研院所间技术合作日益频繁。我国酿酒装备、灌装装备、酿酒配套辅助装备的制造技术和能力已经达到一定水平，新建工厂中装备配套能力和高精度机械制造能力已经基本实现自给，此外，包装材料，包括硅酸盐玻璃、分离材料、造纸、印刷等行业的生产和供给也达到国际水平。随着我国整体消费水平的提高、物流和互联网的发展，差异化、个性化、便携化的酒类包装形式将越来越受到消费者的青睐。酒类包装和装备产业发展形势良好。

啤酒行业是中国酿酒工业中最年轻、发展最快的行业，目前，我国啤酒装备制造业已建立起了比较完整的装备制造体系，装备水平也基本与世界持平。葡萄酒行业的装备也已取得了较大的进步，关键设备已经基本实现国产。作为我国传统产业，大部分白酒企业的生产工艺技术装备相对落后，多数工序环节仍采用传统的手工或半机械化生产方式，行业整体机械化水平较低。“十二五”期间，在“中国白酒169计划”和“中国白酒158计划”引领下，从制曲机械化、发酵工艺机械化、蒸馏工业机械化、调酒计算机集成制造技术和灌装、包装、成品库智能管理五个领域提高白酒行业机械装备水平，促进了白酒产业技术升级、装备升级，推动白酒产业健康、持久发展，加快白酒产业结构调整。

整个酿酒行业着力推进装备制造业与信息化、智能化的融合，加快发展高端装备制造业。用信息技术和智能化技术改造提升传统装备，提高各酿酒子产业相关包装和装备的整体水平。

二、行业面临的问题分析

“十二五”期间，我国酿酒行业经济发展基本平稳，增长方式发生转变，产业结构深度调整，产品结构进一步优化，消费市场回归理性，整个酿酒产业实现了由快速增长向平稳增长的过渡。但是，发展过程中积累的政策、市场和创新方面得诸多问题和所面临的困难依然严峻，需要继续深入关注和探讨。

（一）政策与市场

1. 政策调整需强化自主调节，市场监管应力推行业自律

长期以来，酒类产业受政策约束较大，酒类生产企业在立项、扩能、税收、环评等各环节受到严格的控制。在自由竞争的环境下，市场根据供需关系自身可以产生良性的发展轨迹，但对酿酒产业的一些政策限制了市场自动调节能力，对产业发展产生了一定影响。

我国法律法规特别是食品安全相关法律进一步完善。2015年新《食品安全法》实施，强调充分发挥消费者、行业协会、媒体等监督作用，形成社会共治格局。然而，随着酒类市场消费形势的不断变化，适应酒类生产流通特点的专门性法律法规仍然十分缺乏；涉及检测、流通等方面的标准仍然较少。立法和标准的滞后造成对酒类商品的监管困

难，需要进一步加快相关工作的进行，并应着力强调行业协会的作用，引导企业自律生产经营。

2．社会舆论关注提升，预警机制亟待健全

随着人民生活水平的提高，食品质量安全意识不断加强，作为特殊食品的酒类产品倍受社会各界的关注。酒类产品的质量安全，关系到生产企业的命脉，关系到整个酿酒产业的健康发展。特别是白酒行业，舆论关注度高、影响面大，公众美誉度亟待提高。面对行业热点与社会误读，行业与企业仍欠缺快速应变能力和有效的危机公关能力。尽快建立健全行业预警机制，有效组织与引导企业开展行业自律，加强消费教育，普及酒文化知识，倡导理性饮酒，强化社会责任意识，树立行业正面形象，努力营造行业的社会美誉度应该作为全行业的一项重要工作。

3．产能增长速度过快，市场应变能力滞后

行业高速发展时期企业产能大量增加，国内外资本大量涌入，地方政府的政策性保护等加剧了酿酒规模的扩张。行业进入深度调整期后，产能增长遗留下库存压力过大、销售渠道不畅、消费能力不足、利润空间降低的危机。面对新的市场变化，面对国内外整体经济形势的压力，面对节俭治国的社会环境，部分企业对深度调整的心理落差准备不足，仍然心存幻想，缺乏适应新常态变化的决心，调整发展战略的能力不强，应对市场变化的措施滞后。进一步解放思想，树立信心，主动适应市场形势新常态，积极寻找新的经济增长点，以市场需求定产量是保障行业稳步发展的必修功课。

4．经济效益提升困难，企业发展后劲不足

为应对社会环境与市场环境的新变化，绝大多数企业积极调整产品结构，重新构建价格体系，降低了高端产品价格，加大了中低端产品的生产规模，取得了一定的成效，但却造成收入稳中有升、利润与税金持续下降的被动局面。产品利润率的降低，削减了企业发展后劲，制约了行业科技投入，影响了行业持续健康发展。在控制总量的基础上，建立科学的产品结构体系，控制产品成本，主动适应消费需求，稳定产品价格，是创造企业核心竞争力的必然选择。

（二）科技创新

酿酒行业的科技创新能力明显不均衡，啤酒、葡萄酒行业通过引进吸收国外技术装备，促进了生产水平的提升，但自主研发和自主创新能力尚有不足；白酒、黄酒行业通过加大机械化生产试点在一定程度上提高了生产效率，但与机械化、自动化、智能化、信息化先进水平差距仍然较大。酒精行业规模企业通过升级改造，技术水平和产品质量逐步提升，但是在全面实现循环经济、资源重复利用，进而提高产出效益方面尚无重大突破。科学建立行业创新机制，加大力度提高自主研发能力，树立传统产业向现代工业迈进的坚定信心，推动酿酒行业现代化工业进程，是我国实行“中国制造 2025”需要，也是整个酿酒产业的重要任务。

三、发展趋势

我国酒类行业发展已经进入“新常态”，未来市场发展将呈现新变化和新趋势。酿酒行业在适应市场需求、实现转型升级、探索创新发展的过程中，必须保持清醒的头脑和客观的态度，深刻洞察市场的新特点。

（一）消费总量趋于稳定，增速将自然回落

目前，我国城镇居民酒类产品消费量已经达到高点，此后将呈现逐年下降的趋势；农村居民消费量目前处于相对稳定状态。因此，从酒类消费总量来看，未来需求继续大幅增长的空间有限，市场需求增速将自然回落，企业靠规模化增量的可能继续下降，去产能、去库存的结构性改革尚不可放松。

（二）主力消费群体转换，趋向个性化和多元化

目前，“80后”甚至“90后”已经逐步成为我国消费市场的主力群体，其消费具有鲜明的特点。更加注重消费的个性化和时尚化，更加注重仪式感和现代感，其饮酒观念、场所和方式也发生了明显变化。饮酒人群和观念的变化和产品品类多样化的选择不仅导致消费市场的分流，而且对酒类自身也提出低醉酒度、多风味、多样化、多层次、健康性、时尚性和个性化等新要求。

（三）购买渠道多样化，营销模式逐步发生变革

品质、价格和便捷是未来消费者选购商品的重要依据，品质良好、价格合理、购买便捷成为消费者的主要购买诉求。尽管传统经销方式依然保持主流分销渠道，但网购、连锁、专卖、无店铺等流通方式，在流通体系中的份额将保持快速增长。未来酒类销售将更加呈现多渠道、多模式、线上线下融合的发展格局。

（四）产品价格区间趋于集中，市场竞争挤压区域空间

随着政务消费份额的锐减，商务消费和大众消费成为主流，高端产品为迎合市场纷纷调整结构，价格天花板有所降低，势必压缩中低端产品的价位空间，使产品价格逐步集中，区域市场受到挤压，销售渠道相对收窄，市场竞争将会更加激烈，呈现觥筹交错、短兵相接的黏性竞争格局。

四、政策建议

（一）支持传统行业技改及装备升级，提高企业自主创新能力

加快运用高新技术和先进适用技术改造提升传统产业，促进信息化和工业化深度融合，重点对产业升级带动作用大的重点项目给予政策倾斜。出台鼓励措施，支持酿酒行业在提高自主创新能力、促进节能减排、提高产品质量、改善安全生产条件、保障酒业食品安全等方面开展的技术改造项目。

（二）提升传统产业文化宣传，推进民族品牌建设

五千年文明史造就了我国传统产业拥有着深厚的文化内涵，民族品牌代表着民族文化，更是民族实力和国家影响力的象征，国家应该着力提升传统产业文化宣传，对传统产业民族品牌进行保护、鼓励和支持，推进民族品牌建设。在保留深层次文化基因的基础上，创新发展适应时代潮流、符合科学理念的“新文化”。在产业升级、产品结构调整继续深化的同时，加大对提升传统产业企业文化、品牌文化、消费文化等方面的引导、开发与探讨。

（三）积极践行企业社会责任，实现行业可持续发展

行业和企业社会责任现已成为行业健康、可持续发展的重要推动力，协会及业内企业近年越来越重视社会责任的践行。青岛啤酒、茅台集团等业内大型集团每年都发布企业社会责任报告，协会每年均针对其报告进行点评，但发布企业占比很小。建议针对酿酒行业企业社会责任报告制定相关发布政策，规定符合相应标准的企业均应每年发布社会责任报告，以推动整个酿酒行业健康发展。

（四）理性饮酒推进政策化，行业引导规范化

国家相关政令法规的持续推动，使得理性饮酒推进不断深化。出台相关政策法规，以便于行业引导更加规范、合理、有效，有利于将理性饮酒推广及酒类知识普及社会化、透明化，有利于推动酿酒产业健康发展，有利于科学引导消费者健康消费。

（五）调整酿酒行业税收政策，引导行业健康发展

近年，协会积极关注酿酒产业税收调整和变化，并为维护行业竞争环境，引导产业

健康发展，积极推动酿酒产业税制改革。通过努力，2014 年 11 月相关部门取消了酒精消费税，解决了酒精行业多年来税负不公平竞争现象，使行业走向良性发展。现今，随着市场环境和消费环境的变化，建议对白酒和啤酒等税收政策进行研究并给予调整，以推动行业的有序、合理、良性竞争，促进行业健康发展。

中国酒业协会

食品添加剂和配料工业

食品添加剂是指“为改善食品品质和色、香、味以及为防腐、保鲜和加工工艺的需要而加入食品中的人工合成或者天然物质”。食品添加剂是食品工业的灵魂，食品添加剂对于现代食品加工是至关重要的，几乎所有的加工食品都要使用食品添加剂。食品添加剂也是食品工业创新的基础，特别是现代食品工业的技术进步，大都与食品添加剂的创新使用相关，所以没有食品添加剂就没有现代食品工业。食品工业的发展带动了食品添加剂行业的发展，同时食品添加剂的发展也促进了食品工业的发展，食品添加剂行业与食品工业是相辅相成的。

2015 年作为国家“十二五”发展规划的收官之年已经过去，在过去的一年里食品添加剂和配料行业不但克服了国际经济复苏乏力和国内经济增长缓慢给行业生产经营带来的不利影响，行业的生产经营整体保持稳定发展的态势，而且大多数行业企业在保证产品质量和安全的前提下，努力开拓国际国内市场，降耗挖潜提高产品竞争力，节能减排创造更好生产环境，使行业始终处于良性发展阶段。在过去的几年，我国食品添加剂和配料行业经历了由快速发展向平稳发展的过程。

一、行业概况

2015 年食品添加剂和配料行业在新常态经济形势下整体呈现稳定发展的态势，主要产品和行业骨干企业的产销基本与去年持平，部分产品的产销量有小幅增长。

（一）主要经济指标

1. 主营业务收入

根据对行业主要生产企业数据的收集和分析（表 1、图 1），2015 年全年食品添加剂的产量达 996 万 t，比去年产量增长约 5.2%；销售额达 978 亿元，比去年增长约 4.5% 左右。

从主要数据看，行业总体上仍呈现平稳发展的态势，而且 2015 年国内外食品市场对食品添加剂产品的需求没有明显的变化。

表 1　2008—2015 年行业经济运行的主要指标

年份	产量/万 t	增长率/%	销售额/亿元	增长率/%	出口额/亿美元	增长率/%
2015 年	996	5.2	978	4.5	37.3	0.8
2014 年	947	7	935	7.5	37	2.8
2013 年	885	7	870	5	36	1.1
2012 年	827	8.5	829	8	35.6	4.7
2011 年	762	7.1	767	6.4	34	6
2010 年	712	6.1	719	7.5	32	6.5
2009 年	671	14.6	669	15	30	3.5
2008 年	586	—	582	—	29	

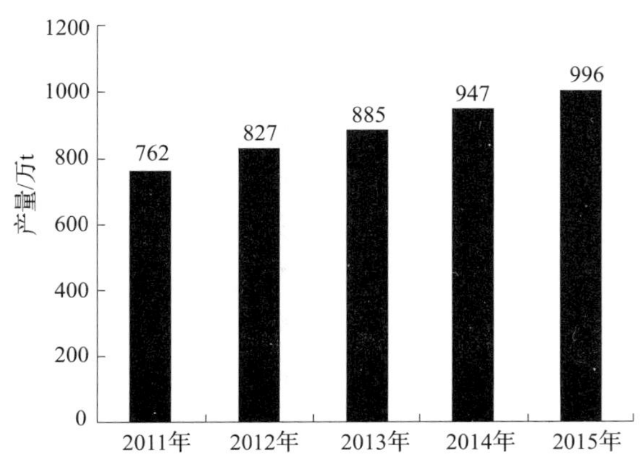

图 1　2011—2015 年中国食品添加剂产量示意图

2. 利税

由于食品添加剂品种繁多，利税难以统计。总体来看，全行业总利税率在 15% 左右，大宗产品竞争更加激烈，利润水平低，小品种产品利润水平高一些。

（二）行业发展分析

随着现代食品工业的发展，我国食品添加剂和配料行业也向着系统化、规范化、标准化、国际化方向发展，食品添加剂已经进入了保证食品安全规范发展的时代。

我国食品添加剂行业是食品工业中与国际法规和标准接轨最直接、最完全的行业。我国现在是国际食品添加剂法典委员会（CCFA）的主席国，与国际发达国家一样，我国也制定了一系列较为完善的食品添加剂生产、使用和管理的法规和标准。

目前，我国已批准使用的食品添加剂品种共 2600 余种，几乎涵盖所有的加工食品。食品添加剂中主要的常用品种在国内都有生产，且大多数产量都居世界前列，产品除满足国内市场外，许多产品出口也较多，有些产品在国际市场上占主导地位。2014—2015 年，行业企业整体数量没有发生大的变化，行业的产量和销售额却都有增长，说明行业企业的规模和实力在不断增长。近年来，行业企业通过扩大产能、技术改造和技术升级、在原料基地附近设立分厂等方式使得产能和销售额都有明显增长。另外，行业企业的整体素质有了进一步提高，通过媒体曝光的一些事例和国家对食品业监管力度的加强，使得行业企业普遍认识到，企业要可持续发展，必须在生产经营中诚信自律，必须严格遵守国家的法律、法规和标准。行业企业在运营中更加关注行业发展动向，注重标准工作，积极参与国家标准的制定，通过协会积极向政府有关部门反映行业情况，配合政府做好行业监督和管理工作。

尽管近年来行业企业的生产经营受到原材料和劳动力成本上涨、环保压力增大等多种外界因素的影响，压缩了企业的利润空间，但大多数行业企业都把困难化作动力，坚持抓科技进步和管理创新，把提高产品质量、降低成本、新品开发、改进和提高销售及技术服务力度等作为工作重点，取得了良好成效。许多行业企业在国内外大环境诸多不利因素的困扰下软硬件实力进一步提升，继续保持稳定发展。

1. 价格

食品添加剂品种较多，产品价格没有系统统计。产品价格总体平稳，2015 年主要产品价格波动不大。但由于产能过剩、员工成本增加，使得企业效益同比下降。

2. 市场

总体上目前我国食品添加剂产销两旺，能满足国内外市场发展的需要。行业基本实现产量和销售的同步增长，出口由于受国际经济增长复苏乏力、需求减少和国内出口产品退税政策调整等因素的影响，增长放缓。

由于中国经济已全面进入新常态，国内制造业总体仍处于低迷状态，经济不景气对市场需求有较大的负面影响。实体经济下行压力仍然较大，导致食品工业发展速度减缓，也给我国食品添加剂和配料行业带来严峻挑战。积极开拓市场，研发新产品助力食品工业，是保持行业稳定发展的前提。

3. 投资

食品添加剂是市场化较早的行业，投资多以民营或外资为主，在食品添加剂行业快速发展过程中，行业竞争也十分激烈。食品添加剂企业一般都较小，投资不大，当一个产品市场好的时候很容易吸引资本进入，企业价格战的情况时有发生，一些出口产品竞争更加白热化，个别产品市场前景还不明确，很多企业就已蜂拥而上，导致整个产业都没有利润。但是经过多年的市场竞争以及国家和行业的积极引导，加强行业自律，很多产品的发展已趋于平稳，产业结构较以前已有明显改观。

2015 年，全行业新增投资不多，只是个别行业和个别企业在技术改造和科研开发上有些投入，新增产能不大。一方面市场变化不大，绝大多数产品产能已经过剩，市场竞争激烈，产能没有扩大的空间。另一方面，从国家政策上对食品添加剂行业限制增加，新品种审批放缓，现有产品扩大使用范围和使用量也非常困难，企业投资愿望不足。虽然从产量、产值上看，食品添加剂行业在食品工业中所占的比例为 2% 左右，但其在食品工业发展中的作用是不容忽视的。食品添加剂行业产品品种繁多，单一产品的产量不大，所以生产企业以中小企业为主，企业的规模小，比较分散，企业发展基础不强，在融资能力和贷款等资金方面遇到了许多困难。由于资金短缺，企业很难开展技术改造，产业升级困难，大多徘徊在低水平竞争上。当市场好的时候扩大生产也不容易，新产品开发更是力不从心。所以资金短缺是行业遇到的普遍问题，一直制约着行业的发展。

4. 区域分布

我国食品添加剂工业是改革开放后首先由东部沿海城市迅速发展起来的，在很长一段时期内，仅有少数几个省份较发达、活跃。而大多数中西部省（自治区）都很少有食品添加剂产业的发展。近几年，除广东、上海、浙江、山东、江苏、北京、天津等省（直辖市）外，一些中西部地区充分发挥各自资源优势和国家扶持政策或地域优势，开发出了一些性价比较高的食品添加剂产品，企业规模和数量都有明显上升。同时，受能源和原料的影响，一些耗能大、原料成本比重大的产品也逐步向中西部转移，许多产品已经形成了区域优势。如山东禹城市是“中国功能糖城”，河北曲周县是“天然色素产业基地”，高倍甜味剂主要集中在江苏，香精、香料产品主要集中在广东、上海等沿海城省市等。

5. 行业集中度分析

我国是食品添加剂生产大国，很多产品产量和出口量都居世界前列。大多数主要产品都已经过了充分的市场竞争，产业集中度较高。特别是出口导向型产品，小企业进一步被淘汰，有品牌影响力、市场占有率高的企业进一步做强。如乙基麦芽酚产品，目前国内以两家企业为主，而且占有了大部分的国际市场；高倍甜味剂的几个传统优势品种产业集中度又有提高，糖精、阿斯巴甜、安赛蜜、甜蜜素等生产企业都已不到 5 家，产量在国际市场完全占有主导地位。

但也有个别行业生产集中度虽然较高，但企业数量仍然较多，产业集中度还有很大提升空间。如辣椒红色素行业，我国辣椒红年出口量已占全球市场的60%，而龙头企业河北晨光生物科技有限公司一家企业占全国出口量的 50% 以上，产业集中度已经较高，但国内目前生产辣椒红的企业还有近 70 家。这使得行业竞争非常激烈，产品价格一路下降，21 世纪初产品价格在 40 万元/t 左右，目前同等质量规格的产品只能卖到 15 万元/t，行业只能依靠出口退税维持发展。

6．进出口

我国食品添加剂不仅满足了国内的生产需要，而且许多产品出口到国际市场。从数量来看，我国是世界食品添加剂的主要生产国和供应国之一，在国际市场上占有举足轻重的地位。

由于 2015 年大部分国家和地区面临经济复苏缓慢、增长乏力的大环境，食品添加剂和配料产品的出口增长放缓。根据协会对行业骨干企业数据的统计分析，2015 年食品添加剂和配料行业主要品种出口约 37.3 亿美元，与去年持平。但从主要数据看，行业总体上仍呈现平稳发展、稳中略升的态势。

我国大多数食品添加剂产品在国际市场上占有主导地位，特别是一些大宗产品的生产量和国际贸易量均居世界前列，但以较成熟的产品居多，高端产品和新产品不多。

7．重点行业

（1）着色剂　2015 年我国着色剂产品继续保持稳定发展的态势，据统计，食用着色剂产品的总产量达 82 万 t，同比去年增长 1.3%（图 2），销售额达 56.3 亿元，同比增长约 1%，出口 0.92 万 t，出口创汇 2.9 亿美元，与去年持平。食用着色剂三大类产品的产量分别达到：焦糖色 78 万 t，天然着色剂 2.8 万 t，合成着色剂 0.5 万 t（图 3）。

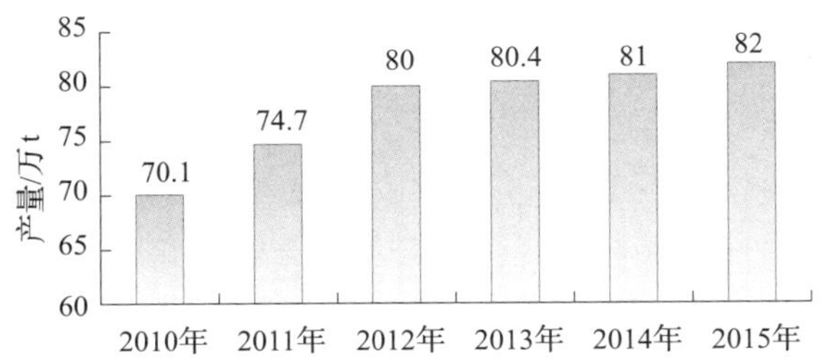

图 2　2012—2015 年着色剂产品产量变化情况

2015 年，我国食用着色剂生产经营呈现以下几个特点。

① 主要产品焦糖色的生产格局有所变化；焦糖色的主要用户——调味品大型生产

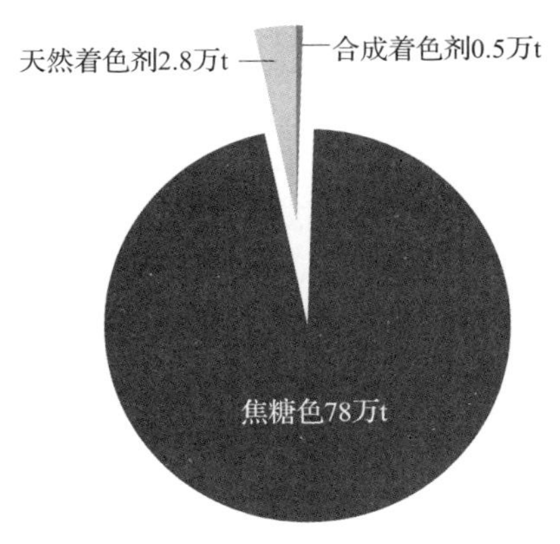

图 3　2015 年着色剂主要产品产量所占比例

企业（如海天、李锦记等）放弃自己生产焦糖色供自己使用的方式，转而向专业焦糖色生产企业采购，以此来保证产品质量的稳定和降低成本。这种生产方式的转变给焦糖色生产企业带来契机，要求企业更加注重产品的质量和有针对性的服务以获取更多的市场份额。

② 辣椒红色素产品经过几年的努力，2015 年的产能得到一定程度的控制，产品的销量和价格双双上升，辣椒红色素生产企业的经济效益好转。

③ 万寿菊浸膏 - 叶黄素产业经过连续 4 年的引导和培育，原料种植面积得到有效控制，产业的发展趋于理性，万寿菊浸膏价格逐渐回升，原有的库存量逐渐消耗，目前已基本处于平衡阶段。

④ 合成色素类产品由于受大环境和使用限制，2015 年产量有大约 5% 的下降。

（2）甜味剂　主要产品是功能性糖醇和高倍甜味剂产品。

① 糖醇类。主要产品木糖醇的产量约 5 万 t，与去年产量基本相同，产品价格也没有大的变化，整体而言供略大于求，主要骨干企业生产经营平稳，但一些小型企业受冲击较大，已处于停产或半停产的状态。其他功能性糖醇产品的产量小幅下降。

② 高倍甜味剂产品。总产量达到 12 万 t（不含复配），各种产品的产量有升有降，总

产量与去年基本持平。主要高倍甜味剂产品产量情况如下：甜蜜素4.3万t，比去年下降约2%；糖精（钠）2.5万t，基本与去年持平；阿斯巴甜1.1万t，比去年减少3.5%；安赛蜜0.6万t，比去年下降4%；三氯蔗糖0.4万t，比去年增长7%；甜菊糖苷0.41万t，比去年增长4%（图4）。

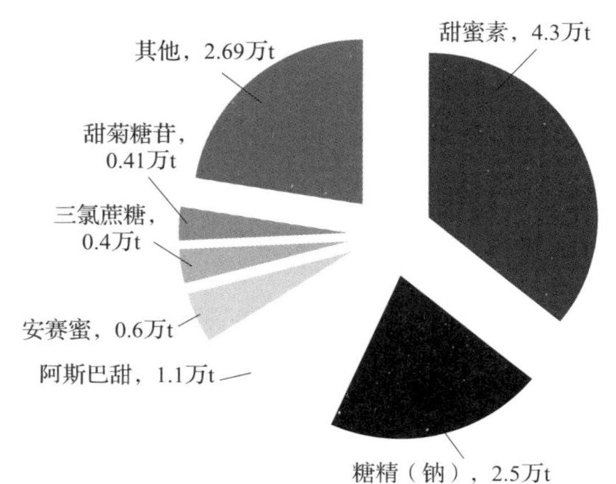

图4 2015年高倍甜味剂主要产品产量示意图

甜味剂产品总体形势为产量稳定，高倍甜味剂产品价格和出口下滑，部分产品产能过剩，市场竞争加剧，同类产品企业采用价格战的方式挤占市场，导致企业利润下降。由于大宗甜味剂产品均为有成熟技术的产品，就生产环节而言各企业生产技术、管理水平相差不大，同时，原料和人工成本的上升以及销售市场竞争日益激烈也使得部分小型企业不堪重负，只能停产或退出竞争，给大型企业创造更好的生存环境。

（3）食用香精香料 2015年在国内外食用香精香料市场需求持续增长的影响下，食用香料香精行业产量比2014年同期有所增长，食用香精产量同比增长10%左右，销售额同比增长约5%；出口量同比增长了25%以上。食用香料销售额同比增长超过10%，出口量同比增长30%，出口创汇增长20%。企业效益有所回升，咸味香精行业产销售量与去年同期持平。其中，酵母抽提物产销量增长较为明显，主要生产企业安琪酵母的酵母抽提物产量同比增长10%，销售额同比增长15%，市场形势良好。这与国内烘焙与发酵面食领域、食品调味领域的产品销售有所增长直接相关。

（4）防腐剂和抗氧化剂 2015年受食品工业增长变缓和食品安全监管严格等影响，国内的防腐剂和抗氧化剂产品产量都有不同程度的下降，尤其是下半年更加明显，降幅在5%左右。苯甲酸和苯甲酸钠产销量5.5万t，同比下降约4.2%。价格与去年同期相比下降了20%，主要原因是原料甲苯价格下降，该品种发展较为成熟，呈现稳步增长态势，但是市场竞争激烈，产能过剩严重；山梨酸钾、山梨酸、脱氢乙酸和脱氢乙酸钠产量同比略有增加，价格有所下降，利润与去年同期基本持平。双乙酸钠产量1500t，与去年相比下降幅度较大，主要是市场需求降低，下游食品加工企业停工多导致销量大减。乳酸链球菌素产量略有增加，价格略有下降，所以利润与去年基本持平。尼泊金酯的产量略有下降，下降幅度约6%。许多防腐剂产品价格在年内呈下降趋势，导致生产企业利润和经济效益降低。

抗氧化剂产品中合成维生素E产销量同比下降幅度较大，油状和粉状产品的价格几乎跌了一半，出口量略有下降；天然维生素E市场疲软，原料及产品价格大幅下降。而TBHQ产品自2014年4月商务部裁定印度产品构成反倾销，对印度产品加收37%～56%的反倾销税后，印度产品价格与国内相差无几，使国内TBHQ企业的生存环境得到了较大改善，使整个行业逐步摆脱困境。2015年TBHQ产量开始增加，生产企业效益趋好。抗氧化剂异抗坏血酸钠产量约3万t，与去年相比增加12%。

（5）增稠剂、乳化剂和品质改良剂 2015年增稠剂、乳化剂和品质改良剂类产品的产销量与 2014 年相比基本持平，没有明显变化。乳化剂类产品总产量约为 8 万 t，同比增长约 20%，价格同比基本持平；蔗糖酯销量同比增长 5%；增稠剂（变性淀粉、卡拉胶和魔芋胶等）和面粉处理剂产销量同比基本持平。司盘和吐温产量略有下降。增稠剂和乳化剂产品出口整体略有下降。

复合膨松剂（泡打粉）销量 4 万 t 左右，同比下降 7.5%，均价达到 5400 元/t，同比增长约 12%。

（6）营养强化剂　2015 年营养强化剂类产品的产销基本稳定，复配营养强化剂产品有一定幅度的增长，大约增加 5%。

二、行业面临的问题分析

（一）政策与市场

从政策上看，近年来我国在食品安全的保障机制建设和食品安全的监督管理方面明显加大了力度，除进一步理顺监管体系，在国家和地方层面建立食品和食品添加剂从生产到销售的全链条监督管理体系外，食品添加剂的相关法律法规和标准不断完善，对其生产、使用和流通的监督管理更加严格，也更趋科学，对于那些不符合法律法规要求以及在生产经营过程中违法违规的企业予以坚决整顿和处罚，为规范整个行业的生产经营和市场秩序发挥了重要作用。多数规范企业尤其是大中型企业在日益良好的市场和竞争环境下得到了更好的发展机遇。在不断加强监管的过程中，监管体制、监管方式也逐渐趋于科学合理。

2015 年是中国食品及食品添加剂法规和标准发生标志性变化的一年，新近修订的《中华人民共和国食品安全法》颁布实施，《食品安全国家标准　食品添加剂使用标准》（GB 2760—2014）等一批涉及食品添加剂产品的国家标准的公布和实施以及与新《食品安全法》相配套的《食品生产许可管理办法》《食品经营许可管理办法》的发布，都对当前中国食品添加剂生产和应用企业的生产和经营产生重大影响，在 2014 年《食品安全法》修订成稿和国家食品安全监管体系逐渐理顺的大环境下，对食品添加剂生产和经营的监督管理更加科学化和理性化，在一定程度上摆脱了前几年全社会包括政府监管部门对食品添加剂的不正确认识，食品安全形势整体趋好，食品添加剂生产企业的生产经营基本回复正常轨道。我国通过几十年的探索已经初步建立了一套完整的食品添加剂法规、标准和管理体系，但现行的法规和管理体系在运行过程中还有一些需要改进的地方，主要有以下几个方面。

食品添加剂相关的法规标准不完善。到目前为止，《食品安全国家标准　食品添加剂使用标准》（GB 2760—2014）只规定了食品添加剂如何在食品中使用，但现实中为了适应食品添加剂的生产、贮存、使用等需要，还存在着在食品添加剂中使用食品添加剂以及在食品配料中使用食品添加剂的一类产品，这种形式的产品一直没有明确的规定或标准，造成实际生产中无法可依，无标可循，给这些产品的生产经营和监管造成很大困惑，是亟待解决的问题。

从市场上看，目前主要的问题是由于主要原材料价格、员工成本、能源成本等持续上升，使企业负担加重，企业效益下滑。

另外，产能过剩、同质化产品低价竞争引起市场秩序混乱，同时，产品价格的下降影响着企业的总体效益，进而给整个行业的发展带来负面影响。由于多年来盲目扩大产能的情况没有得到有效抑制，2015 年一些食品添加剂品种如辣椒红、甜菊糖苷、三氯蔗糖、万寿菊浸膏、阿斯巴甜等仍然处于产能过剩的状态，加剧了生产企业为占据市场份额而采用价格战的方式进行竞争，减少了企业的利润，使行业的整体效益下降。

（二）科技创新

食品添加剂和配料行业是高新技术产业，行业通过技术创新推动行业整体技术水平不断提高，产业国际竞争力不断加强。食品添加剂和配料行业产品众多，涉及多学科、多领域，是一个技术密集、科研成果频出的领域。5年来我国有100多个有关食品添加剂和配料的开发及产业化项目获得国家级或省部级奖励，正是这些科技成果产业化的实际应用带动了行业技术进步。

技术创新对于食品添加剂行业至关重要，尤其是食品产业战略转型对科技创新提出了更高的、多样化的需求，但是目前我国关于食品科技创新的整体理念尚未形成或没有被接受，尚未对食品产业进行系统布局研究，而往往只是局限在某一环节。与国际同行相比，国内企业科研投入偏低，行业总体创新不够，企业发展后劲不足。另外，由于我国对食品添加剂的认识偏差，近年来食品添加剂使用范围和使用量的扩大很难得到批准，新产品的开发放缓，这也给企业的科技创新造成很大影响，企业创新动力不足。在未来应建立良好的运作机制，构建稳固的产学研合作平台，充分发挥企业在科技创新中的主体地位作用，建立以企业为主体、市场为导向、面向生产的技术创新体系，开展共性关键技术和前沿技术攻关，推动相关产业实现重大技术突破，形成核心技术标准，支撑和引领产业技术创新，促进食品添加剂产业增长方式转变。同时搭建好资源共享与信息交流平台，实现相关产业与标准、管理、监督等职能部门的良好沟通。

三、发展趋势

随着食品工业的快速发展，人们对方便又卫生的成品和半成品食品的需求量越来越大，食品添加剂市场也愈加繁荣。虽然我国食品添加剂行业存在较大发展空间，但制约行业发展的硬伤仍不容忽视。纵观这几年国内外的经济发展趋势，2016年全球经济将继续调整，国内经济下行的压力仍然很大。我国食品添加剂行业的现状是企业数量多、规模小，部分生产企业堆积生产同种产品，造成资金和设备的重复投入和产品重复产出，产品成本居高不下，科技含量较低。

面对经济增速下滑带来的需求下降、产业结构调整、行业竞争进一步加剧等问题，行业应逐步进入转变思维、增强素质、创新发展的模式。要重点扶持技术力量强、规模较大的企业，集约化、规模化经营，增强实力，提高质量。另外企业要坚持技术创新，深入研究工艺流程，突出优势，形成核心竞争力。

总体来说，预计未来几年内，全行业总体运行将基本保持平稳，食品添加剂和配料行业与2015年同期相比预计会保持一个平稳发展的态势。

四、政策建议

（一）完善食品添加剂的标准建设和管理制度、继续加强食品添加剂相关标准的制（修）订工作

我国现有的食品添加剂国家标准经过数年的努力，已经完成大部分国家标准的制（修）订工作，对缓解食品添加剂生产企业取得生产许可起到一定作用。但是，随着食品工业的发展，食品添加剂的种类和产品形态愈加丰富，进一步完善食品添加剂标准仍然是一项重要的工作。在现实情况下，食品添加剂不能像食品产品那样制定企业标准；餐饮业如何科学合理使用食品添加剂、如何规范食品添加剂中使用食品添加剂和食品配料中使用食品添加剂仍然是未能解决问题。建议

（1）允许制定食品添加剂企业标准并能够备案。

（2）加快制定食品添加剂中使用食品添加剂的相关标准或管理办法，解决包括制剂

类产品在内的一批产品的生产许可问题。

（3）加快研究食品配料中使用食品添加剂的问题，使食品配料中使用食品添加剂的情况能够规范并得到解决。

（二）加强对食品添加剂生产过程的监管，在行业内推广 GMP、HACCP 等管理方法

多年来国内外食品添加剂生产经验表明，加强对生产过程的控制更能保证产品的质量与安全。建议政府有关部门加强对食品添加剂生产经营过程的监管，根据食品添加剂生产经营现状，制定相应的过程管理法规、标准和办法，进一步规范生产中的各个环节，改变事先严控企业生产许可发放、事后仅以产品检验结果定论的传统管理方式。与此同时，在行业企业中鼓励推广 GMP、HACCP 等行之有效的管理体系和方法，将产品生产的安全隐患控制在整个生产过程中。

国际上认可和接受的食品安全管理体系 GMP、HACCP，主要是对产品中微生物、化学和物理危害进行安全控制，也适用于食品添加剂的生产过程。尤其是 HACCP 强调识别并预防安全风险，控制生产环节中潜在的危害，克服了传统上仅通过对最终产品检测来控制食品安全的局限性。

（三）引导食品添加剂行业进行产业结构调整，构建产学研联盟和集约化经营，支持行业重点项目建设和示范产业基地的建设

食品添加剂生产企业规模小，比较分散，需要产业结构调整，提高产业的集中度，提高产业经济运行质量。希望国家能够扶持食品添加剂和配料行业龙头企业发展，带动行业整体提升，结合行业特点，给予这些中小企业一定的政策倾斜。

（四）开展有针对性的科普宣传教育，引导消费者正确认识食品添加剂

消费者调查显示，超过 80% 的消费者认为食品安全问题就是由于食品添加剂造成的。事实上，迄今为止，我国出现的有重大危害的食品安全事件，没有一件是因为合法合理使用食品添加剂造成的，但是，食品添加剂却成了很多食品安全事件的众矢之的，其原因是混淆非法添加物和食品添加剂的概念，如苏丹红、三聚氰胺等本不属于食品添加剂，此类物质会对人体造成严重损害，是严格禁止使用的非食用物质。而食品添加剂在规范使用的前提下都是安全的，把一些非法添加物的罪名扣到食品添加剂的头上显然是不公平的。导致公众对食品添加剂产生误解的主要原因是公众对食品添加剂缺乏准确、科学和系统的认识，加上个别媒体的不实报道，使得公众对食品添加剂的误解越来越深。因此，正确引导公众了解食品添加剂相关知识迫在眉睫。

随着生活水平的提高，老百姓对自身健康越来越关注，在这种情况下如果公众对食品添加剂相关毒理特性不甚了解或无从了解，则极易因为一些小的负面新闻引发较大范围的焦躁、不安、紧张等负面情绪，因此加强对相关知识的正确宣传和舆论引导，提高整个社会对食品添加剂的认识就显得非常重要。可以在全国范围内通过多种形式多种途径加强对消费者食品添加剂科普知识的宣传教育，加强对包括《食品安全国家标准　食品添加剂使用标准》（GB 2760—2014）在内的一系列食品添加剂法律标准体系的宣传贯彻教育，使他们了解什么是食品添加剂、食品添加剂的作用和使用原则、食品添加剂行业的标准和监管体系，从科学层面上了解食品添加剂的真正含义，消除对食品添加剂的误解，提高公众辨别食品安全是非的能力，引导消费者正确认识和理性对待食品添加剂和食品安全问题。

中国食品添加剂和配料协会

营养与保健食品制造业

2015 年我国营养保健食品行业稳步发展，总体呈现增长趋势，其中保健食品制造业增长迅速，营养食品制造业稳定增长。2015 年实施的《食品安全国家标准　保健食品》（GB 16740—2014）对保健食品定义是“声称并具有特定保健功能或者以补充维生素、矿物质为目的的食品。”但我国目前并无明确的营养食品定义和相关法规标准，因其分类依据和监管分类有所冲突，因此本篇相关内容主要针对保健食品行业。

一、行业概况

（一）主要经济指标

2015 年，营养食品制造业主营业务收入为 746.5 亿元，相比同期增长 6.3%，其增长速度与行业整体发展情况同步，其他数据（见表 1）。

表 1　2015 年我国营养食品制造业发展概况

行业名称	资产合计		主营业务收入		利润总额		税金总额	
	实际值/亿元	同比增长/%	实际值/亿元	同比增长/%	实际值/亿元	同比增长/%	实际值/亿元	同比增长/%
营养食品制造业	454.0	7.5	746.5	6.3	76.7	1.6	20.2	3.6

资料来源：国家统计局。

2015 年，我国保健食品制造业快速发展，截至 2015 年年底，我国保健食品企业达到 2440 家，比 2014 年增加 240 家，业务收入约为 4000 亿元。投资金额在 5000 万以上的企业数量占 40% 以上，越来越多的国外保健食品企业开始进入中国市场。截至 2015 年年底，我国已审批保健食品产品 16229 件，其中国产保健食品 15483 件，进口保健食品 746 件。2015 年共批准保健食品初次注册申请 987 件，变更申请 513 件，技术转让申请 93 件，再注册申请 349 件。

中国保健食品市场空间巨大，中国消费者平均用于保健食品方面的花费只占其总支出的 0.07%，与主要欧美国家相比还有较大的差距。但是，近几年中国内地城乡居民保健类消费支出正在以远高于发达国家的速度增长。特别是 2016 年《食品工业“十三五”发展规划》编制完成，为保健食品产业描绘出更宏伟的发展前景。从大环境看，保健食品行业未来十年、二十年将是朝阳的产业，投资机会非常多。未来几年，我国保健食品行业销售收入仍将保持高速增长态势。

我国保健食品生产厂家的分布状况具有南多北少、东多西少的特点，北京、广东、浙江、上海、山东、江苏这 6 省（直辖市）就集中了保健食品企业的 80.4%，而其他省（自治区），如新疆、西藏、青海等中西部地区企业较少，如图 1 所示。

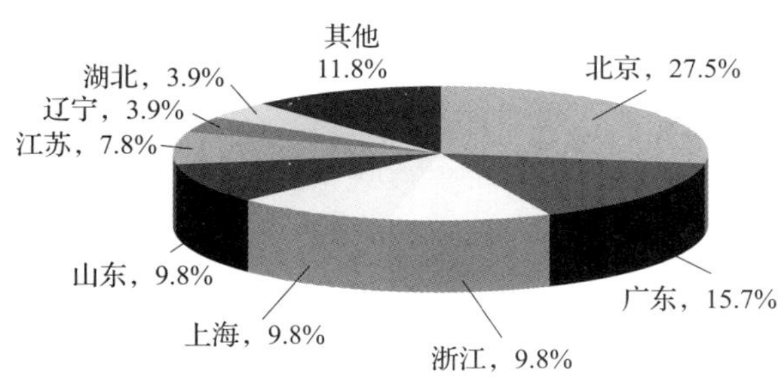

图 1 我国保健食品企业区域分布

资料来源：中国保健协会。

目前正在生产、销售保健食品企业目前的产品功能类型并不单一，排在前四位的依次为增强免疫力、缓解体力疲劳、通便、辅助降血脂，但是整体情况各种功能分布比较均衡，除增强免疫力功能一枝独秀外，其他功能差别并不是很大，如图 2 所示。

保健食品产品剂型以药品剂型为主，主要采取胶囊、片剂、口服液、颗粒剂（冲剂）等剂型，这些剂型的产品就占了近 70%。而具有一般食品形态的产品比例较小，约占 5%。这从侧面说明胶囊、片剂、口服液剂型在准确定量、长时间保质等方面存在优势，更符合保健食品定量食用、质量稳定的要求。同时也因为许多保健食品生产企业原为药品生产企业在胶囊、片剂、口服液的生产上具有人员、设备和经验的优势，比开发新剂型产品更能降低成本。

保健食品销售渠道正向多元化发展，特别是电商平台、微信等电子商务渠道的快速发展，为保健食品行业的监管带来了新的挑战。

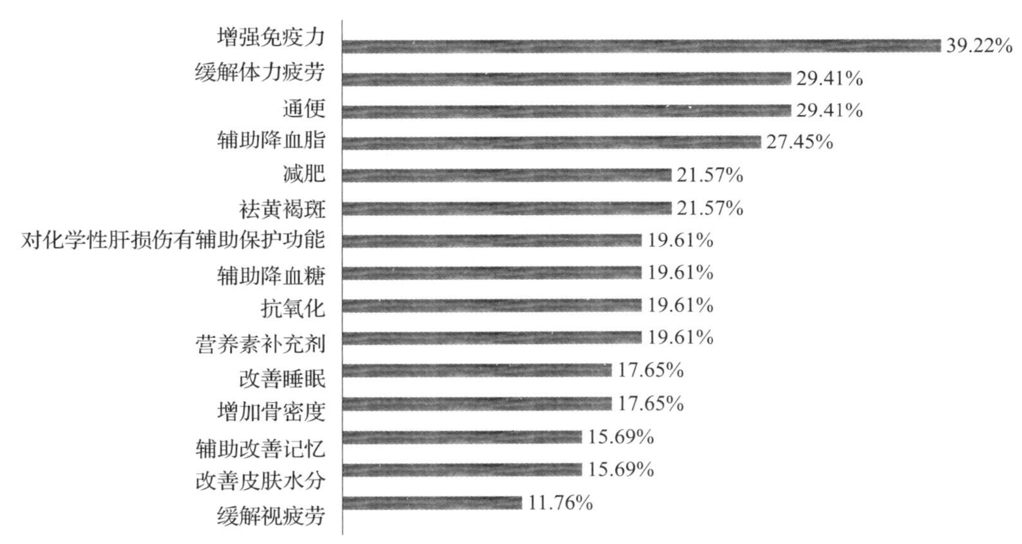

图 2 正在生产或经营的保健食品功能分布

资料来源：中国保健协会。

随着 2015 年新修订的《中华人民共和国食品安全法》以下简称新《食品安全法》《中华人民共和国广告法》《保健食品注册与备案管理办法》《食品安全国家标准 保健食品》（GB 16740—2014）等一系列重要法规的陆续实施，保健食品的监管体系构架进一步完善。新《食品安全法》中明确了保健食品将由审批制转为备案制，2016 年保健食品将迎来新的发展期，国内外更多企业会加速投入到保健食品行业中。

（二）进出口情况

1. 进口情况分析

根据中国海关总署的进口统计数据，2015 年中国保健食品进口额为 28.8 亿美元，同比增长率 8.3%。2015 年中国保健食品的贸易顺差为 46.3 亿美元，同比降低 5.3%。

从2015年进口保健食品的产品类别分布（图3）看，制成品的进口额最高，为13.9亿美元，其他依次为氨基酸类、植物提取物、维生素类、鱼油、辅酶Q10、蜂王浆粉/蜂蜡和硫酸软骨素。在上述8类产品中，2015年进口额增速最快的是植物提取物，同比增长32.3%，其次为氨基酸类和制成品，同比增长分别为29.5%和17.8%，其他产品同比增长率详见图3。

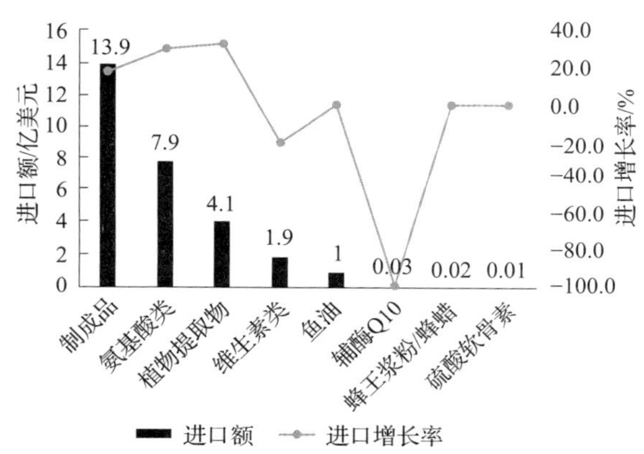

图3　2015年进口保健食品产品分布

2015年我国保健食品成品进口额为13.9亿美元，同比2014年增长17.8%。从进口产品的市场区域看，在6大洲际进口市场中亚洲区域国家的进口金额为4.7亿美元，所占进口市场份额最大，占比为34%，其次为北美洲和欧洲，占比分别为27%和24%，其他地区进口金额及占比见图4。

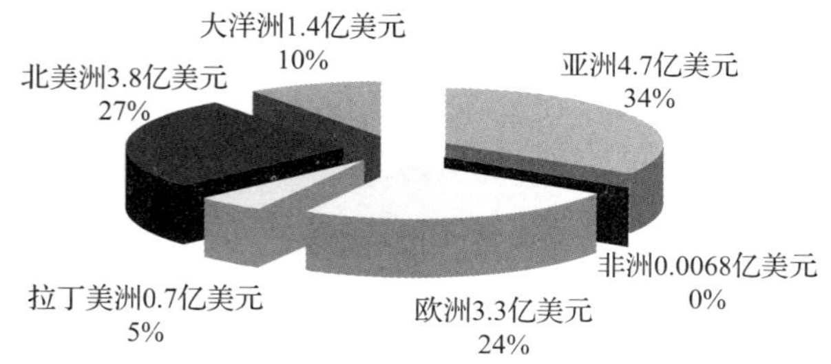

图4　2015年进口保健食品成品市场区域分布

资料来源：中国海关总署。

6大洲中，大洋洲2015年进口额同比增长441.0%，增长速率最高，其次为非洲地区和北美洲地区，同比增长分别为26.2%和21.5%，而欧洲地区进口额同比降低5.2%。在亚洲地区，东盟所占进口额比重最高，占比为12.2%，但比去年降低9.3%，在欧洲地区，欧盟所占进口额最高，占比为22.8%，但欧盟传统十五国进口金额比去年降低16.1%（表2）。

表2　进口保健食品成品地区进口额及增速情况

地区	进口额/万美元	进口额同比/%	进口额占比/%
亚洲	46704.02	11.0	33.6
东盟	16986.6	-9.3	12.2
中东	2249.5	91.6	1.6
非洲	68.7	26.2	0.05
欧洲	33428.3	-5.2	24.0
欧盟	31712.9	-6.6	22.8
欧盟十五国	25371.7	-16.1	18.2
欧盟东扩十二国	6341.2	71.0	4.6
拉丁美洲	6709.5	17.8	4.8
北美洲	37973.8	21.5	27.3
大洋洲	14211.3	441.0	10.2

资料来源：中国海关总署。

从进口保健食品成品前10位的国家看，发达国家占据重要地位。2015年，美国、澳大利亚、德国和日本是我国保健食品成品的前四大进口来源地，这四国占我国进口保健食品成品的总额分别为26%、8.6%、7.8%和7.4%，如图5所示。

在进口额占比最高的前20个国家中，2015年澳大利亚的进口同比增长率最高，为821.8%，其次为加拿大和新西兰，同比增长率分别为142.9%和68.6%，其他国家进口额及增长情况见表3。

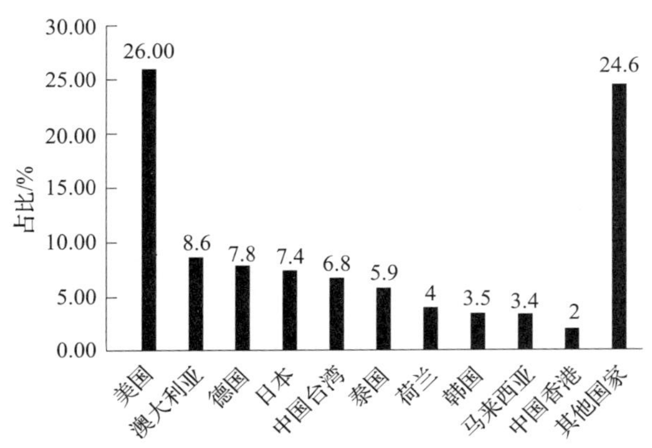

图 5　2015 年保健食品成品进口国家分布

资料来源：中国海关总署。

表 3　进口保健食品成品前 20 国进口额及增长

国别	进口额 /万美元	进口额同比 /%	进口额占比 /%
美国	36170.7	18.51	26
澳大利亚	11972.0	821.8	8.6
德国	10891.2	-24.1	7.8
日本	10220.8	19.5	7.4
中国台湾	9406.9	37.1	6.8
泰国	8256.1	2.5	5.9
荷兰	5615.6	-40.3	4.0
韩国	4824.5	23.7	3.5
马来西亚	4712.3	-21.6	3.4
中国香港	2772.8	9.2	2.0
新西兰	2239.3	68.6	1.6
新加坡	2050.8	-15.5	1.5
加拿大	1803.1	142.9	1.3
法国	1799.4	66.4	1.3
英国	1678.4	39.1	1.2
巴西	1600.1	4.1	1.2
意大利	1561.1	65.3	1.1
印度尼西亚	1098.1	6.7	0.8
越南	688.3	-31.2	0.5
瑞典	240.3	41.9	0.2

资料来源：中国海关总署。

2. 出口情况分析

根据中国海关总署的出口统计数据，2015 年中国保健食品出口金额为 75.1 亿美元，同比降低 0.53%。

从 2015 年出口保健食品的产品类别分布（图 6）看，植物提取物类保健食品的出口额最大，其出口额为 21.6 亿美元，其他依次为维生素类、氨基酸类、制成品、硫酸软骨素、鱼油、辅酶 Q10 和蜂王浆粉/蜂蜡。在上述 8 类产品中，2015 年出口额增速最高的是鱼油，同比增长 30.8%，其次为植物提取物和硫酸软骨素，同比增长别为 21.3% 和 9.7%，其他产品同比增长率见图 6。

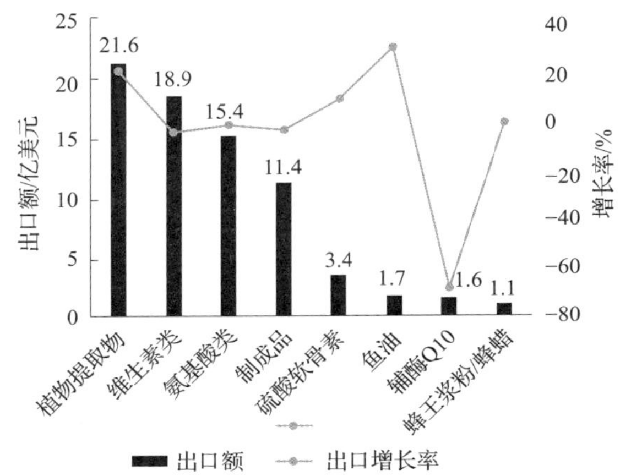

图 6　2015 年出口保健食品产品分布

根据中国海关总署的出口统计数据，2015 年中国保健食品成品出口额为 11.4 亿美元，同比 2014 年降低 3.4%。从出口保健食品成品的目标市场区域看，在 6 大出口市场中，亚洲区域国家的出口金额为 5.8 亿美元，所占出口市场份额最大，占比为 51%，其次为北美洲国家和欧洲国家，所占比重均为 17%，其他地区出口金额及比重见图 7。

6 大洲中，大洋洲 2015 年出口额同比增长率为 47.5%，增长速率最高，其次为北美洲地区，同比增长率分别为 25.4%，其他地区出口额均下降，非洲地区市场同比下降最快，降低 12.9%。在亚洲地区，东盟所占出

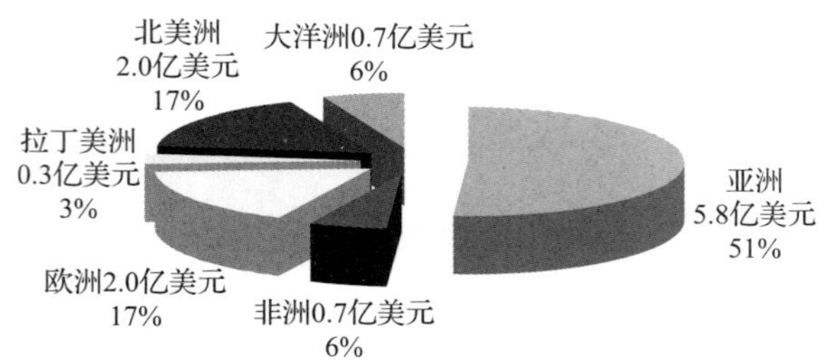

图7　2015年出口保健食品成品市场区域分布

资料来源：中国海关总署。

口额比重最高，占比为26.2%，出口额同比降低12.7%，在欧洲地区，欧盟所占出口额比率为15.0%，其中欧盟传统十五国出口金额同比增长21.4%，如表4所示。

表4　出口保健食品成品市场区域出口额及增速情况

地区	出口额/万美元	出口额同比/%	出口额占比/%
亚洲	57839.8	-9.6	50.6
东盟	29972.7	-12.7	26.2
中东	2942.2	14.4	2.6
非洲	7047.5	-12.9	6.2
欧洲	19660.2	-6.6	17.2
欧盟	13784.4	15.0	12.1
欧盟十五国	11365.7	21.4	9.9
欧盟东扩十二国	2418.7	-8.0	2.1
拉丁美洲	3437	-2.7	3
北美洲	19829.1	25.4	17.3
大洋洲	6564.8	47.5	5.7

资料来源：中国海关总署。

从2015年出口保健食品成品的国家分布看，美国、日本、中国香港和泰国是我国保健食品成品的前四大出口目的地国家和地区，其分别占我国出口保健食品成品总额的15.9%、9.1%、6.6%和6.0%，如图8所示。

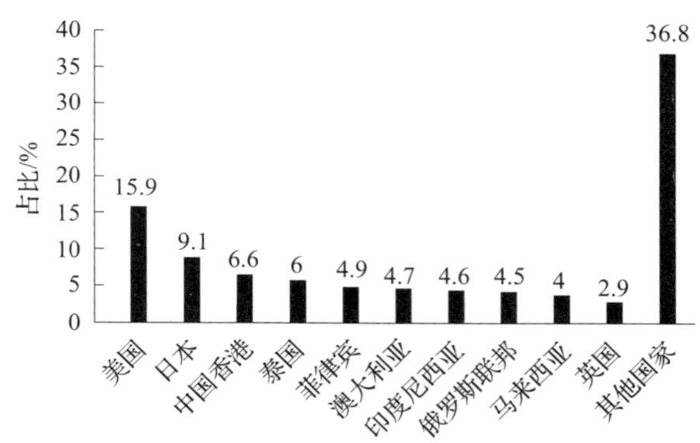

图8　2015年保健食品成品出口国家分布

资料来源：中国海关总署。

在出口额占比最高的前20个国家中，2015年澳大利亚的出口同比增长率最高为44.4%，其次为英国和荷兰，同比增长率分别为41.4%和30.9%，其他国家出口额及增长情况见表5。

表5　出口保健食品成品前20国出口额及增速情况

国别	出口额/万美元	出口额同比/%	出口额占比/%
美国	18200.5	25.6	15.9
日本	10457.1	-8.9	9.1
香港	7563.6	-12.9	6.6
泰国	6842.2	14.2	6.0
菲律宾	5569.0	-19.8	4.9
澳大利亚	5421.8	44.4	4.7
印度尼西亚	5278.9	-28.9	4.6
俄罗斯联邦	5163.4	-35.9	4.5
马来西亚	4533.8	-18.4	4.0
英国	3319	41.4	2.9
缅甸	3230.4	1.3	2.8
荷兰	2436.2	30.9	2.1
德国	2427.7	6.4	2.1
加纳	2296.8	20.9	2.0
新加坡	2240.0	-21.1	1.7
越南	2123.0	-4.2	1.9
韩国	2031.5	-10.7	1.8
尼日利亚	1768.9	-31.4	1.6
加拿大	1626.3	22.8	1.4
阿拉伯联合酋长国	1128.0	10.9	1.0

资料来源：中国海关总署。

（三）基本监管情况

1. 相关法规标准

根据新《食品安全法》规定，保健食品将作为特殊食品进行管理。新措施包括以下几点。

（1）规范保健食品原料 保健食品原料目录和允许保健食品声称的保健功能目录，由国务院食品药品监督管理部门会同国务院卫生行政部门、国家中医药管理部门制定、调整并公布。列入保健食品原料目录的原料只能用于保健食品生产，不得用于其他食品生产。

（2）备案制和注册制双轨并行 使用保健食品原料目录以外原料的保健食品和首次进口的保健食品应当经国务院食品药品监督管理部门注册。但是，首次进口的保健食品中属于补充维生素、矿物质等营养物质的，应当报国务院食品药品监督管理部门备案。

（3）规范保健食品标签 保健食品的标签、说明书不得涉及疾病预防、治疗功能，并声明“本品不能代替药物”。保健食品广告也应当声明“本品不能代替药物”。

根据2015 年修订后的《中华人民共和国广告法》对保健食品宣传方面的最新规定包括以下几点。

（1）保健食品广告不得利用广告代言人作推荐、证明，保健食品广告应当显著标明“本品不能代替药物”。

（2）广播电台、电视台、报刊音像出版单位、互联网信息服务提供者不得以介绍健康、养生知识等形式变相发布保健食品广告。

（3）对虚假广告加大惩处力度。违反本法规定，发布虚假广告的，处广告费用三倍以上五倍以下的罚款，广告费用明显偏低或者无法计算的，处20 万元以上一百万元以下的罚款，两年内有三次以上违法行为或者有其他严重情节的最高可罚200 万元。

2. 国家食品监管机构监管执行情况

2015 年国家食品药品监督管理总局在全国范围内组织抽检了 8887 批次保健食品样品，其中检验合格样品 8574 批次，不合格样品 313 批次，样品合格率为 96.50%。在抽检的 25 类食品（包括保健食品和食品添加剂）中，保健食品的合格率接近全国平均水平（96.8%），保健食品抽检不合格样品占所有食品总不合格样品批次的 5.65%。相比其他食品，保健食品抽检结果中因非法添加导致的不合格项所占比重较大。

2015 年保健食品广告明显增加而违法保健食品广告明显降低。全国共审批保健食品广告 5175 件，同比增加 11.4%，向工商行政管理部门移送违法保健食品广告 30183 件，同比下降 53.8%，收回保健食品广告批准文号 100 件，同比增加 163.2%，如表 6 所示。

表 6 2013—2015 年广告审批及查处情况

广告审批及查处情况	2013 年	2014 年	2015 年
审批保健食品广告/件	4217	4647	5175
同比升降/%	—	10.2	11.4
违法保健食品广告/件	28903	65392	30183
同比升降/%	—	126.2	-53.8
收回保健食品广告/件	91	38	100
同比升降/%	—	-58.2	163.2

资料来源：国家食品药品监督管理总局。

2015 年各级食品药品监管部门共受理保健食品投诉举报 22608 件，立案 996 件，结案 896 件。2015 年食品药品监管部门共查处保健食品案件 5992 件，涉及物品总值 7698.7 万元，罚款 3409.4 万元，没收 323.0 万元，取缔（查处）未经许可生产经营 244 户，捣毁制假售假窝点 36 个，停业整顿 318 户，移交司法机关 143 件。

二、“十二五”规划完成情况

（一）销售收入

2015 年我国保健食品销售收入已达到

4000亿元，《食品工业“十二五”规划》中保健品销售收入目标已基本达成。预计2016年我国保健食品销售收入将达到4500亿元。

（二）行业规模

“十二五”规划期间，我国保健食品行业快速增长，新增保健食品生产企业440家，保健食品产业规模双倍增长。审批保健食品数量增长50.8%，其中国产保健食品增速远大于进口保健食品，如表7所示。另外，国产保健食品有所增长，2010年国产保健食品数量占94%，而2015年国产保健食品数量占95%。

表7 “十二五”规划期间我国保健食品行业规模发展

项目	2010年	2015年	增长率
保健食品生产企业	2000家	2440家	22.0%
保健食品产业规模	2000亿元	4000亿元	100.0%
审批保健食品	10760种	16229种	50.8%
国产保健食品	10116种	15483种	53.0%
进口保健食品	644种	746种	15.8%

资料来源：国家食品药品监督管理总局。

（三）进口情况

“十二五”规划期间，国外保健食品在中国市场上的销量持续增长。截至2015年12月底，我国共批准进口保健食品746种，主要来自美国，澳大利亚，德国和日本。除知名品牌安利外，康宝莱、健安喜、自然之宝等品牌进入中国保健食品市场。进口食品的涌入丰富了国内保健食品的种类，为消费者提供更多优质保健食品的选择。

（四）出口情况

2010—2014年我国保健食品出口额持续增长，截至2014年年底出口额突破10亿美元，达到11.8亿美元，主要出口市场为美国和日本等发达国家。截至2015年年底，我国保健食品出口额达到11.4亿美元，同比略有下降。我国保健食品主要的出口省份为广东、浙江、山东和河南，其中广东省保健食品出口主要是以鱼油和鱼肝油为主，浙江省主要以王浆产品和蜂蜡为主，山东省是以出口鱼油和卵磷脂为主的，河南省主要是以出口蜂蜡和蜂花粉为主。近年来，委托加工出口模式增多，由于各国对本国保健食品均有不同的法规和技术要求，尤其是产品规格差异较大，国产注册批准保健食品直接出口较少，再加上成品对销售渠道和产品服务要求较高，所以多数产品以委托加工模式进行出口。

三、行业面临的问题分析

（一）市场

1. 企业规模小，创新能力弱

虽然我国的保健食品生产企业比较多，但大多数都是中小企业。根据国家食品安全风险评估中心调研数据显示2012—2013年我国保健食品企业规模在5千万元~5亿元区间数量最多。相比国外发达国家的保健食品企业，我国的保健食品行业整体还处于初级阶段，企业重市场轻研发，研发投入不足，创新能力弱。据不完全统计，目前全国规模以上企业开展科技活动的仅占25%，研究开发支出占企业销售收入的比重低，只有万分之三的企业拥有自主知识产权。研发能力弱、创新不足已经严重阻碍了我国保健食品行业的发展。

2. 产品同质化严重

国家批准的保健食品功能范围涉及27类，但目前产品申报的保健功能集中分布在增强免疫力、辅助降血脂、缓解体力疲劳等有限的几大类。获批的保健食品分布不平衡，存在简单抄袭和低水平重复现象，这将使保健食品企业经营陷入同质化恶性竞争，进而影响保健食品产业的健康发展。

3. 企业分布不合理

此外，我国保健食品企业区域布局不尽合理，产地过度集中。目前已批准的保健食品中三分之二以上集中在北京、广东、浙江、上海、山东、江苏等地区，而新疆、西藏、青海等中西部地区企业较少。

（二）生产经营

1. 虚假宣传

虽然违法保健食品广告同比减少，但违法现象仍然普遍，例如保健食品广告宣传内容均含有不科学的功效断言，夸大保健食品功效或扩大适用人群范围，使用与药品相混淆的用语，以及利用学术机构、专家、患者名义和形象用作功效证明等问题，欺骗和误导消费者。

2. 非法添加

保健食品生产中非法添加物质的违法违规现象严重，如在声称减肥、缓解体力疲劳、增强免疫力等功能产品中添加非法添加药物成分。这些违禁品对消费者的身体健康构成极大的威胁。

3. 违法生产经营

违法生产经营现象普遍，例如，在未取得《保健食品批准证书》和《保健食品生产企业卫生许可证》等许可资质的情况下，从事具有特定保健功能的产品生产经营；不按批准的配方、生产工艺生产，委托加工不规范，套用、冒用批准文号，一个批准文号用于多个产品等。

（三）销售渠道

1. 互联网销售

随着互联网销售保健食品的飞速发展，巨大的市场空间和纷繁复杂的竞争格局不仅造就了保健食品的销售奇迹，同时也带来了食品安全等隐患。由于缺乏相应有效的监督管理措施，除了各种合法合规的产品以外，也有多种假冒伪劣保健食品、虚假宣传的产品横行于互联网市场，造成了恶劣影响，给广大消费者的生命健康造成极大的危害。保健食品电子商务市场正在遭遇严重的诚信危机。

2. 微信营销

相对于逐渐成熟的 C2C、B2C 等营销模式，微信营销还处于起步探索阶段，尤其是保健食品微商的监管仍有不少空白。微信作为新的 C2C 平台，注册方便，成本低廉，只要有一个微信号即可发布信息达成交易，容易出现商家可靠性差、产品真假难辨等突出问题。

卖保健食品的微商大部分都是代理，通常连卖家自己都不能确定产品货源和质量状况。加上朋友圈大多是熟人销售，保健品直接售卖没有凭证，所以很多权益受到损害的消费者最后只能不了了之。加上大部分个人注册的微商属于无实体店、无营业执照、无信用担保、无第三方交易平台的“四无”商家，很容易让消费者的权益受到损害。

3. 跨境电商

目前，我国跨境电子商务发展迅猛，越来越受到消费者的青睐。其中，跨境保税备货模式依托保税区的特殊优惠政策，以其交易速度更快、配送时间更短的强大竞争优势，逐渐成为跨境电商主流模式。这一新型贸易方式的兴起，也为对跨境电商保税备货进口商品的有效监管带来挑战。

保税备货的产品所有权在进入保税区往往不发生转移，仍属于国外企业。保税备货模式产品在进入保税区时与一般货物无异，出区时虽为邮包形式，但与一般贸易商家通过实体店出售产品并无本质差别。这些产品通过跨境电商贸易的方式进入境内，产品的质量安全很大程度上只能依赖于电商平台的审核把关，对照目前口岸检验检疫机构较高的进口保健食品不合格率以及经常发布的风险预警情况看，存在较大的系统性安全风险。

国务院及地方政府虽大力支持跨境电子商务贸易发展，但相关政策主要集中在国务院办公厅指导性意见、国家海关总署及国家质量监督检验检疫总局的规范性文件等，缺乏食品安全监管法规。目前国家食品监管机构正在加强对跨境电商食品安全方面的监控，2015 年 10 月，国家质量监督检验检疫总局起草了《网购保税模式跨境电子商务进口食品安全监督管理细则》，拟对网购保税模式跨境电子商务进口食品进行严格的监督检查。除安全监管方面，政策上国家相关机构也加强了调控，如 2016 年上半年，财政部等部门相继发布了《关于跨境电子商务零售进口税收政策的通知》《关于公布跨境电子商务零售进口商品清单的公告》《关于公布跨境电子商务零售进口商品清单（第二批）的公告》等法规。

4．药店销售

由于保健食品的盈利额远高于药品，因此药店在引进保健食品时总是进行“大而广”的铺货。然而，千篇一律的销售模式却很难达到预期的销售目的，消费者对于保健食品的接受能力成为保健食品销售过程中的一大障碍。

四、发展趋势

（一）中国保健食品市场发展空间大

《食品工业“十二五”规划》中营养与保健食品制造业目标基本完成。未来几年我国保健食品行业销售收入仍将保持增长态势。《食品工业“十三五”发展规划》的编制完成，给了保健品产业更宏伟的发展前景。另外，我国已迈入老龄化社会，截至 2014 年年底，我国 60 岁以上老年人口已经达到 2.12 亿，占总人口的 15.5%，预计未来我国将进入急速老龄化阶段，对健康需求的大幅度增加将促进保健食品市场发展。

（二）保健食品监管政策由注册制迈向双轨制

国家食品药品监督管理总局发布《保健食品注册与备案管理办法》于 2016 年 7 月 1 日正式实施。未来，保健食品的注册由审批制改为了备案管理，注册工作将趋向简单化，此前的文号管制带来的垄断局面将会被打破，药企进入的保健食品领域的成本也将大幅度降低。

（三）加速国产保健食品企业发展

根据《跨境电子商务零售进口商品清单》，海外保健食品将无法通过 B2C 直邮或 BBC 保税业务模式进行购买。海外保健食品要想通过线下渠道进入中国市场必须通过审批或备案取得中国的保健食品身份。新政将引导境外消费资金回流并激发国内保健食品消费市场的活力。

（四）保健品销售渠道向线上倾斜

网络电商平台、微信等电子商务渠道的快速发展，为我国保健食品生产企业提供了广阔的发展空间。另一方面，由于新《食品安全法》加强对保健品的管控，商超、零售药店等传统线下渠道的保健食品将减少。

五、政策建议

（一）加快完善和出台保健食品政策

加快制定与完善《保健食品标识管理办法》《保健食品功能目录原料目录管理办法》等配套法律法规。除此之外，还需要提高市场准入门槛，细化生产经营企业的责任和义务，加快保健食品召回制度的出台，加大违法处罚力度，建立违法企业黑名单。

（二）建立一体化的网络监督平台

针对我国保健食品现阶段的各种问题，需要全员参与各环节的监管。建议建立以行政区域为单位，覆盖全国，涵盖从行政许可到市场监督高效联动的一体化监管体系，从而保障保健食品行业有序发展。目前，保健食品在注册审批环节已经依托互联网建立了高效、公开、便民的信息化系统。但这种“重审批”的模式还不能有效监管整个保健食品市场，亟需建立覆盖保健食品注册审批、原料采购、生产、流通、销售、产品召回、上市后再评价、监督管理、营养健康教育和群众监督举报等各环节的一体化网络监督平台，这样有利于增加各部门之间的沟通协作，也能充分调动群众监督力量，提升监管力度和效率，同时也可以提高企业的职业道德和社会责任感，规范和约束企业的行为，促进保健食品行业有序健康发展。

（三）建立健全的创新机制

政府应该出台相关政策鼓励保健食品的创新。资金方面，应该对企业的研发经费给予税收减免，拓宽企业的融资渠道，建立保健食品行业的风险基金，为提升我国保健食品的研发技术水平提供基础；技术方面，建立保健食品技术信息平台，加强保健食品生产经营企业与政府、高校、科研院所的合作，对原料、研发技术、检验方法、安全性评价指标、审批标准、人体试食试验等方面加强沟通，不断优化标准和程序；法规方面，应该鼓励保健食品生产企业研发适应市场需求的产品，针对新功能或新原料的保健食品采取特殊的注册审批制度，在产品研发期间企业可与监管审批部门进行技术交流，加快新功能产品的上市。

（四）加强民众的保健食品消费教育和消费倡导

广泛、深入、持久地开展保健食品科普知识宣传，促进广大消费者认真学习了解相关知识及法律法规，引导消费者科学理性的消费观念和习惯，不断增强消费者的自我保护能力，自觉防范和抵制保健食品销售中的虚假宣传、聚众营销等非法行为。

中国保健协会

罐头食品制造业

罐头行业在2015年的发展中机遇与挑战并存，国际市场近年来基本平稳，进入企稳阶段，国内市场稳中有升，在销量、产品质量、品种以及口碑方面较往年均有所提升，产品市场面貌有所改观，但巩固目前的良好发展局面仍需不断发力，国内市场依然存在较大空间待开发。

一、行业概况

（一）主要经济指标

1. 主营业务收入

根据对规模以上885家罐头企业统计的数字显示，2015年我国罐头行业完成产量累计为1212.60万t，比2014年增长了3.55%，比“十一五”末期2010年的918.30万t增长了32%；2015年全行业主营业务收入为1679.29亿元，比2014年增长了2.92%，比2010年的915.96亿元增长了83.33%。

2. 利税

2015年我国罐头行业完成利税总额为158.89亿元，比2014年的154.10亿元增长了3.11%。2015年全行业利润总额为91.49亿元，同比2014年增长了3.89%（表1）。

表1 2011—2015年我国罐头行业规模以上企业主要经济指标

指标	2011年	2012年	2013年	2014年	2015年
产量/万t	972.04	971.46	1045.39	1171.89	1212.60
主营业务收入/亿元	1202.60	1257.84	1503.57	1631.70	1679.29
利税/亿元	108.89	113.90	140.41	154.10	158.89
利润总额/亿元	65.46	68.48	84.42	91.49	95.05

资料来源：国家统计局。

（二）行业发展分析

1. 价格

罐头产品的价格主要受原辅材料、人工成本和汇率影响。2015年由于世界主要经济体货币大幅贬值，购买力降低，倒逼产品价格和国内部分企业为争夺市场、去库存采用价格战来压低报价，导致总出口平均价格下滑，如番茄酱罐头出口累计平均价格同比2014年下降16.04%，芦笋罐头同比下降12.15%。但也有部分产品由于国际市场需求旺盛，竞争对手原料不足，导致产品价格上涨，如竹笋罐头出口累计平均价格同比2014年上涨22.33%，草莓罐头同比上涨42.83%，蚕豆罐头同比上涨19.83%，但其出口量均不大。根据国家统计局数字计算，2015年我国罐头出口累计平均价格为1634.03美元/t，同比2014年1780.99美元/t，降幅为8.25%（图1）。

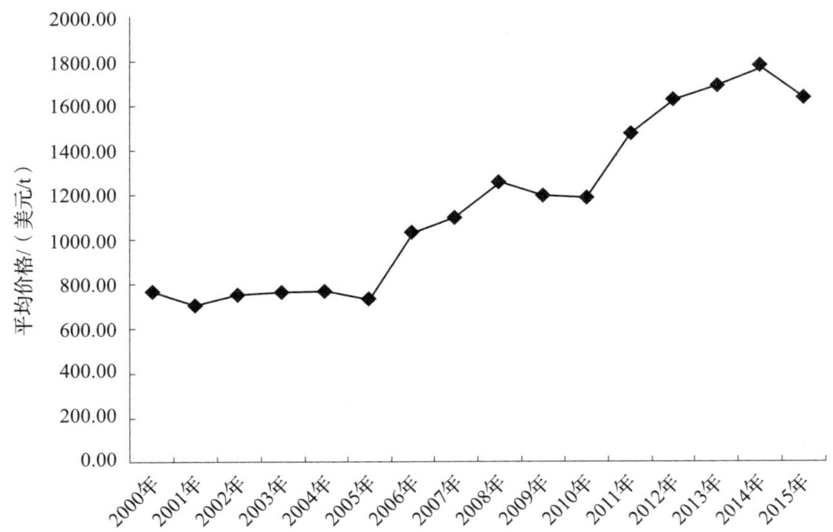

图 1　2000—2015 年我国罐头出口累计平均价格走势图

资料来源：国家统计局。

而在内销方面，由于受到如猪肉、柑橘、黄桃等主要品种原料价格上扬，导致产品价格上行压力增大，但由于近年来部分业内大型企业开始注重控制原料成本，如发展冷冻猪肉作为原料储备、大力发展原料种植基地，从源头上控制原料价格，取得了一定成果，在某种程度上对价格上行压力有所缓解。

2．市场

我国罐头销售分国外和国内两个市场，在出口方面，2015 年一改前三年量跌价增的特点，转为出口量略有增长而出口额出现下滑。国际市场虽然不确定因素过多，但纵观近六年来国际市场变化，我国罐头出口总量一直维持在 300 万 t 左右，已经进入企稳阶段的大格局，保持稳定的特点没有发生变化，如图 2 所示。

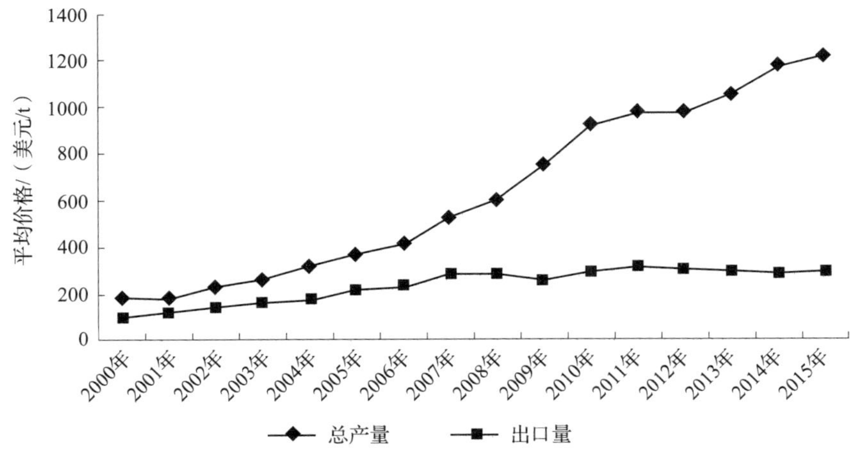

图 2　2000—2015 年我国罐头总产量、出口量情况表

资料来源：国家统计局。

2015 年罐头国内市场总体表现良好，从国内市场来看，大企业借助于日趋成熟的品牌和渠道，销量增加，企业影响力也得以进一步提升，并逐渐建立起在全国或区域以及

某些品种市场优势，并加大投入扩大优势，巩固其龙头地位。还有一些企业把握自身产品特点和市场渠道实际情况，先在区域市场站稳脚步，逐步积累和夯实放大基础。黄桃、橘片、午餐肉及鱼罐头等为国内消费者所熟悉的罐头类产品，继续保持稳定增长。随着愈来愈多的业内企业开始重视和培育国内市场，国内罐头市场面貌和地位较以往得到改善。

3. 投资

2015 年全行业总体新增投资不多，仅个别企业在机械化改造和新品包装创新方面有所投入，行业总体产能变化不大。主要由于行业门槛低，中小企业居多，业内竞争激烈导致利润率低下和绝大多数产品已经产能过剩，因此企业对投资意向不大。

但行业一直倡议加强企业联合，共同发展。企业间合作的形式很多，可以从产品 OEM 加工或技术合作开始，逐步深入到品牌、市场和资本，直至组建联合体，实现大集团、大市场、大运作的新模式。

4. 区域分布

我国罐头行业产量区域集中度非常高，2015 年福建省罐头产量 284.06 万 t，占全国罐头总产量的 23.43%，成为全国罐头产量最高的地区。另外，2015 年罐头产量前十的省（自治区、直辖市）分别是福建、湖北、山东、湖南、新疆、广东、安徽、浙江、广西和河北，其产量依次是 284.06 万 t、123.08 万 t、112.63 万 t、105.85 万 t、67.59 万 t、58.81 万 t、58.61 万 t、57.93 万 t、54.53 万 t 和 46.79 万 t（图 3）。其中，前三省份罐头的产量占据全国产量的 42.86%。

罐头产品的主要原料是农产品，所以各地总产量和农产品产季、储藏性能等因素有关，因此罐头行业分布主要依据原料优势。例如，我国水产品类罐头的产区以广东、福建、浙江、辽宁等沿海地区为主；柑橘罐头以浙江、湖南、湖北等地为主产区；肉类罐头以上海、福建、四川为主产区；黄桃、白桃罐头以河北、山东、安徽和大连为主产区；蘑菇、芦笋罐头以福建、山东为主产区；番茄酱以新疆和内蒙古为主产区；竹笋罐头以浙江、福建、江西为主产区。八宝粥主产区是浙江、福建和山东等。

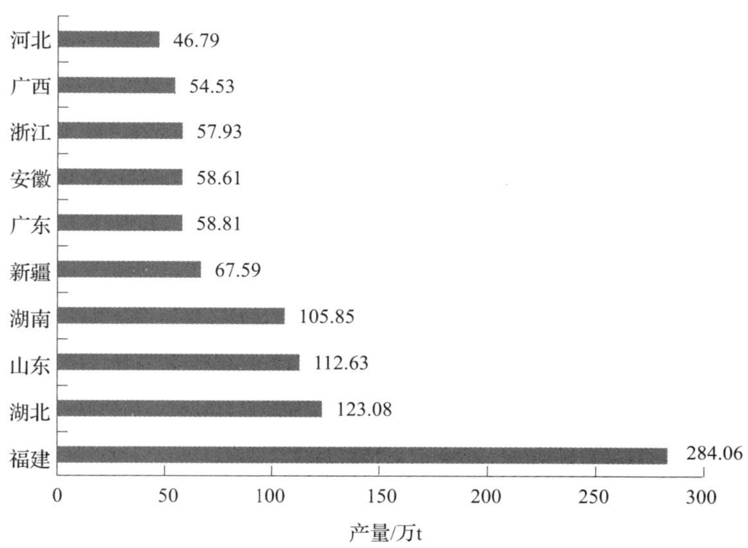

图 3　2015 年全国罐头十大生产省（自治区）及产量

资料来源：国家统计局。

5．行业集中度

由于罐头行业起步较早，技术含量低导致行业入行门槛偏低，又由于罐头行业加工受到原料供给制约，产品季产年销和平均利润率偏低等不利因素，导致企业很难做大做强。因此罐头行业总体以中小企业居多，行业集中度不高。以柑橘罐头为例，行业加工柑橘罐头的前十家企业加工总量不足行业40%；番茄酱加工主要集中在新疆和内蒙古地区，由于原料较为充足和国际市场需求量大，行业集中度相对其他产品略高，行业前五家企业加工总量约占行业的70%。八宝粥罐头是业内加工集中度最高的类别，主要集中在杭州娃哈哈集团和厦门银鹭食品集团，产量占市场的三分之二以上。

6．进出口

（1）出口　据国家海关总署数据显示，2015 年我国罐头出口总量为 292.27 万 t，同比增长 2.41%，出口金额为 47.76 亿美元，同比下降 6.04%。2015 年由于世界主要经济体货币大幅贬值，购买力降低，倒逼产品价格和国内部分企业为争夺市场、去库存采用价格战来压低报价，导致总出口平均价格下滑，根据国家统计局数字计算，2015 年我国罐头出口累计平均价格为 1634.03 美元/t，同比 2014 年的 1780.99 美元/t 降幅为 8.25%。

2015 年，我国罐头出口到全球 165 个国家和地区，出口市场的基本格局并没有发生实质性变化，欧盟、日本、美国、俄罗斯仍是中国罐头的最大出口市场。从国别出口量来看，2015 年中国罐头对其出口量超过 10 万 t的国家有 4 个，分别是美国、日本、俄罗斯和加纳，对这 4 个国家的出口量之和为 114.43 万 t，占 2015 年中国罐头出口总量的 40% 左右，如图 4 所示。

（2）进口　2014 年罐头进口量为 8.33 万 t，同比下降 3.45%。进口额为 1.45 亿美元，同比增长 7.01%。

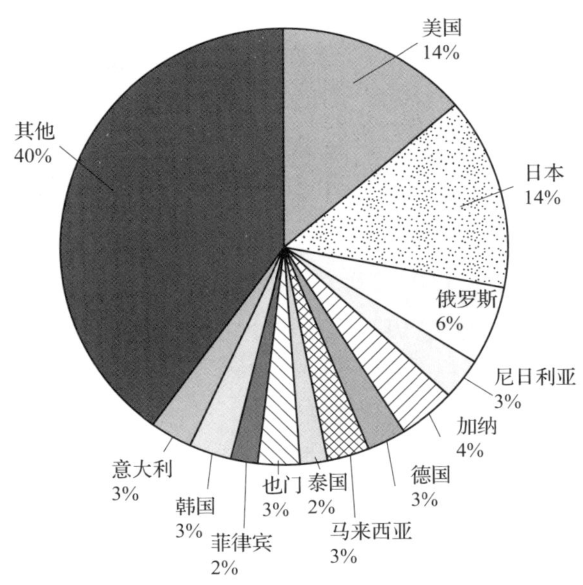

图 4　2015 年罐头出口主要国家和地区所占比重

国内进口罐头主要为水果品种，其中进口量最大的为黄桃、菠萝和什锦罐头。进口黄桃罐头主要来自南非和希腊，由于其品质优良、色泽鲜艳，受到国内高端烘焙业和连锁快餐业的青睐，2015 年黄桃罐头高端市场需求量大幅攀升。2015 年我国桃罐头进口量为 16950.12t，同比 2014 年增幅为 36.08%，不过平均价格略有下降，2015 年桃罐头进口总额为 2541.25 万美元，同比增长 29.58%。我国进口菠萝罐头主要来自泰国和菲律宾，2015 年我国菠萝罐头进口量为 12950.36t，同比下降 18.72%，进口额 1513.41 万美元，同比下降 10.05%。进口水产罐头主要是金枪鱼罐头，2015 年进口量为 2688.45t，与上一年基本持平，进口额为 1157.27 万美元。近年来，国内进口罐头产品基本保持平稳，并且趋向于选择高品质的产品。

7．重点行业

罐头产品按原料分为肉禽类罐头、水产类罐头、果蔬类罐头和其它类罐头。2015 年我国规模以上肉禽类罐头制造企业共 99 家，同比增长 7.61%，主营业务收入为 261.0 亿元，同比增长4.7%，占罐头行业主营业务收入总额的15.54%；规模以上水产类罐头制造企业共47家，同比增长11.90%，主营业务收入为105.4亿元，同比增长8.7%，占罐头行业主营业务收入总额的6.28%；规模以上果蔬类罐头制造企业共680家，同比增长3.03%，主营业务收入为1185.7亿元，同比增长0.2%，占罐头行业主营业务收入总额的70.61%；规模以上其他类罐头制造企业共59家，同比增长13.46%，主营业务收入为127.2亿元，同比增长7.4%，占罐头行业主营业务收入总额7.57%。其中主要产品情况如下。

（1）八宝粥罐头行业　八宝粥罐头是我国罐头品种中总产量最大的单品，而且产品几乎全部内销。据中国罐头工业协会统计，2015年全国的总产量达到60亿罐（350g/罐，约180万t），行业内主要生产企业是杭州娃哈哈集团和厦门银鹭食品集团，两家的生产量占八宝粥的市场份额的三分之二，其中娃哈哈一家全年产销量就近30亿罐。八宝粥罐头生产的连续化和机械化程度高，能一年四季生产，所以产能较大，能形成规模效益。同时也是罐头行业中创新比率最高的品种，市场产品多样化较为突出。

（2）番茄酱罐头行业　美国、意大利和中国是世界上主要的番茄酱罐头生产国。我国番茄酱罐头加工主要集中在新疆、内蒙古和甘肃地区，由于国人饮食习惯很少食用番茄酱，因此生产的约90%以上的番茄酱用于出口。2015年全球番茄可加工用原料量创新高，达到创纪录的4300万t，其中美国更是达到历史极值1450万t。2015年全国番茄行业根据海关总署统计数字，全年出口总量98.73万t，出口额9.14亿美元，其中大桶番茄酱（>5kg）出口量56.41万t，同比增长28.28%，累计平均单价885美元/t，同比下降18.71%；小包装番茄酱（≤5kg）出口量42.32万t，同比下降1.27%，累计平均单价981美元/t，同比下降12.20%（图5）。2015年全球番茄由于市场上产品充足，再加上我国的主要出口方向非洲市场一些国家受到外汇短缺等影响，减少了番茄酱的进口，国内部分企业由于库存量较大，在市场上率先降价，使得市场价格一路下滑。目前行业和市场面临的主要问题是国内低质量番茄酱产品较多，严重影响国产番茄酱在国际市场上的声誉，导致产品的国际竞争力严重下降。企业应当严格控制产品质量管理，不应因小失大，自毁产品国际声誉，努力加强行业自律和规范，把行业和市场引入正常良性轨道。

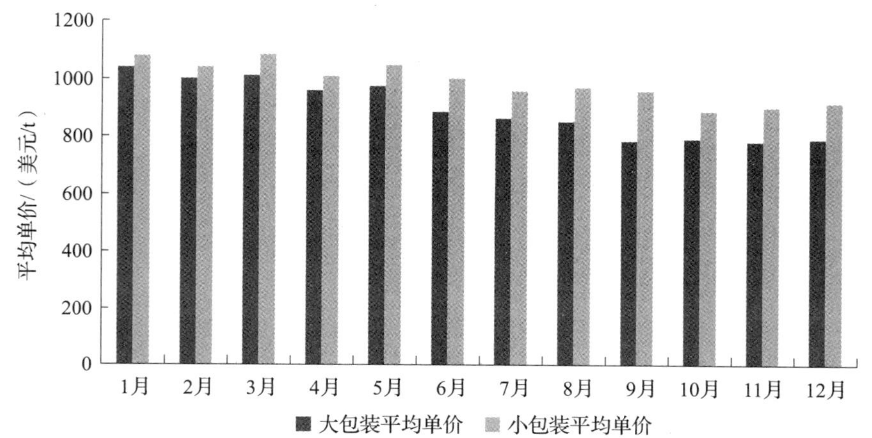

图5　2015年分月大包装和小包装番茄酱产品出口平均单价

资料来源：国家统计局。

（3）桃罐头行业　我国桃罐头加工用原料主要集中在安徽砀山和山东临沂地区，2015 年由于天气原因，部分地区出现略微减产，但原料品质却有所提高，因此导致原料价格较去年有所提升。我国桃罐头分国际和国内两个市场。从国际市场看，我国桃罐头加工竞争对手主要是南非、美国、希腊和阿根廷这四个国家。不过市场基本稳定，全球主要生产国的加工总量大体保持在每年 110 万 t的规模。2015 年，我国桃罐头出口 15.53 万 t，比 2014 年下降 5.39%，主要出口国家依次是美国、日本、俄罗斯、墨西哥和加拿大，其中对日本出口产品中白桃罐头占较大比例。在桃罐头国际贸易中，我国与希腊、南非等国家形成此消彼长、互补共存的关系，我国出口产品有相当一部分是 3kg 大罐，供应集团消费或者用作食品工业原料。对于我国桃罐头出口而言，主要是原料和人工成本的不断上升，削弱了产品竞争力，此外在产品质量上与国外同类产品存在一定差距，主要由于我国栽培原料品种较国外落后很多。

2015 年国内市场基本平稳，在经历 2012 年黄桃市场滑坡之后，经过企业积极调整，虽然市场上存在的如同质化、品牌弱等问题在短期内尚无法解决，但国内市场已逐渐恢复正常态势，另外很多企业采用“互联网 +”的销售方式，进行网上销售黄桃罐头，由于黄桃罐头外观诱人，口味甜美，取得了不错的效果。

（4）柑橘罐头行业　我国是世界上主要的柑橘罐头生产国，年产量占世界贸易总量的 70% 以上，2015 年我国柑橘罐头出口量为 31.79 万 t，与上一年基本持平，出口额为 3.25 亿美元，同比下降 1.95%，主要出口国家和地区是美国、日本和欧盟。近年来，我国柑橘罐头在出口美国方面主要受到一些技术性贸易壁垒问题和欧盟持续对我国产柑橘罐头实施反倾销，导致国际竞争力下降。

柑橘罐头近年来国内市场发展较好，销售规模稳中有升。企业近年来重视柑橘罐头的连续化、机械化生产，导致产品成本有所下降，保证了企业效益。在产品方面，柑橘罐头产品在包装、口感方面不断改善，在稳定既有消费群体的条件下，努力开发新品及扩展新的消费群体。从而促进内销市场不断扩大。

（5）食用菌罐头行业　2015 年我国食用菌罐头总产量约为 50 万 t，主要集中在福建、四川和山东等省。在出口方面，2015 年我国食用菌罐头总出口量为 23.71 万 t，同比 2014 年下降 10.71%，下降原因在于我国依然没有摆脱受到美国蘑菇罐头多年的反倾销和多菌灵事件的阴影，造成中国出口美国食用菌罐头受阻，出口出现负增长。食用菌罐头在国内市场上销售主要针对快餐连锁和星级酒店，销售近年来一直比较平稳。

（6）猪肉类罐头行业　近年来我国猪肉类罐头年产量一直保持在 16 万吨左右，其中约三分之一用于出口，主要出口东南亚国家和中国香港地区，2015 年由于猪肉原料价格上涨较为明显，导致产品成本上升。2015 年我国共出口猪肉类罐头 5.01 万 t，同比去年下降 16.09%，出口额为 1.53 亿美元，同比去年下降 15.08%。在内销方面，猪肉类罐头主要应用于餐饮化，如猪肉午餐肉应用于火锅类餐饮，其余小众产品如红烧猪肉、红烧排骨等产品主要针对地区餐饮化销售，近年来发展较为稳定。

（7）金枪鱼类罐头行业　2015 年我国金枪鱼罐头（含金枪鱼鱼柳）共出口 8.32 万 t，同比下降 1.43%，出口额为 3.40 亿美元，同比下降 11.10%。由于近年来国内消费者对金枪鱼类罐头的营养成分逐渐重视，产品在国内消费中增长较快，另外金枪鱼罐头也主要应用于国内西餐餐饮化中。

（8）鲭鱼类罐头行业　2015年我国鲭鱼罐头出口量为7.64万t，同比增长21.97%，出口额为2.05亿美金，同比增长14.37%。鲭鱼罐头近年来国际市场发展较快，但提升行业总体的产品质量一直是目前发展的重中之重。

8．包装与装备

（1）包装　罐头产品由于其独特的杀菌工艺，导致其对产品包装要求较高，产品按包装主要分为硬（马口铁、玻璃、铝等金属）和软（高阻隔塑料、铝箔等）两种包装形式。

我国以金属、玻璃材料制罐的技术已日渐成熟，制罐装备生产已接近国际先进水平，近年来安全性较高的覆膜铁产品由于其耐加工、耐腐蚀和阻隔性良好等优点，受到业内普遍重视，并被广泛认为是未来金属包装行业马口铁的替代品。高阻隔塑料包装主要应用于水果罐头，水果类罐头由于其外观诱人，部分产品在销售中采用透明高阻隔包装材料，制成果杯或直立袋，携带方便且便于开启。不过果杯包装目前存在的主要问题是市场上高阻隔产品质量良莠不齐，不良包装产品会对罐头杀菌、封口乃至贮存和运输带来麻烦，影响食品质量。

（2）装备　罐头生产原料品种多、规格不一、生产规模不大和习惯于手工操作等问题一直是制约我国罐头生产装备发展的障碍，不过随着国内人工成本的不断攀升，企业对机械化、连续化设备越来越重视。罐头行业装备发展态势十分明显，高新技术得到逐步推广与应用，随着市场需求的增加和企业研发能力的增强，高新机械设备在罐头加工业中得到了较为广泛的应用，如芦笋去皮机、黄桃去核机等机械目前在行业中广泛使用。特别是随着国外先进设备的引进和消化，以及罐头加工产品的出口，因此对产品的质量和加工技术水平要求较高，推动了高新技术的广泛引进和应用研究。但我国和国际上先进的自动化生产还有较大差距，原料装备落后严重制约生产自动化进程。

二、行业面临的问题分析

（一）政策与市场

1．我国出口罐头产品长期受到美国、欧盟等国家和地区反倾销制裁，行业损失惨重

我国罐头产品近三分之一用于出口，主要出口方向为美国、欧盟等国家和地区。我国自加入WTO以来，美国、欧盟等发达国家和地区对我国罐头企业频繁展开反倾销控诉、反倾销调查。以橘子罐头为例，欧盟于2008年对原产自中国的橘子罐头做出反倾销仲裁，欧盟是我国的第二大出口市场，由于欧盟对我国出口橘子罐头反倾销关税增加，国内罐头企业的产销形势瞬间变得严峻起来，中国每年出口欧盟的橘子罐头从2007年的6.5万t，减少到2015年的约1.8万t，从欧盟市场转移出来的剩余需求缺口，迫使中国罐头企业蜂拥到其他国际市场，从而造成国际市场橘子罐头销售行情连续低迷，致使中国部分生产企业在这五年内纷纷停产、倒闭，行业损失巨大。

2．原料基地建设需加强，尤其是对农药使用应加强监管

我国果蔬类罐头产品涉及农产品和原料种类繁多，目前大多数企业没有自己的原料生产基地，大多由农户自己种植，在原料品质和农药监管方面很难控制，给产品品质的稳定性和安全控制带来风险，甚至影响产品出口。例如，我国每年出口美国果蔬罐头约30万t，美国自2011年起对来自我国的果蔬罐头中农药多菌灵的最大残留量限制为0.01mg/kg，这一数值远低于我国及世界许多国家的现行标准，目前我国多菌灵使用十分普遍，这导致我国很多果蔬类罐头产品被拒绝进入美国。而如果我国相关部门和企业能够严格把控出口美国产品的原

料控制，修订敏感农药的使用安全标准和规定，不仅有助于我国相关产品提高出口量，也有助于企业增强国际竞争力，免遭出口退柜损失。

3．国内消费者普遍对罐头误解很深

国内由于部分媒体对罐头产品缺乏了解和调查，听信一些谣言误以为罐头产品在安全性、营养性方面欠妥，便以讹传讹对其进行报道宣传，导致消费者对罐头误解很深，普遍认为罐头产品不够新鲜且营养价值不高。近两年来行业协会和企业加大宣传科普力度，尽量消除消费者对市场上对罐头产品的误解，并取得了一定效果。而在国外罐头食品非常普遍，产品消费主要有两大部分，一是家庭消费，家庭主妇直接选用各式肉、鱼、菜、豆、水果和汤类罐头。二是快餐和食品店选用，作为配料加工各式快餐食品，如芦笋、竹笋、番茄酱和蘑菇罐头等，罐头食品深受欢迎。

4．中小企业偏多、产品“品牌”经营差

我国的罐头加工业总生产规模较大，优势产业带已初步形成，区域化格局日益明显，但是生产企业数量众多，生产规模相对较小，同质化竞争严重。就是行业骨干企业规模和世界大牌企业也相差巨大。原来创立的一系列品牌走向了没落，我国的罐头出口几乎没有自有品牌，大多以贴牌加工为主，出口中代工生产的产品所占比例很高，占95%；内销市场的大部分产品没有太多的“品牌”宣传，消费者无从选择。近年来虽然很多罐头企业开始注重内销并加大对产品品牌的宣传投入，但仍需努力。

（二）科技创新

1．新品开发严重不足，市场同质化竞争严重

罐头产品虽然发展起步早，产品类型多种多样，从果蔬、畜肉至水产品，覆盖面非常广，但产品在口味、包装方面的创新发展严重不足。市场上罐头产品大多以老产品、老包装为主，缺少新包装、新口味，导致罐头国内市场对新生消费群体的吸引力度不够，虽然产品物美价廉，但难以开拓新兴消费群体。不过近年来随着国际市场的饱和，企业不断重视国内市场，也逐渐重视产品创新并进行大胆尝试，如近年来市场上的功能糖类水果罐头、果冻类罐头等新口味产品，在包装上也推出很多精美的礼品包装。目前行业创新力正在逐步进行改善，也已取得部分成果，因此，加大创新、进行品牌培养成为促进产业发展的关键因素。

2．农产品加工用果蔬原料品种有待进一步改良升级

果蔬类罐头产品的优良与否主要在于原料的品质，原料的好坏直接影响最终产品。由于农产品改良需要投入大量的人力、物力、财力，并且需要很长的时间，品种改良困难重重。以国内黄桃种植为例，目前我国黄桃罐头加工所使用的桃原料与南非、希腊等国相比品种落后很多，黄桃原料品质无法与其相比，导致我国产桃罐头产品品质不如外国，国际竞争力不足。与此同时，好的品种助力行业向上发展，如近年来中国芦笋研究中心开发出的芦笋新品，抗药性、产量等其他各项指标均非常优秀，位居国内外所有品种前列，新品种的研制成功，优质原料的供给，进一步提高我国芦笋罐头加工质量，必将增强我国罐头产品在国际市场的竞争地位。

三、发展趋势

2016年随着世界经济依然处于深度调整期内，结合近年来行业发展现状，不难发现我国罐头产品近几年来在出口市场基本企稳，国际市场虽然不确定性因素过多，但已基本趋于饱和。其中我国产番茄酱、黄桃、柑橘、蘑菇、芦笋等罐头产品在国际市场上所占比例已基本稳定，在增加出口量方面很难再有大的发展。内销方面虽然近几年发展良好，

产品销量逐年有所提升，但依然存在着产品同质化严重等问题。预计在2016年，随着国内全面“供给侧”改革的推动，罐头行业也将逐步进行产业升级，在产品开发、工艺改进、新包装应用、食品安全和品牌培养等方面进行推动，提高产品附加值，增加产品科技含量，适应市场多样化的需求和拓展行业发展空间。罐头行业将逐步摆脱以往的低端同质化价格竞争局面，转为以创新、品质取胜的良性竞争。

另外，由于罐头产品在生产中耗能较大，行业下一步发展方向将重点在节能降耗方面，发展节能降耗，不仅降低了对环境的污染，还有助于降低产品成本，提高产品竞争力。行业在使用循环水、杀菌减少热量流失方面将加大科技投入力度，开发新技术。

品种繁杂、产品附加值低导致罐头行业在企业的机械化、连续化方面落后等情况在今后也将进一步改善，加快机械化、连续化的技术改造，提高生产效率，发展规模化、现代化的种植，建立自己的产业基地等。总之，在今后罐头行业还将进一步发展壮大，行业集中度将进一步提升，企业机械化水平、产品附加值和知名度提高，行业将持续健康、平稳发展。

四、政策建议

（一）鼓励加工企业指导甚至自建原料基地，保障优质原料供给

通过政策扶持等综合手段，鼓励企业牵头发展规模化、自有种植基地，形成品种更优、品质更有保证、生产能力更成熟、成本更低的原料供应模式，增强我国罐头产品市场竞争力。

（二）加强行业相关标准制修订工作，完善标准体系建设

加快制修订和完善相关产品和包装材料标准，有助于保障食品安全，提升产品技术含量，维护罐头行业的可持续发展。

（三）支持产品出口，并及时预警

当企业在出口中遇到技术性贸易壁垒、反倾销等问题时有关部门可以从政策、资金和技术等方面给予支持和帮助，并及时发布出口预警报告。维持行业稳定，让企业免受不必要的损失。

中国罐头工业协会

焙烤食品糖制品行业

2015年，中国经济增速继续回调，下行压力较为明显。焙烤食品糖制品行业在错综复杂的国内外形势下，依然保持了稳步增长的良好态势，增长形势好于2014年。

一、行业概况

据国家统计局统计及行业测算，2015年国内焙烤食品糖制品行业主要产品（含糕点/面包、饼干、糖果巧克力、冷冻饮品、方便面和蜜饯）产量合计为3223.3万t，同比增长5.8%；主营业务收入为6800.2亿元，同比增长6.9%；利税总额为811.2亿元，同比增长5.4%；出口交货值为177.1亿元，同比增长3.5%。

据行业统计，截至2015年6月焙烤食品糖制品行业通过食品生产许可（即QS）的企业有32867家（含糕点16469家，饼干1766家，糖果巧克力5158家，果冻488家，蜜饯3267家，方便食品2740家，冷冻饮品1113家，膨化食品1866家）。

“十二五”期间，我国政治经济形势发生了较大变化，2013年年底，按照党中央国务院的战略部署，我国经济将从高速发展转入中高速发展的经济新常态，焙烤食品糖制品行业也受到了前所未有的影响。“十二五”前期的2011—2013年，尽管受国内外宏观经济环境变化、食品安全信任危机等诸多不利因素的影响，但焙烤食品糖制品行业依然保持了两位数的年增长幅度；2013年年底，党中央国务院提出了中国经济发展要从过去的高速发展转入中高速发展的经济新常态。焙烤食品糖制品行业的增长幅度也降到了个位数。2014年规模以上企业（含糕点/面包、饼干、糖果巧克力、冷冻饮品、方便面和蜜饯）主营业务收入为6359.8亿元，同比增长7.4%；2015年规模以上企业主营业务收入为6800.2亿元，同比增长6.9%。

五年回望，充满艰辛，也令人欣慰。2010年规模以上企业工业销售产值为3406.2亿元，2015年规模以上企业主营业务收入6800亿元，年均增速为14.8%。通过食品生产许可认证（即QS）的企业数量从28698家发展到2015年的32867家，增长14.5%。经过多年的积累和发展，目前，业内大中型骨干企业的生产设备、检测水平和生产环境都有了较大改善，很多企业还引入了ISO9000产品质量管理体系、ISO14000环境管理体系以及HACCP管理体系等管理模式，为保证产品质量奠定了良好基础。总体来看，“十二五”期间焙烤食品糖制品行业不但保持了较好的增长，也已步入健康良性的发展轨道（表1、图1）。

表1　2010—2015年焙烤食品糖制品行业经济运行情况

经济指标	2010年	2011年	2012年	2013年	2014年	2015年
产量/万t	1859.7	2203.9	2481.5	2793.0	3045.6	3223.3
主营业务收入/亿元	3406.2	4541.4	5175.7	5922.3	6359.8	6800.2

资料来源：国家统计局规模以上企业数据统计（即年主营业务收入2000万元及以上工业法人企业）。

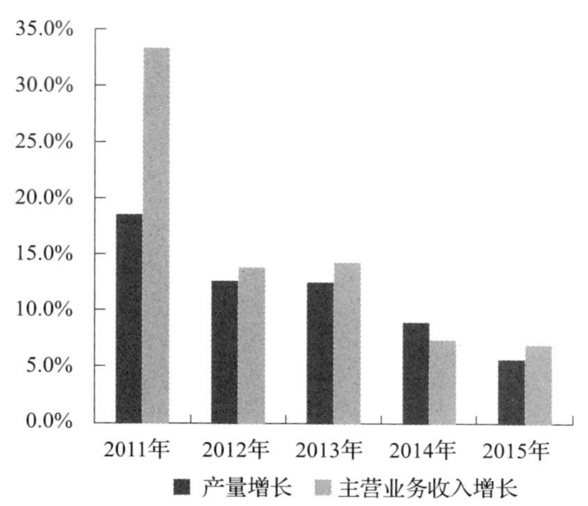

图 1　2011—2015 年焙烤食品糖制品行业经济指标增长情况

（一）主要经济指标

2015 年焙烤食品糖制品行业经济运行情况见表 2。

1. 主营业务收入

2015 年，焙烤食品糖制品行业规模以上企业主营业务收入为 6800.2 亿元，同比增长 6.9%，其中糖果巧克力业 1273.0 亿元，同比增长 6.5%；糕点面包业 1013.7 亿元，同比增长 11.5%；饼干业 1806.5 亿元，同比增长 8.3%；冷冻饮品业 408.7 亿元，同比增长 4.1%；蜜饯业 575.9 亿元，同比增长 14.5%；方便面 1722.5 亿元，同比下降 1.1%。

表 2　焙烤食品糖制品行业 2015 年经济运行情况

行业		焙烤食品糖制品	糖果巧克力	糕点面包	饼干	冷冻饮品	蜜饯	方便面
产量/万 t	累计	3223.3	345.5	(362)	(903)	307.0	(288)	1017.8
	同比%	5.8	6.7	(13)	(18)	0.0	(9)	-0.7
主营业务收入/亿元	累计	6800.2	1273.0	1013.7	1806.5	408.7	575.9	1722.5
	同比%	6.9	6.5	11.5	8.3	4.1	14.5	-1.1
利润总额/亿元	累计	536.0	107.4	111.0	132.1	24.8	44.7	116.0
	同比%	5.0	-7.1	34.5	7.1	13.0	10.0	4.3
利税总额/亿元	累计	811.2	168.3	150.3	197.8	44.3	64.0	186.5
	同比%	5.4	-3.2	28.4	11.7	10.4	6.3	-7.6
税金/亿元	累计	42.7	9.3	7.4	11.0	2.5	2.8	9.6
	同比%	7.6	7.1	16.7	11.5	-9.1	-2.5	8.0
出口交货值/亿元	累计	177.1	64.8	6.9	21.5	2.2	63.4	18.4
	同比%	3.5	-2.5	-23.8	-9.2	-15.5	18.3	-1.3

注：括号内数字是行业测算数据。

资料来源：国家统计局规模以上企业数据统计（即年主营业务收入 2000 万元及以上工业法人企业）。

2. 利税

2015 年，焙烤食品糖制品行业规模以上企业实现利税 811.2 亿元，同比增长 5.4%，其中糖果巧克力业实现利税 168.3 亿元，同比下降 3.2%；糕点面包业实现利税 150.3 亿元，同比增长 28.4%；饼干业实现利税 197.8 亿元，同比增长 11.7%；冷冻饮品业实现利税 44.3 亿元，同比增长 10.4%；蜜饯业实现利税 64.0 亿元，同比增长 6.3%；方便面业实现利税 186.5 亿元，同比下降 7.6%。

总体来看，2015 年，焙烤食品糖制品行业主要产品产量和主营业务收入除方便面行业外都保持了平稳的增长，显现了行业经过多年的发展，有序竞争的产业结构已经逐步成熟和稳定，产品花色品种日益丰富，行业整体实力不断增强，已经能够较好地满足国内消费需求，为可持续发展奠定了基础。

（二）行业发展分析

1. 价格

焙烤食品糖制品行业产品价格主要受原材料、流通成本及人工成本的影响。2015 年度行业产品价格与 2014 年相比基本持平，除糖果巧克力行业利润下滑以外，其他行业的利润水平企稳回升，显现了较好的增长势头。

2. 市场

随着人民生活水平不断提高和生活节奏的加快，糕点、面包、方便面、巧克力、糖果、冰淇淋、蜜饯等食品已成为人们日常消费中不可或缺的组成部分。近年来，电子商务的兴起和发展使得产品销售模式正在发生天翻地覆的改变，焙烤食品糖制品行业中的饼店业已经逐渐从传统的店面销售模式向“店面 + 网络”的线上线下的销售模式转变，并且出现了“无店面 + 网络”的电子商务经营模式。京东、天猫等网络商城的崛起，使行业中的众多企业纷纷与之牵手，踏上了从单一传统销售模式到增加互联网销售的多种渠道并行的局面，多元化的分销平台不但有助于提高产品的市场占有率，也顺利完成了“互联网 +”时代下 O2O 模式的落地。

3. 投资

焙烤食品糖制品行业是市场化程度较高的行业，外资和港澳台资、国有、集体、民营、股份制等多种体制企业共同发展的格局已经形成。焙烤食品糖制品行业属于劳动密集型产业，门槛相对较低，中小型企业数量居多，从取得食品生产许可（QS）的企业数量来看，说明市场投资对焙烤食品糖制品行业保持了相当的热度。焙烤食品糖制品行业中外资的国际品牌企业在中国占有中高端市场较大的份额，并呈扩大的趋势。例如，国际食品行业巨头雀巢公司，近年来逐一收购了中国的“五羊牌”雪糕、“徐福记”等企业大份额的股权。

4. 区域分布

焙烤食品糖制品行业产品具有保质期短以及地方区域特色等特点，因此，企业分布广泛，遍布全国，没有明显的区域集中特征。形成了大中型企业根据市场需求，分区域扩建的分公司与当地中小型企业并存的产业格局，既满足了新鲜供给和就近消费的需求，又降低了运输成本，搞活了区域经济，这样的产业布局符合行业快速消费的特点，有利于长远可持续发展。

一些具有较长保质期的产品则具有一定的区域集中的特征。例如，2015 年国内饼干行业从主营业务收入上看河南、湖北、山东、福建、河北、广东、上海位居前列，其中河南省 332.2 亿元、湖北 252.9 亿元、山东省 182.5 亿元、福建省 177.3 亿元、河北省 125.9 亿元、广东省 119.4 亿元、上海市 109.6 亿元。以上七省（直辖市）主营业务收入合计为 1299.9 亿元，占全国规模以上饼干行业主营业务收入总额的 72%。

5. 行业集中度

（1）糕点、面包和饼干等焙烤食品　焙烤食品的行业集中度不高，基本情况是规模以上大型企业占据一二线城市的中高端市场，占有较大市场份额。中小型企业的中低端产品通过批发流通渠道销往中小城镇和农村市场，覆盖全国各地。无论从产销量还是市场占有率来看，还远达不到少数大型企业高度占有市场的程度。

（2）果冻　我国果冻行业经过 30 多年的发展，目前已形成以喜之郎、蜡笔小新、亲亲等一批具有一定规模的骨干企业为主，以中小企业为辅的行业格局。这些大型企业注重经营理念的创新，在产品研发、加工技术和生产装备水平等方面不断提升。目前获得生产许可证的果冻企业数为 497 家，果冻行业中骨干企业的产量和销售额约占果冻总量的 60% 以上，市场集中度较高。

（3）蜜饯　蜜饯产品生产企业的地域性较强，有些产区的产品只在本地区和周边地区销售，市场集中度较低。但技术工艺的提升、新产品的开发促进行业发展较快。近两年蜜饯行业的主营业务收入增长率在焙烤食品糖制品行业中一直处于领先地位，尤其是出口交货值，在焙烤食品糖制品行业的其他子行业都呈现负增长时，唯有蜜饯行业一枝独秀，保持较好的出口形势。从蜜饯行业市场消费来看，梅子系列的蜜饯产品购买频率最高，也是产品最丰富的品类。

（4）糖果　全国糖果品牌集中度较高，生产企业主要集中在福建省、广东省和上海市，全国各地的销售分布比较均匀。

（5）巧克力　目前，巧克力产品基本上是外资品牌为主，占据绝对的中高端市场份额，国内巧克力生产企业主要以生产代可可脂巧克力产品为主，与大型外资企业相比不具有竞争力。

（6）膨化食品　一线城市销售的膨化食品基本以外资品牌为主，市场占有率达到 70% 以上，二、三线城市，特别是批发市场，销售的产品以地域品牌居多。

（7）冷冻饮品　冷冻饮品行业经过多年的发展，已经基本形成了以伊利、蒙牛等国内大型企业以及和路雪、雀巢等外资企业为龙头，遍布各地的中小型企业产品为辅的行业格局，行业集中度较高。

6. 进出口

近年来，进口食品销售在我国呈连年上升趋势，产品也从中高端消费逐渐向大众消费靠拢，焙烤食品糖制品也同样受到了进口同类产品的冲击。

在出口方面，我国焙烤食品糖制品行业的国际贸易状况一直不是很理想，出口量值始终不大。2015 年，除蜜饯行业出口交货值有较大的增长外，其他行业的出口都有一定程度的缩水。

7. 重点行业

近年来，在国家加强食品安全管理的政策方针指导下，在相关政府部门的监督指导下，业内的食品安全理念和意识不断增强，而且经过多年的积累和发展，业内许多骨干企业的生产设备、检测水平和生产环境都有了较大改善，规范化管理意识逐步增强，为保证产品质量奠定了良好基础，使得产品质量稳步提高，为消费者提供安全、优质的产品已成为行业共识。

（1）糕点面包业　糕点面包行业是焙烤食品行业中的重点行业，其特点是生产厂家数量多，遍布全国各地，其中大多数是中小型企业，产业集中度不高。行业以工业化工厂和饼店（面包坊）两种生产经营模式为主。糕点工厂是传统生产经营模式，而饼店业是改革开放后发展起来的经营模式，现已成为我国焙烤食品行业的重要组成部分，经营形式也逐步由前店后厂的生产作坊转变为由中央工厂统一配送，门店售卖的连锁型企业。

2015 年全国规模以上糕点面包生产企业的总产量约为 362 万 t（行业测算数据）；主营业务收入 1013.7 亿元，同比增长 11.5%；利润总额 111 亿元，同比增长 34.5%；行业通过食品生产许可（即 QS）的企业数15982 家。

在国际贸易方面进出口量值很小，与整个行业规模和增速相比几乎微不足道，对行业整体运行趋势的影响也不大。2015 年全行业出口交货值 6.9 亿元，同比下降了 23.8%。

总体看，我国糕点面包行业经过多年的积累，已经奠定了较为坚实的基础，形成稳中向上的发展格局。

（2）饼干业　2015年全国规模以上饼干生产企业的总产量约为903万t（行业测算数据）；主营业务收入1806.5亿元，同比增长8.3%；利润总额132.1亿元，同比增长7.1%；行业通过食品生产许可（即QS）的企业数1773家。

我国饼干的主产区主要集中在河南、湖北、山东、福建、河北、广东、上海等7个省（直辖市），以上七省占全国规模以上饼干行业主营业务收入总额72%的份额。饼干行业进出口量值始终不大，2015年全行业出口交货值21.5亿元，同比下降了9.2%。

饼干行业的主要特点是外资和港台企业占据中高端市场的主导地位，领跑行业；内资企业发展不乏亮点，竞争实力逐步增强。外资和港台企业如亿滋食品（上海）管理有限公司、康师傅控股集团，东莞徐记食品有限公司、好丽友食品有限公司等一些企业的产销量和市场占有率逐年增长，而且占据着国内饼干行业的高端市场，他们依托自身的雄厚实力和多年打造出来的品牌优势，不断加大投入力度以占有更多的市场份额。国内的民营企业如福建达利食品集团有限公司、东莞锦泰食品有限公司、北京美丹食品有限公司等都已经具备了持续发展的实力和基础。但我们也应看到内资企业与国外跨国公司相比，在人才引进和使用、企业管理、新品开发和市场营销等诸多方面还存在较大差距，若想实现超越和突破，仍需不断努力，任重道远。

8. 包装与装备

（1）包装　行业内大型包装生产企业的综合实力逐渐增强，生产经营逐步走向专业化和大型化。骨干企业在引进国外先进生产设备的同时，对原有设备进行了技术改造和升级。目前，无论从包装生产企业的生产环境、装备水平以及管理能力等方面都有了较大提高。在保证食品安全、保鲜、保质的同时，也使得焙烤食品糖制品行业的包装实现了专业化、多元化的格局，许多新颖、独具特色的包装层出不穷。这也在一定程度上促进了行业的提升和发展。

（2）装备　经过多年的积累和发展，行业内的骨干企业近年来在技术、设备的引进和对现有企业基础设施的改造等方面都投入了相当大的热情和力度，其整体装备水平都有了较大提高。行业的生产设施、装备水准和技术水平的整体情况可分为三个层次：龙头企业、大中型骨干企业、行业中小企业。

行业龙头企业：主要包括一些大型外资或合资、港澳台资企业以及国内大型企业，这些企业的生产设备、技术水平与国际同行业水平相当，代表了行业中最先进的设备和技术水准，这些企业数量虽然不是很多，但他们的产能较大，高端市场占有率较高，市场份额较高。

行业大中型骨干企业：生产设施和装备仅次于少数龙头企业的是占比例较大的大中型内资企业，它们的生产环境已经得到了较大改善，装备水平是国产设备或部分进口设备，其设备技术水平应用在产品生产上，基本可以满足目前的消费需求，是目前行业装备水准的主流。与国际水准的外资企业相比，生产设施等硬件差距不是很大，主要是人员素质和技术管理水平差距较大，有待逐步提高。

行业中小企业：行业中一些规模以下的中小型企业，特别是小型企业，其生产设备水平较差，人员素质偏低，主要市场在偏远地区的中小城镇和农村，市场份额较小。随着行业的发展，预计这些企业将在不远的将来或被淘汰，或被兼并，经过改造整合，得以提升和发展。

二、行业面临的问题分析

（一）月饼行业销售形势虽有所好转，但仍然面临很大困难，挑战与机遇并存

2015 年月饼市场的形势有所回暖，生产销售计划同比增长 10% 左右，同时企业也在力求调整原有的产品结构，逐步向健康、贴近大众的方向转变。但实际上今年各企业的销售状况不尽相同，一些品牌企业同比上升了 25% 以上，有些企业上升了 10% 左右，也有一些企业还在下降。团购均有增长，最高同比上升了 20% 。月饼销售品牌度进一步提升，品牌价值凸显。今年月饼市场总体来讲比 2014 年有所好转，但让企业更加兴奋的局面没有出现，月饼行业新常态已形成。

在中秋佳节到来前夕，为维护广大消费者的合法权益，进一步规范行业的发展，中国焙烤食品糖制品协会委托国家食品质量监督检验中心依据国家食品安全标准和各项强制性标准，对 2015 年中秋节即将上市的行业月饼产品质量进行了抽查检验，检验合格率达到了 97.1% 。

另据国家食品药品监督管理总局 2015 年 9 月 22 日关于 14 批次月饼不合格情况的通告显示，共抽检月饼样品 360 批次，覆盖 24 个生产省份的 238 家企业。其中，不合格样品数为 14 批次，合格率为 96.1% 。总之，今年的月饼产品不论是内在质量还是包装质量等方面都有明显改善和提高。

总体看，2015 年月饼行业整体市场表现为：团购明显减少；价格实惠，更为消费者接受；品牌消费更加明显；产品包装更趋理性，包装简约实用，礼盒数量减少，礼盒装潢设计突出了文化元素；传统经典月饼依然是主流，特色创新月饼比往年更丰富添彩；更加注重营养健康，回归食品属性；销售渠道更加多样，顾客选择购买非常便捷。

回顾 2012 年市场出现了月饼不健康及过度包装的舆论；2013 年中央“八项规定”对团购市场产生冲击；2014 年更严厉的规定落地，对团购市场冲击更甚，但同时也出现“矫枉过正”的反映，月饼销售有断档现象发生。但从长远发展的角度看，节日礼品市场会趋于平稳，企业面对的机遇和挑战并存，这也会极大促进企业转型升级，练好内功，更加注重品牌培育，抓好管理，提高产品质量。我们坚信，月饼这一具有深厚文化底蕴的经典传统食品具有很强的生命力和发展潜力，眼前的困难是暂时的，这些只会推动和促进行业的进步和理性，也是行业发展和成熟的过程。一个符合市场规律、可持续发展的月饼行业定会重新展现在我们面前。

（二）食品安全形势依然严峻，行业规范和管理工作依然任重道远

2015 年随着国家进一步强化了食品安全的日常监管，焙烤食品糖制品行业对于食品安全的重视程度和风险意识都有了空前的提高。但是，由于行业内中小型企业居多，专业技术人员相对缺乏，人员综合素质较低，工厂设施和生产环境相对较差，生产设备和检测水平较为落后，因此，在原料控制，生产管理等诸多方面都存在一定漏洞，食品添加剂的使用不当以及非法添加等问题也时有发生。尽管行业的进步是明显的，但食品安全形势依然严峻，行业规范和管理工作依然任重道远。

（三）众多中小企业实力不足，品牌消费和品牌培育的矛盾凸显

目前在我国焙烤食品糖制品行业，中小型企业所占行业企业总数 90% 以上。行业里为数众多的小型企业，规模不经济，资源利用不合理，技术和管理水平不高，产品质量得不到可靠保证，人才相对缺乏，农产品价格及原辅料、交通、能源价格上涨，生产成本持续增加，小型食品企业获利艰难。另外，小企业信用等级低，信贷困难，普遍存在资

金不足问题，严重制约企业技术创新的步伐。

随着品牌消费的理念越来越深入人心，大型跨国企业对中国市场的关注度和投入力度越来越大，市场占有率也日渐增加，而对于近年来崛起的大批民营企业来说，品牌培育的难度和艰辛可想而知，品牌消费和品牌培育的矛盾是整个行业进步和发展的“瓶颈”之一。

三、发展趋势

我国焙烤食品糖制品行业的发展将紧密结合消费者需求的个性化、全面化以及消费内容的科学性和文化性，积极引领和创造消费，引导健康消费和经营模式的创新。

品牌国际化程度、产业链控制的水平、专用装备与生产线的自主化能力、自主创新的深度依然是行业综合实力的重要标志，加快焙烤食品糖制品行业科学、健康、有序的发展，是满足、丰富、提高我国人民物质文化生活需求、增强国际食品市场竞争力的重要体现。追求高附加值和高成长是我国焙烤食品糖制品行业未来发展的主要方向。

总之，在可预见的未来，我国焙烤食品糖制品行业还将进一步发展壮大，在设备、技术、管理水平、从业人员素质以及自主创新能力等各个方面，将逐步缩小与发达国家的差距，在国际消费品市场上，也将具有一定的竞争实力。

中国焙烤食品糖制品工业协会

调味品制造业

“十二五”期间，中国调味品行业实现稳健发展，五年来行业产销量持续提升，产品的附加值逐步提高，综合实力明显增强。2011—2015 年，产量连续五年保持 8% 以上的同比增长率，销售收入增速明显，连续五年达到 11% 以上的同比增长率，行业综合发展能力已迈入新的台阶。目前，调味品行业正处于稳步成长期，随着消费模式与消费需求的变化，调味品的人均消费水平与产品均价仍然有较大上升空间，这也将促进整个调味品行业的可持续发展，预计调味品行业在“十三五”期间会有新的突破。

2015 年，调味品行业发展增速趋缓，但仍然处于稳步提升阶段。在国内经济下行压力加大、增速放缓的形势下，中国调味品产业呈现出明显的产业结构调整和品牌集中度提高的发展趋势，同时资本与资源整合的优势逐渐显现。调味品行业更加注重全产业链、全渠道模式创新，综合型平台公司与专一型生产企业都得到了很好的发展。

一、行业概况

（一）主要经济指标

“十二五”期间，美食文化创新、居民饮食结构的转变、消费模式的拓展推动调味品向功能性、细分化、多元化方向发展，合理的发展战略与市场策略助力调味品行业的发展达到新的高度。2011—2015 年，调味品行业产销量保持稳定增速，见表 1。

表 1　2011—2015 年调味品行业产销量及增长率

	生产产量/万 t	同比增长/%	销售收入/亿元	同比增长/%
2011 年（68 家）	579.4	8.8	380.4	14.4
2012 年（72 家）	642.9	10.9	408.1	7.3
2013 年（73 家）	699.6	8.8	466.0	14.2
2014 年（68 家）	739.1	5.6	501.1	7.5
2015 年（75 家）	838.8	13.5	575.1	14.8

资料来源：中国调味品品牌企业 100 强年度数据统计汇总分析（2011—2015 年）。

2015 年，调味品行业产业集中度和品牌集中度进一步提高，产学研结合卓有成效，年度产销量稳中有升，市场的消费潜能释放。根据国家统计局对规模以上企业统计的数据分析，2015 年调味品和发酵制品制造主营业务收入 2870 亿元，同比增长 9%；利润总额 271.0 亿元，同比增长 20.1%，增速明显（表 2）。根据中国调味品协会对著名品牌 100 强企业统计得知，2015 年调味品行业生产产量同比增长 8.5%，统计内的 12 个分支产品都出现了不同程度的增长，增速最快的依次是蚝油、调味料酒、复合调味料、酱类等（表 3）。

表2 2015年调味品、发酵制品经济效益

	企业数/个	主营业务收入/亿元	同比增长/%	利润总额/亿元	同比增长/%
调味品、发酵制品制造	1139	2870.0	9.0	271.0	20.1
味精制造	78	463.4	6.8	33.8	8.3
酱油、食醋及类似制品制造	396	1005.5	11.2	122.9	21.8
其他调味品、发酵制品制造	665	1401.1	8.2	114.3	22.1

资料来源：国家统计局。

表3 2015年调味品行业重点分支产业产量及增长率

	企业数/个	2015年产量/t	同比增减/%
酱油	29	3528349	4.6
食醋	32	1563961	7.6
酱类	30	717141	8.7
复合调味料（不含鸡精、鸡粉）	24	415161	14.4
鸡精（鸡粉）	15	331278	6.8
味精	8	136134	7.5
酱腌菜	10	213109	4.6
火锅调味料	8	105799	7.0
香辛料和香辛料调味品	7	103888	4.4
调味料酒	13	196327	21.7
蚝油	7	495252	23.8
腐乳	9	119020	6.9

资料来源：中国调味品品牌企业100强2015年度数据统计汇总分析（75家）。

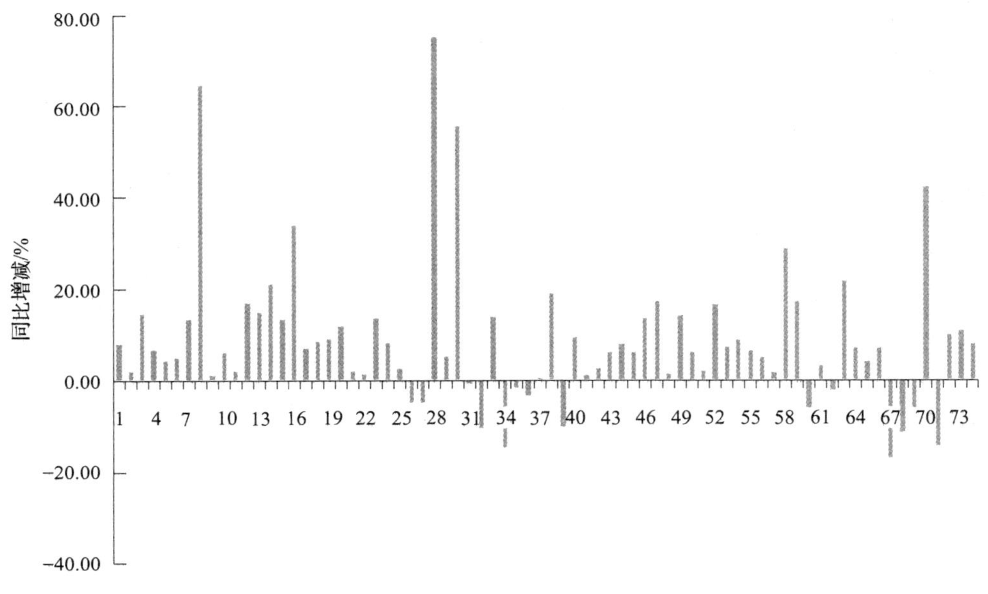

图1 2015调味品企业产量同比增减

资料来源：中国调味品品牌企业100强2015年度数据统计汇总分析（75家）。

（二）行业发展分析

1. 价格

2015年，调味品的整体价格仍然有上升与下降两个普遍趋势（图1）。

一方面，价格上升受四个因素影响：①大豆、小麦等原材料供需引起的原材料

价格略微上扬，增加了生产成本；② 消费需求的变化，使得细分化、定制型、高端的调味品的不断出现；③ 制造成本、人工成本、运输成本等压力；④ 生活品质要求的提高，使得高品质产品更受青睐（经调查得出：特级、一级酱油品种在酱油品类中占有率超过50%）。这几方面原因促使一大部分调味品的价格有所提升。另一方面，近几年高端餐饮受挫、简餐颇受青睐以及外卖行业的快速兴起，使得普通的调味品需求量不断攀升，部分调味品企业为持续占有餐饮渠道，会选择薄利多销的模式，导致部分产品降低。

2. 市场

（1）行业资本市场活跃　近几年，20余家大型的调味品企业相继上市，其中不乏综合型平台公司和专业型公司，囊括了酱油、食醋、调味酱、复合调味料等重点产业。2015年，安记食品、百味佳等近十家调味品企业在新三板或主板挂牌上市，品牌企业纷纷冲刺资本市场，调味品行业迎来新一轮的上市潮。2015年，调味品行业12家较为成熟的上市公司，全年营收平均增长率为3.8%，净利润平均为2.9亿元，其中，莲花味精与星湖科技两家出现亏损。行业内上市公司目前呈现三大趋势：绩优股前景广阔、成长股不断涌现、发展股相对稳定。

（2）消费需求引领新品开发　消费者的爱好、消费方式、购买渠道、购买行为和社会潮流等的变化，使得消费群体和消费需求都有了新的变化。企业在新品开发的方向上更注重用户导向，一些方便实用、美观新颖、适合新渠道和小众人群的调味品新产品迅速被开发。消费者定位更加年轻化，如加加酱油推出家庭装的产品主题，以及一系列包装和产品定位为“90后”等年轻群体的调味品产品，重庆周君记推出了更加健康、美味、针对性强的儿童火锅，可以说调味品使用用户从比较单一的家庭妇女向各个年龄层辐射。这些变化为调味品产业的发展带来了新机会，也为调味品产品附加值大幅度提高提供了空间和可能，调味品行业将进入一个新的时代。

（3）渠道变革新趋势　互联网渠道在传统行业的渗入，同样影响到了调味品行业。作为必不可少的家庭用品，调味品的销售渠道也随着消费者的渠道选择有了变化。互联网渠道的销售打破了区域限制、价格更加透明化，不少线上渠道运营商考虑到调味品产品的包装与运输特性，已经开始研究更适合调味品行业运作方式的合作模式，如建立大型仓库、站点配货，线上下单，线下分区域配货的操作模式将更受欢迎。

3. 投资

庞大的中餐市场具有很强的吸引力，市场中不可或缺的调味品也颇受外资青睐。在传统的调味品领域，外资企业及品牌从20世纪90年代开始外资企业就通过并购、合资等方式进入中国调味品市场。2015年年初，全球第五大食品企业卡夫亨氏宣布，旗下味事达上海酱油工厂二期工程正式竣工，标志着外资关注的又一轮新潮。虽然中国的发酵工艺历史悠久，生产工艺以及口味更符合国人的饮食习惯与需求，但是外资通过合资和收购进入后，大幅度扩大产能，凭借在全球积累的先进管理水平和丰富的营销经验，其实力也不容小觑。

此外，金龙鱼、中粮、鲁花、雅克等食品行业发展较为稳定的品牌企业开始涉足调味品行业，尤其是酱油、食醋、辣椒酱等传统调味品产业颇受关注。同时，不少具有发展潜力的企业也吸引了投资金融界的广泛关注，目前有部分企业正与投资企业洽谈合作。

4. 区域分布

据2015年调味品行业产品发展纵览数据得出：调味品企业数与单品数在全国的分

布都呈现西南地区较多，华东地区次之。西南地区以川味复合调味料发展较为成熟，四川省调味品行业增长态势良好，品牌集中度提升，生产集中度提高，民营企业发展迅猛。华南地区调味品生产企业虽然数量并不算最多，但行业大型企业比较集中，产销量占全国市场比重较大，产品开发能力也较为领先。

酱油产品而言，企业数量在全国的分布华东地区最多，华南地区次之（图 2）。海天味业、美味鲜、李锦记、加加、东古等都已经发展成为全国性品牌，酱油产业的集中度较高。食醋产品而言，“四大名醋”镇江香醋、山西老陈醋、永春老醋和四川保宁醋，形成了区域乃至全国强势品牌。

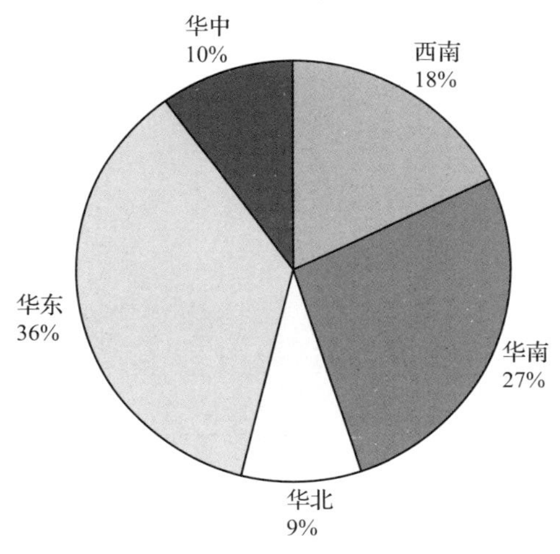

图 2　2015 调味品行业产品区域分布（酱油）

资料来源：2015 调味品行业产品发展纵览。

5. 行业集中度

我国调味品生产厂家众多，行业集中度进一步加强，体现在现有企业集中度提升和资本介入加速行业整合两方面。2015 年，中国调味品产业产量保持了 8.5% 的增长率，销售收入同比增长达到 11.6%，呈现出明显的产业结构调整和品牌集中度提高的发展趋势。尤其是酱油、食醋、酱类产品的集中度进一步提高并且趋势明显，已经基本形成了规模化的生产企业和品牌效应。大中型企业仍然注重产能提升、技术更新，不少小微企业或退居二三线城市或面临破产和被并购。

6. 进出口

根据国家统计局数据，2015 年调味品及发酵制品制造业出口交货值为 160.5 亿元，同比增长 12.8；产销率为 96.6%，同比下降 0.2%，可见出口总额与国内销售总额基本保持一致方向，稳步上升。

7. 重点行业

（1）酱油　酱油产业发展态势平稳，生产产量同比略上扬。消费者对酱油品质的要求逐渐提高，以调味品行业最大产业酱油的占有率来看，特级与一级酱油占比较大。我国酱油行业仍在稳定发展期，集中度提高、结构调整是长期趋势，工艺以高盐稀态和低盐固态为主，其中高盐稀态生产出的酱油质量较高，具有浓郁的醇香风味。许多企业结合不同工艺特点提出了原池浇淋发酵工艺，在一定程度上解决了低盐固态工艺的一些不足。近年来，由于消费者消费水平和营养保健意识的提升，级别较高、具有特色的酱油产品消费量逐步提升。三级酱油也拥有广大的受众市场，集中在三线城市、远郊区县和农村市场。

2015 年调味品品牌企业 100 强中酱油（29 家）总产量达到 352.8 万 t，同比增长率为 4.6%。产品产量上，前三名的企业为佛山市海天调味食品股份有限公司、广东美味鲜调味食品有限公司、李锦记（新会）食品有限公司，产量分别为 1335700t、737773t 和 281778t（图 3）；产量增长前三名的企业为山东鲁花生物科技有限公司、成都国酿食品股份有限公司和鹤山市东古调味食品有限公司，产量增长率分别为 60.0%、17.1% 和 10.3%；11 家企业出现了负增长，占企业总数的 38%（图 4）。

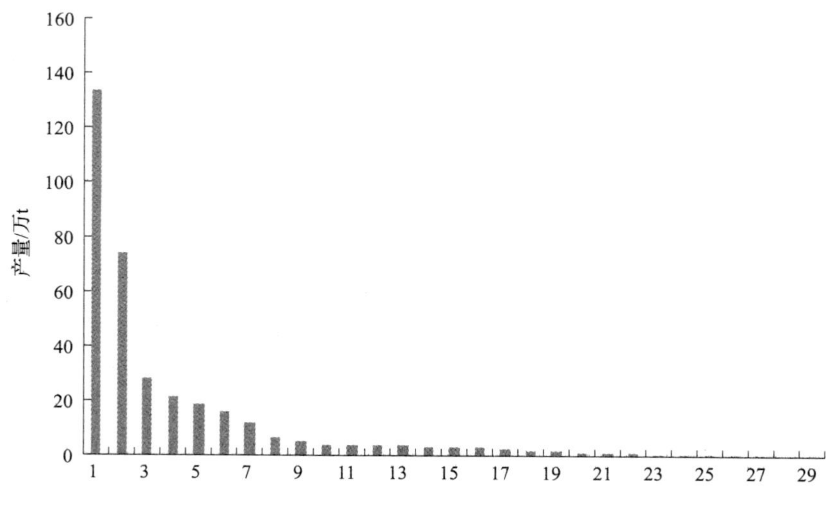

图 3　2015 年酱油产量

注：（1）2015 年度酱油产量在 10 万 t 以上的企业有 7 家，占总数（29 家）的 24%；

（2）2015 年度酱油产量在 5 万～10 万 t 的企业有 2 家，占总数（29 家）的 7%；

（3）2015 年度酱油产量在 1 万～5 万 t 的企业有 12 家，占总数（29 家）的 41%；

（4）2015 年度酱油产量在 1 万 t 以下的企业有 8 家，占总数（29 家）的 28%。

资料来源：中国调味品品牌企业 100 强 2015 年度数据统计汇总分析。

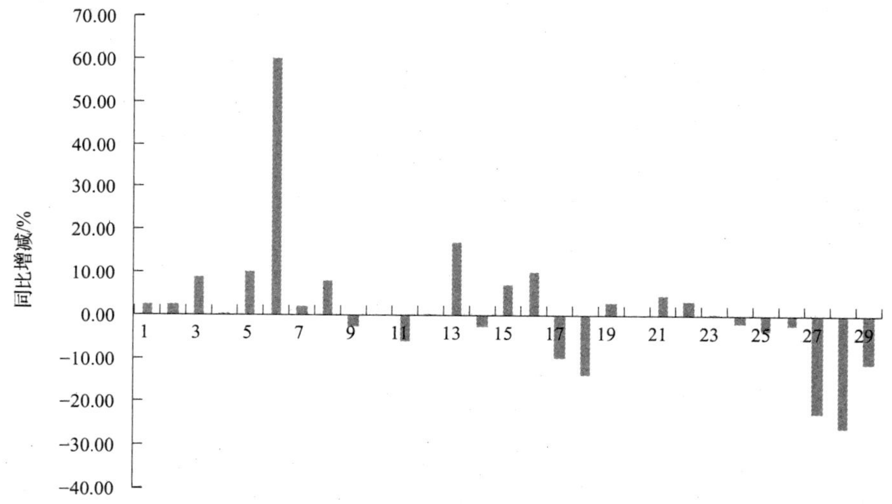

图 4　2015 年度酱油产量同比增减

资料来源：中国调味品品牌企业 100 强 2015 年度数据统计汇总分析。

（2）食醋　食醋产业存在着明显的地域分布特点，主要集中在江苏、山西、山东、四川等地。从竞争格局来看，区域性强势品牌显现，以山西、福建、江浙、四川的四大名醋为主，代表性产品有恒顺香醋、山西水塔老陈醋、保宁醋、永春老醋等，这类企业产品均具地方特色或集各特色之所长，产品质量上乘，在销售网络上已突破了单一的地区限制。在做好产品的市场营销、向消费者进行市场拓展和推广的同时，食醋的品牌企业特别是具有悠久历史文化的企业纷纷以开展工业旅游、进行项目申遗、建设相应的博物馆和文化馆的形式开展食醋文化建设，既推动了食醋市场的发展，也扩大了自身的品牌影响力。

2015 年调味品品牌企业 100 强中食醋（32 家）总产量达到 156.4 万 t（图 5），同比增长率为 7.6%。产品产量上，前三名的企业为江苏恒顺集团有限公司、山西水塔醋业股份有限公司和山西紫林醋业股份有限公司，产量分别为 285010t、268380t 和 111730t；产量增长前三名的企业为山东鲁花生物科技有限公司 66.7%、岐山天缘食品有限公司 24.9% 和鹤山市东古调味食品有限公司 20.5%；5 家企业出现了负增长，占企业总数的 16%（图 6）。

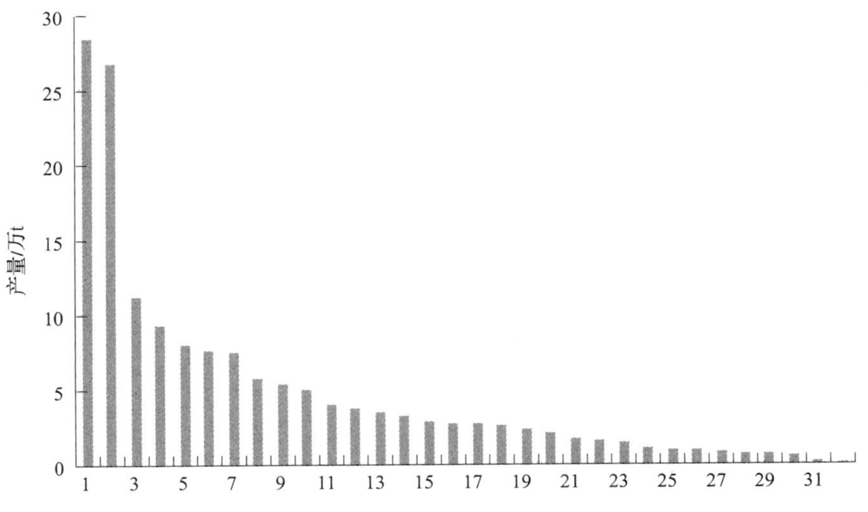

图 5　2015 年食醋产量

资料来源：中国调味品品牌企业 100 强 2015 年年度数据统计汇总分析。

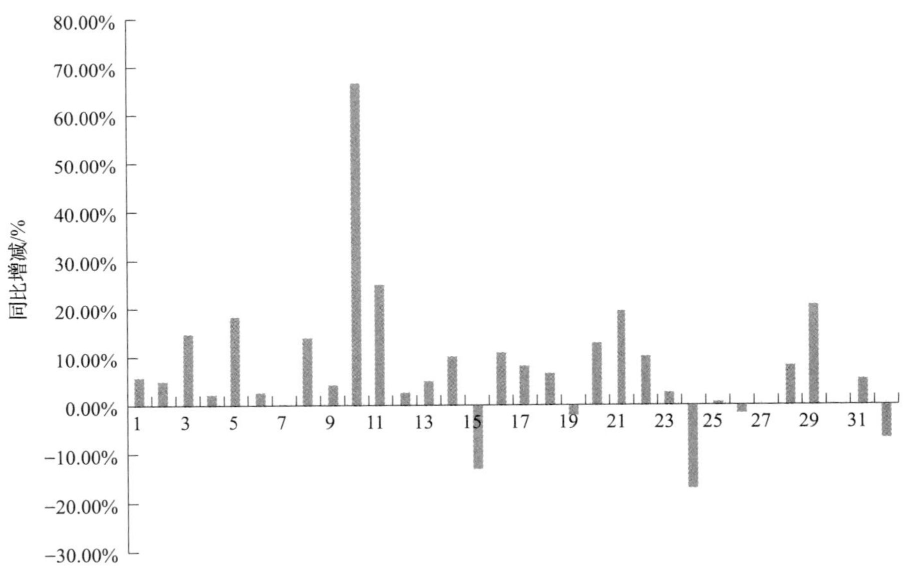

图 6　2015 年食醋产量同比增减

注：（1）2015 年度食醋产量在 10 万 t 以上的企业有 3 家，占总数（32 家）的 10%；

（2）2015 年度食醋产量在 5 万 ~ 10 万 t 的企业有 7 家，占总数（32 家）的 22%；

（3）2015 年度食醋产量在 1 万 ~ 5 万 t 的企业有 14 家，占总数（32 家）的 44%；

（4）2015 年度食醋产量在 1 万 t 以下的企业有 8 家，占总数（32 家）的 24%。

资料来源：中国调味品品牌企业 100 强 2015 年年度数据统计汇总分析。

（3）复合调味料　据2015调味品行业产品发展纵览数据得出，复合调味料占比达到34%。复合调味品的快速发展是大趋势，欧美等发达国家的调味品市场中复合调味料的占有量非常之高，而我国还有非常大的发展空间与潜力。由于复合调味料市场需求的不断扩大与应用的方便性，越来越多的企业着力于复合调味料的生产、研发和销售。一部分传统的酿造类企业深度布局复合调味料市场、上游企业已经意识到复合调味料市场的巨大潜力，自主研发终端产品，进军调味品市场；此外，资本市场以及食品行业的龙头企业利用资本实力，也纷纷进入复合调味料行业。接下去的几年，复合调味料的开发、做精、做细将尤为重要。

2015年调味品品牌企业100强中复合调味料（24家）总产量达到41.5万t，同比增长率为14.4%。前三名的企业为李锦记（新会）食品有限公司、安徽强旺调味食品有限公司、上海太太乐食品有限公司，产量分别为83278t、48420t和39825t（图7）。产量增长前三名的企业为沈阳红梅食品有限公司、佛山市海天调味食品股份有限公司和鹤山市东古调味食品有限公司，产量增长率分别为146.8%、125.8%和35.3%；8家企业出现了负增长，占企业总数的33%（图8）。

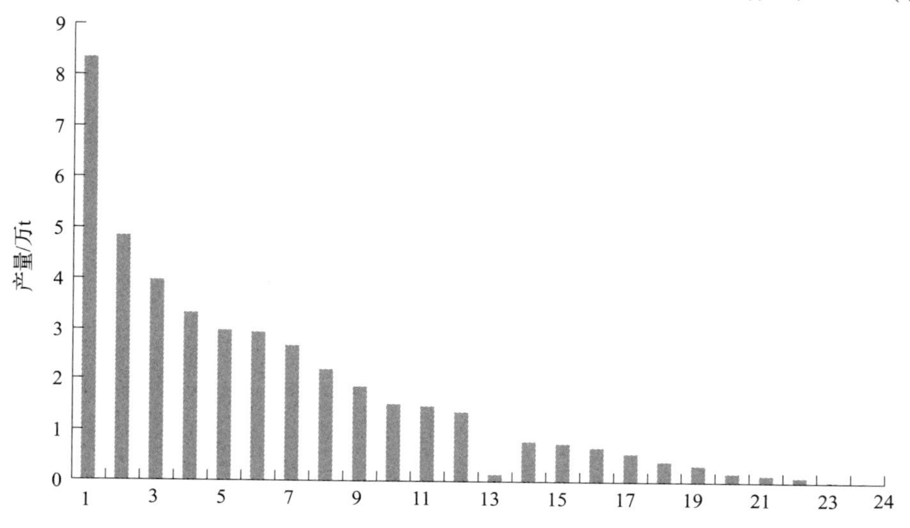

图7　2015年复合调味料产量

注：（1）2015年复合调味料产量在2万t以上的企业有8家，占总数（24家）的33%；

（2）2015年复合调味料产量在1万~2万t的企业有4家，占总数（24家）的17%；

（3）2015年复合调味料产量在1万t以下的企业有12家，占总数（24家）的50%。

资料来源：中国调味品品牌企业100强2015年年度数据统计汇总分析。

8．包装与设备

调味品行业的设备更新日趋明显，对产能提升、技术升级有促进作用。国内企业不断改进技术、更新设备，例如，李锦记引进日本工艺——连续蒸煮及圆盘制曲系统，致力于节约人力、提高产能；海天在智造领域已经实现了生产过程的自动化、管理方式系统化和营销手段电子化等现代新兴生产管理模式。

据2015调味品行业产品发展纵览分析，规模以上企业选择瓶装和袋装的总占比大于90%，其中主要为瓶装，可见传统与经典的包装模式仍然持续受青睐，但未来软塑料瓶将逐渐取代一部分袋装产品。“互联网+”营销模式的大潮已经来袭，调味品作为生活必需品受到极大关注，但由线上的销售方式带来的跨省市、跨地区销售却也存在运输与配货的挑战。

调味品包装的形状从单一的直筒形、圆形拧盖方式向曲线形、方形、扣盖方向衍生与扩展，颜色从单一的色调向视觉冲击力更强的绿色和紫色等发展，外形上从圆柱形向水滴状、变形长方体等有特色的外观发展。

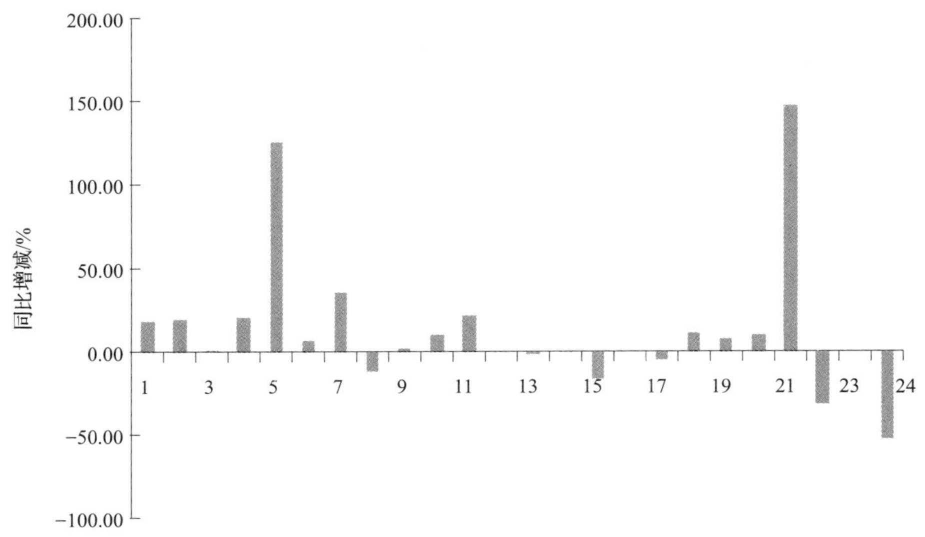

图 8　2015 年复合调味料产量同比增减

资料来源：中国调味品品牌企业 100 强 2015 年年度数据统计汇总分析。

二、行业面临的问题分析

（一）政策与市场

1. 政策

目前，食品行业整体政策都较为完善，在与企业沟通中发现目前仍然存在少部分制法与地方执法理解不一的情况，企业在基层遇到的现实执法中，存在对条文的理解分歧，一定程度上造成了企业的难题，还需要权威部门对标准、法律法规的更深一步宣贯与解读。同时，希望加强重大科技创新与企业食品安全保障方面的政策、资金支持。

2. 市场

调味品行业仍然处于完全竞争的状态，竞争从早期的价格战向品牌影响力、渠道竞争力、文化建设、科技创新等方面转变，竞争方式更加科学与可持续，对整个行业的良性发展起到推动作用。

另外，多数生产企业与经销商对“互联网 +”给传统企业带来的影响较为茫然，有跃跃欲试者将互联网理解成为网上卖货，导致其只是徒劳增加人力和经济成本，而没有达到意料之中的效果；相当一部分企业没有意识到渠道变化带来的冲击，没有考虑到更多的迎合互联网渠道出现的新型产品带来的威胁。

（二）科技创新

调味品行业处在产品创新、市场拓展、资本运作、渠道变更等的大踏步发展阶段，但整个行业技术创新和产品更新的步伐还是需要加快，以缩小与国外同行业在技术方面的差距。行业内不少优秀的企业认识到科技创新与基础研究的重要性，分别对微生物发酵基础、精细化控温发酵技术、减盐提鲜、酱油酿造专用耐盐乳酸菌、微生物菌株研发、通过基因组学分离选育高效米曲霉、酿造行业现有酵母菌改良等方面有了更深入的研究，以缩小与技术发达国际同行之间的差距。在保证风味优质前提下，构建和优化酱油食醋发酵工程菌系，缩短发酵周期，提高产品风味，节能降耗增效，成为目前国内多数调味品企业亟待解决的难题。

三、发展趋势

（一）餐饮业持续回暖，消费潜力提升

消费潜力的提升，来自于饮食结构的变化、餐饮业的发展、人民健康意识的提升，以及新兴消费的兴起。国家统计局最新数据显示，2015 年全国餐饮收入首次突破 3 万亿元，同比增长 11.7%，行业发展亮点频现。餐饮行业环境更加多样化，消费者的需求也随着时代的变迁而更加多样化。在“互联网 +”的不断发酵中，餐饮与互联网的逐步融合，餐饮业新模式激发出消费者的新需求。简餐店面替代了很大一部分高端餐馆酒楼，餐饮翻台率提高，餐饮品牌入驻电商促进营销已经成为潮流。餐饮业的持续回暖也促进了调味品行业的发展。

（二）渠道定制产品提高占有率

过去几年，细分化产品的出现了受到了消费者的青睐，随着互联网的崛起，渠道定制型产品也开始占有一定的市场份额。渠道定制型的新品开发主要分为三个方面：首先是定位精准。由原来的只针对产品基本属性进行的企业营销，改为针对产品使用功能的区别来做新品研发。其次是在设定好定位之后再进行细分与研究，开发适销对路的产品。第三是渠道定制。渠道主要分为餐饮、食品加工、家庭消费三个渠道，除了传统的渠道定制，另外一种定制是新兴渠道的定制，细化到购买环节、消费需求、实现方式，简单说就是互联网消费购买行为，需要考虑物流成本以及这个群体的消费习惯进行渠道定制。

（三）国际市场开拓

随着全球经济一体化进程的不断推进，东西方饮食文化融合和西餐调味品的大量涌入使得中国餐饮业市场和百姓厨房正在发生一系列的变化。部分积极开拓国际市场的调味品企业针对国外消费者口味进行产品市场定位与新品研发，进入国内市场的国际企业也与国内饮食口味相融合，东西方饮食融合的趋势不断显现。

东西方饮食融合主要分为两个发展方向：国际市场的开拓、产品的市场定位与新品的研发。国际市场的开拓主要体现在口味上需要根据当地口味作相应的调整；新品的开发需要找准市场定位，定制与开发更具有吸引力与市场性。

四、政策建议

（一）加强食品安全管理

食品安全方面，建议加强食品安全宣传工作和法律法规建设，引导消费者建立科学的消费理念；建立完善的食品安全风险评估计划，加强部门间信息沟通机制，全方位推进农村地区风险监测、严格把控全产业链的食品安全。

（二）理清标准制修订思路

目前调味品行业的国家标准、行业标准都有不同程度的滞后甚至暂时停滞，因此建议：首先，希望加快促进酱油、食醋、复合调味料等强制性食品安全国家标准的发布与实施；其次，明确梳理立项计划，并按顺序尽快清理食品安全标准、推荐性国家标准和行业标准，以保证整体进度；第三，将团体标准建设提上日程，建立健全管理、制修订、执行机制。

中国调味品协会

食品装备业

2015年中国食品装备行业受前方用户行业下行态势的影响，增速趋缓，但仍处于正常的发展区间，依然保持高于机械行业平均水平的增长速度。中国的食品装备企业更加注重通过资本市场获得资本的支持。一些企业通过上市、并购等资产项目的运作，对行业内相关企业进行参股、收购，丰富和完善了企业的产业链，进一步优化了行业产能，通过集团化运作和整合，提高了企业在市场中的竞争优势。中国食品装备业占据的市场份额逐步扩大，“中国制造”的产品质量和技术水平稳步提高。但行业发展同时受到市场制约的影响也愈发明显，冷热不均现象突出，如2015年啤酒装备领域发展受到啤酒行业下滑的影响，订单锐减，啤酒装备制造企业受创较大。

一、行业概况

（一）主要经济指标

根据国家统计局和中国机械工业联合会共同发布的数据显示，对2015年行业限上企业1031家的统计资料分析，2015年1—12月食品和包装机械行业经济增速放缓，主要经济指标仍实现正增长；利润总额的增速低于主营业务收入5.49百分点，出口交货值99.71亿元，同比增长7.07%，同2014年的出口交货值相比增长3.58个百分点（表1、图1和图2）。

表1　2015年1—12月食品包装机械行业主要经济效益数据

	主营业务收入		主营业务成本		利润总额		应交增值税	
	总额/亿元	比上年增长/%	总额/亿元	比上年增长/%	总额/亿元	比上年增长/%	总额/亿元	比上年增长/%
包装机械	346.64	4.62	218.54	4.76	19.86	−0.10	10.05	0.80
食品机械	1136.22	12.35	937.49	12.60	82.37	6.24	32.57	13.64
其中：烟草生产专用设备	105.91	1.99	80.11	1.80	8.74	−8.34	4.59	22.28
食品、酒、饮料及茶生产专用设备	304.19	14.23	252.41	15.23	21.04	8.05	9.02	16.42
农副食品加工专用设备	688.47	13.57	575.22	13.51	49.89	7.12	17.87	10.81

续表

	主营业务收入		主营业务成本		利润总额		应交增值税	
	总额/亿元	比上年增长/%	总额/亿元	比上年增长/%	总额/亿元	比上年增长/%	总额/亿元	比上年增长/%
商业、饮食、服务专用设备	37.64	7.73	29.74	5.87	2.71	38.89	1.09	5.64
合计	1482.86	10.44	1219.03	10.69	102.23	4.95	42.62	10.33

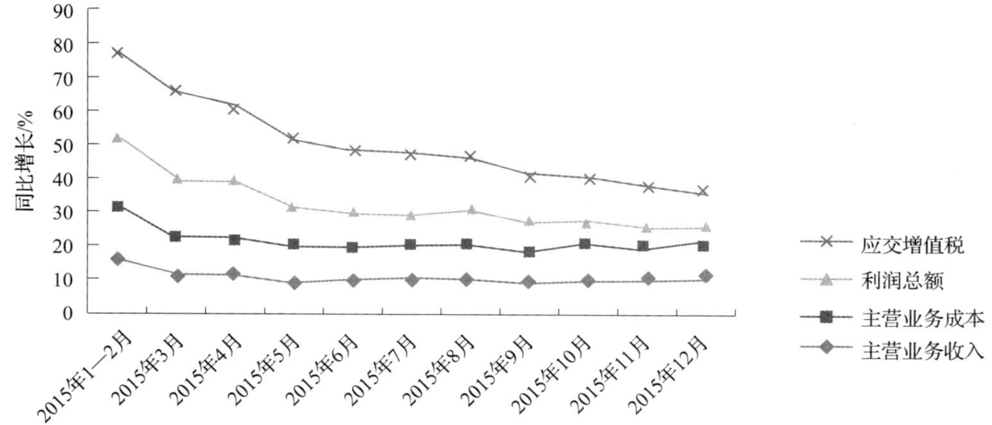

图 1　2015 年 1—12 月食品包装机械行业经济运行同比增长趋势图

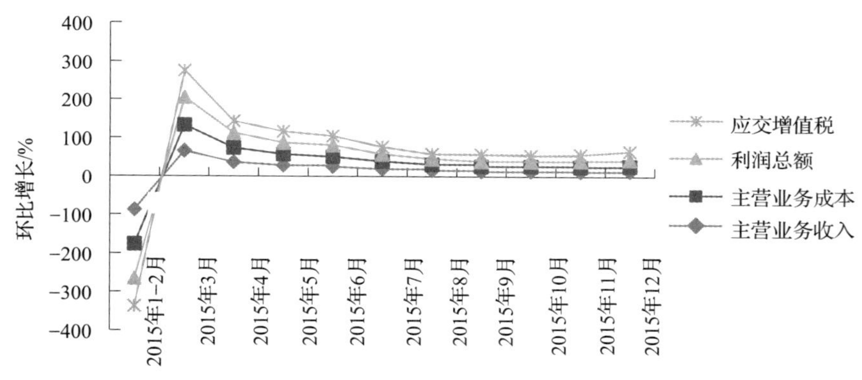

图 2　2015 年 1—12 月食品包装机械行业经济运行环比增长趋势图

“十二五”期间，我国食品装备行业经济运行态势仍然保持了高速增长。全国食品机械平均增长率为 14.5%，高于全国机械工业的整体增长速度。近年来，由于受国际经济形势和我国经济下行压力的影响，食品装备行业的经济增速放缓。2015 年，我国食品装备行业完成工业总产值 3893 亿元，同比增长 14.5%（图 3）。其中，食品机械为 1818 亿元，同比下降 13.82%；包装机械为 2076 亿元，同比增长 15.18%。从进出口情况看，“十二五”期间，我国食品装备进出口贸易平均增长率 6.72 为%。食品装备行业 2015

年进出口总额为 72.85 亿美元，同比下降 5.40%，其中，出口总额 39.47 亿美元，同比增长 3.92%，进口总额 33.38 亿美元，比上年下降 14.48%（图 4）。通过分析测算，我国食品装备的国际竞争力仍然处于劣势，技术装备水平与国外还存在较大差距。

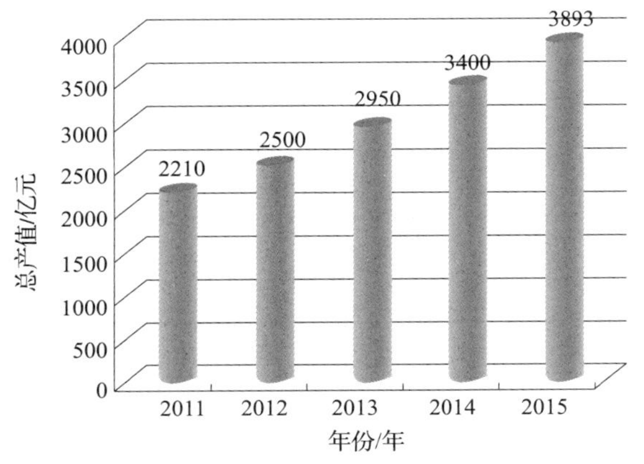

图 3 “十二五”期间行业工业总产值

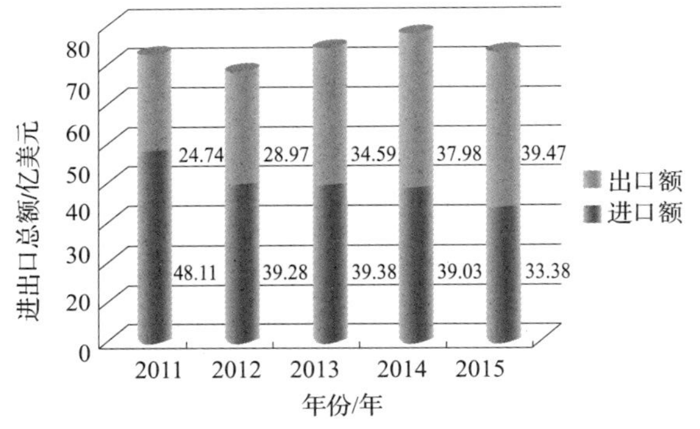

图 4 “十二五”期间行业进出口额趋势图

（二）行业发展分析

2015 年我国食品工业处于市场调整期，食品生产企业对生产设备的更新、技改、扩容大都持谨慎态度，扩张速度减缓，对食品装备总体需求的增速下降，设备订单主要集中于少数优秀大品牌食品生产企业，中小食品企业普遍暂停或延缓装备采购和更新。2015 年食品装备行业发展呈现以下特点。

1. 亏损企业数及亏损总额比 2014 年增幅扩大

截止到 2015 年 12 月底，行业规模以上企业 1031 家，其中亏损企业 87 家，同比增长 40.32%，包装机械亏损企业 34 家，同比增长 41.67%，食品机械 53 家，同比增长 39.47%；亏损总额 3.60 亿元人民币，同比增长 49.89%，其中包装及机械亏损 1.28 亿元。同比增长 15.36%，食品机械亏损 2.32 亿元，同比增长 79.57%，食品机械亏损面扩大，其中烟草生产专业设备制造亏损总额为 0.61 亿元，同比增加 98.79%，食品、酒、饮料及茶生产专用设备制造亏损 0.55 亿元，同比亏损扩大 148.94%，下滑幅度明显；农副食品加工专用设备制造亏损 0.98 亿元，同比增加 77.53%，只有商业、饮食、服务专用设备制造业亏损 0.17 亿元，亏损额实现负增长，为 -17.72%，亏损企业由去年的 6 家变为本年度的 5 家，亏损企业减少一家（表 2）。

从企业规模上来看，大型企业没有亏损，中型企业亏损额为 1.21 亿元，比去年增加面达 8 倍以上，亏损企业由上年的 3 家上升到 2015 年度的 7 家，小型企业亏损额为 2.39 亿元，同比增长 5.36%，亏损企业由上年度的 59 家扩大到 80 家，食品包装机械亏损总额的 66.39%。

2. 主营业务利润率下降

2015 年食品包装机械行业主营业务利润率为 17.04%，相比 2014 年的 17.62% 略有下降，但反映出食品包装机械行业与机械行业相比依然处于较好的发展态势。其中，食品机械主营业务利润率为 16.74%，包装机械主营业务利润率为 18.02%；其中，商业、饮食、服务专用设备行业的主营业务利润率为 20.28%，说明该类产品附加值高，营销策略得当，主营业务市场竞争力强，发展潜力大，获利水平高（表 3）。

表2　2015年1—12月亏损企业数及亏损额表

	企业数/家	亏损企业数/家	同比/%	亏损额/亿元	同比/%
包装机械	281	34	41.66	1.28	15.36
食品机械	750	53	39.47	2.32	79.57
其中：烟草生产专用设备	63	6	50%	0.61	98.79
食品、酒、饮料及茶生产专用设备	254	21	133.33	0.55	148.94
农副食品加工专用设备	402	21	10.53	0.98	77.53
商业、饮食、服务专用设备	31	5	-16.67	0.17	-17.72
合计	1031	87	40.42	3.60	49.89

表3　2015年1—12月食品包装机械行业主营业务利润率表

	主营业务收入/万元	主营业务成本/万元	主营业务税金及附加/万元	主营业务利润率/%
包装机械	3466445.8	2815449.8	26456.3	18.02
食品机械	11362197.3	9374857.6	84993.3	16.74
其中：烟草生产专用设备	1059137.3	801073.1	8476.0	23.57
食品、酒、饮料及茶生产专用设备	3041916.6	2524133.4	19132.1	16.39
农副食品加工专用设备	6884728.3	5752201.6	54758.8	15.65
商业、饮食、服务专用设备	376415.1	297449.5	2626.6	20.28
合计	14828643.1	12190307.4	111449.6	17.04

3．行业整合进入实操阶段

2015年，食品装备市场竞争更加剧烈，食品装备制造企业普遍反映国内产品订单锐减，出口不顺。外部环境的影响促使企业抱团取暖。行业在转型升级、产业结构调整方面有了自发动力，业内企业参股整合、兼并重组的合作意向交流增多，食品装备行业进入到了整合重组阶段，并已有了实质性结果。同时跨界融合现象显现：既有食品加工行业的企业进入食品装备领域（如娃哈哈集团旗下两个机械厂过去做模具和饮料生产线配套设备，目前也在尝试制造高档次机器人），也有食品装备企业进入食品加工和包材加工领域。

4．资本市场动作明显

2014年继威海远航科技发展股份有限公司上市以后，行业资本化运作强度加大。据不完全统计，2015年以来食品装备行业已有一批企业介入资本市场：上海普丽盛包装股份有限公司、江苏新美星包装机械有限公司、莱克电气股份有限公司、杭州永创智能设备股份有限公司、山东鼎泰盛食品工业装备股份有限公司、湖南博雅智能装备股份有限公司、深圳市小田冷链物流股份有限公司及镇江恒达包装股份有限公司陆续上市。资本市场为中国的食品装备行业未来发展提供资金支持，有助于行业中小企业调整产品结构，突出竞争优势，进而在行业中形成核心企业群的集体跨越式发展。

5. 以智能化、“互联网 +”为代表的技术进步引领行业发展

中国食品装备制造行业在政府提出的《中国制造 2025》战略指导下、在创新驱动和科技发展等方面有了较为显著的变化，产品质量和性能有了提高。不同产品领域中实力较强的企业在整体交钥匙工程设计、设备集成优化、数字化监控、信息化远程管理、节能降耗、环境保护、质量追溯等方面开始朝着“智能制造”发展方向行动。

2015 年，行业在技术进步方面，开发了智能化、自动化、绿色化的 6000 瓶/h 5L 新一代瓶装水吹灌旋生产线、36000 瓶/h PET 瓶装植物蛋白饮料无菌冷灌装生产线；桶装啤酒清洗灌装设备；研发了 15000 瓶/h PET 瓶牛乳无菌冷灌装组合机和 18000 瓶/h PET 瓶发酵乳超洁净灌装组合机、智能仓储系统、液态食品机器人自动化生产线成套装备与示范应用项目、陶瓷膜连续无土过滤设备、隔膜压滤机、100 ~ 3000L/d 生产能力的精酿啤酒系统、机器人上甑、智能化白酒酿造装备、大型酒糟绿色循环酿酒智能发酵仓技术、谷物醋固态发酵机组及其成套装备关键技术、新型粮食吸送装备、马铃薯全粉生产装备等新技术和新项目；推出了应用于产品包装的机器人系统、国内首条 12000 瓶/h 非浓缩还原汁超洁净冷灌装生产线、中国第一台 2000 ~ 6000 瓶/h 8 ~ 12L 大瓶吹灌旋一体机、48000 瓶/h 啤酒生产线在线检测及跟踪系统。

6. 细分市场、区域分布及产业集中度基本没有改变

2015 年，我国食品装备行业在前方用户行业基本保持稳定发展的态势下，也保持了相对稳定的发展格局。行业企业的区域分布、细分市场及产业集中度基本没有改变。

7. 行业发展的不均衡性依然存在

从食品工业细分领域的专用设备看，受到前方行业的产业发展水平、发展阶段、产业特点的影响，中国食品装备行业发展存在着较大的不均衡性。乳制品、液体食品等行业自动化程度较高，主食加工、肉类加工等行业依然停留在半手工阶段。

8. 进出口

据海关统计，2015 年中国食品和包装机械进出口总额 72.85 亿美元，比上年同期下降 5.40% （表 4），其中食品机械进出口总额 29.25 亿美元，比上年同期下降 3.34%，包装机械进出口总额 43.61 亿美元，同比下降 6.72%。

表 4　2014—2015 年食品和包装机械行业进出口数据

	进出口总额		进口额		出口额		贸易差额/亿美元
	金额/亿美元	同比/%	金额/亿美元	同比/%	金额/亿美元	同比/%	
2014 年	77.01	4.11	39.03	-0.89	37.98	10.88	-1.05
2015 年	72.85	-5.40	33.38	-14.48	39.47	3.92	6.09

食品和包装机械出口总额 39.47 亿美元，比上年同期（以下简称同比）增长 3.92%。其中，食品机械出口总额为 17.76 亿美元，占食品和包装机械出口总额的 45.00%，同比增长 5.68%；包装机械出口总额 21.78 亿美元，占食品和包装机械出口总额的 55.00%，同比增长 2.50%。

食品和包装机械进口总额 33.38 亿美元，比上年下降 14.48%，其中食品机械进口总额为 11.48 亿美元，占食品和包装机械进口

总额的34.39%，比上年下降14.65%；包装机械进口总额21.90亿美元，占食品和包装机械进口总额的65.61%，比上年下降14.35%。

从2015年的进出口数据可以看出我国的食品和包装机械进出口额为贸易顺差，顺差额达到了近十年的顶峰6.09亿美元。表明在国内经济不景气的情况下，食品包装机械行业外汇有净收入，食品包装机械在国际上有比较强的竞争力，在国际市场上处于有利的地位。但是也应看到如果包装食品机械长期大量处于贸易顺差的水平，会引起国外贸易伙伴国的摩擦，应引起重视。同时大量外汇盈余通常会导致国内市场上人民币投放量随之增长，因而很可能引起通货膨胀压力，不利于国民经济持续、健康发展。2015年食品包装机械行业出口交货值见表5、图5。

表5　2015年食品包装机械行业出口交货值数据

	出口交货值	
	金额/亿元	同比（%）
包装机械	21.78	2.50
食品机械	17.76	5.68
其中：烟草生产专用设备	0.09	-22.76
食品、酒、饮料及茶生产专用设备	35.38	-0.83
农副食品加工专用设备	28.40	25.33
商业、饮食、服务专用设备	3.65	-17.78
合计	39.47	3.92

从2015年1—12月食品包装机械出口交货值的同比增长趋势图（图5）可以看出，无论从同比增长趋势还是环比增长趋势都在逐月下降，同比出口交货值从6月份开始增速一直保持个位数的增速，环比增速呈现逐月下降态势（图6），表明国内经济形势比较严峻，应引起重视。

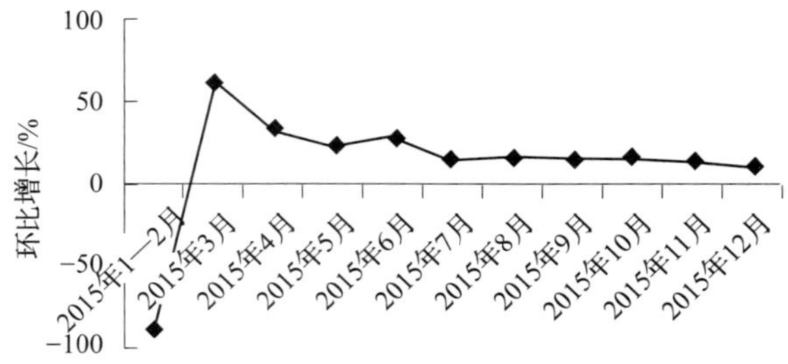

图5　2015年1—12月食品包装机械出口交货值环比增长趋势图

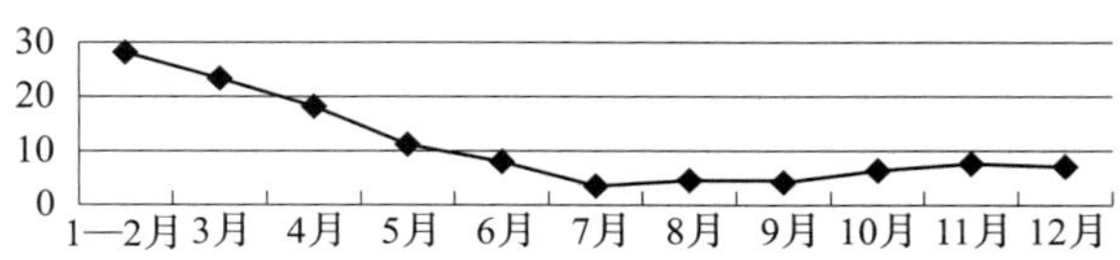

图6　2015年1—12月食品包装机械行业出口交货值同比增长趋势图

二、行业面临的问题分析

（一）需求市场疲软，订单减少

中国经济进入新常态阶段，食品消费趋向理性，特别是啤酒消费下滑对食品装备制造企业带来的订单不足影响比较严重。

（二）行业技术创新仍有不足

2015年，我国食品装备行业的中低端市场领域已为中国企业所占领，但高端产品领域依然被国际领先企业所把持，如中国市场的72000～120000罐/h的高速易拉罐生产线完全被欧洲公司垄断。在包装设备整线的智能化管理方面，也几乎都由欧洲供应商垄断。

中国企业在技术人才的实力、技术资金的投入方面与国外一流企业相比还有很大差距。国内研究院所的科研课题与市场需求还有脱节，其研究成果与企业的结合度不高；由于企业的技术保密，跨界技术交流深度不够；因行业内企业互相挖角，企业核心员工和技术员工的稳定性较差，导致企业对研发创新和培养人才和投入热情下降，抄袭仿制也使得行业产品的同质化和低端化现象加重。

（三）人民币汇率持续上升对企业产品销售带来不利影响

（四）民营企业融资困难和融资成本居高不下，不同性质企业待遇不同

（五）中国劳动力成本上涨过快问题在2015 年依然存在

（六）行业发展的不均衡性依然存在

三、发展趋势

中国食品装备行业未来 3 ~ 5 年内还将处于平稳向上的发展阶段。但发展模式将会逐步从产品、价格竞争逐步转化为技术能力、企业规模等综合实力的竞争。

（一）集团化发展趋势

中国食品装备行业的发展依托于食品工业的规模和市场，单独企业的产品覆盖面有限，受到食品工艺、产品特征等影响，市场往往集中于某些特定食品工业细分领域，并受到所服务行业景气程度的较大影响。经过多年发展和市场竞争，多数细分领域已出现少数市场占有率较高、发展前景好、具有明显竞争优势的行业骨干企业和龙头企业。今后一定时期，中国的食品装备行业将出现集团化发展趋势，以企业核心竞争力为引导，尽可能跨越多个食品工业细分领域，以降低经营风险的企业模式将会越来越多的出现在食品装备行业。

（二）食品装备将向智能化方向发展

随着食品工业产品品质和安全标准的不断提升，对国产食品装备在智能化、自动化、安全性和生产效率方面提出了更高的要求，尤其是在后工业时代，大数据、云计算、工业互联网等新的食品工业生产环境下，对食品加工过程中应用数字化管控技术、机器人应用技术等方面提出了更高的要求。

在未来发展道路上，食品装备将向“高精尖”方向发展，在设计上将逐步实现数字智能设计，覆盖制造装备关键部件的全生命周期。在产品结构上，以市场为导向，开发生产高效低耗的大型成套设备和高新技术产品；在包装功能上，产品趋向精致化，配合产业自动化趋势；在技术发展上，朝着机械功能多元化——灌装装备在大环境的变化趋势下，具有多元化、多种切换功能，能适应多种包材和模具更换的包装机；结构设计标准化、模组化、控制智能化、结构高精度化等几个方向发展。

（三）工程化产业链整合趋势

市场竞争要求从产品、质量、服务逐步提升为工程化解决方案的阶段，将会促进食品装备行业以核心企业工程化解决方案为龙头，以参股和控股形式进行产业链整合，进而为市场提供全面的解决方案。

（四）个性化的产品和具有专长的企业将赢得市场

精酿啤酒消费给精酿啤酒装备制造设备发展带来新机遇。个性化特色消费将是精酿啤酒装备市场定位的主旋律，其发展趋势将更加精细化、个性化。在某些特定领域具备竞争专长且缺乏替代的企业将会在未来的市场中赢得更大的市场份额。

（五）跨界融合将为食品装备行业带来更广阔的合作空间

食品装备行业在应用基础零部件、自动控制等现代工业产品方面还处于中低端水平。由于行业企业实力参差不齐，规模总量不大，产品工艺性强，定制程度高等原因，基础工业相关的领先技术的应用往往需要较长的过程才被业内企业认识进而应用。跨界融合将在自动化、智能化新技术应用方面推动食品装备行业的发展。促进行业跨越式技术进步。

（六）绿色生态环保将成为装备设计制造方向

我国食品工业发展方式仍较粗放，食品工业部分行业能耗、水耗和污染物排放较高，这种生产方式与建设资源节约型和环境友好

型社会不协调。食品加工装备行业重点在发酵、酿酒、制糖、淀粉等行业将加快节能减排技术改造，推广清洁生产和综合利用新技术、新工艺。

（七）行业标准化体系建设步伐加快

行业发展需要和市场需求、将促使食品装备行业在行业产品标准制定和标准化体系建设、规范相关产品设计制造方面加快步伐。

（八）民营企业对行业发展的贡献不断加大

企业按经济类型分为六大类，即国有控股、集体控股、私人控股、港澳台商控股、外商控股及其它。2015 年 1—12 月对食品包装机械行业线上 1031 家企业的统计情况（表 6）来看，2015 年民营企业全年主营业务收入 1118.36 亿元，占全行业主营业务收入的 75.42%，同比增长 12.20%，高于食品包装机械行业的平均增速 1.76 个百分点。虽然食品包装机械行业起步较晚，行业内企业以中小型企业、民营企业为主，但这些企业是行业的主力军。在发展过程中，这些企业在技术创新、人才培养方面严重不足，需要国家的政策予以扶持，以加大企业创新的力度，提高企业的综合能力。

表 6　2015 年六类性质企业情况统计表

项目名称	企业数量/家	企业数量占比/%	主营业务收入占比/%	主营业务成本占比/%	主营业务税金及附加占比/%	利润总额占比/%
国有控股	28	2.72	5.61	5.05	4.79	6.62
集体控股	17	1.65	2.03	21.28	1.61	1.86
私人控股	814	78.95	75.42	76.62	81.04	73.66
港澳台控股	45	4.36	4.19	4.24	3.28	3.75
外商控股	89	8.63	8.10	7.50	5.21	8.50
其他	38	3.69	4.63	4.46	4.06	5.62

四、政策建议

（一）建议在产品推广、科技创新等方面对食品装备行业发展给予政策扶植，尤其是在某些细分领域的龙头企业给予重点帮扶

推动食品生产的数字化、绿色化，满足精益化生产管理、企业交互管控、快速响应用户需求，使我国食品智能化生产线工艺及成套装备达到国际先进水平。鼓励企业综合发展，兼并重组，做大做强，促进行业形成若干领军企业。

（二）出台企业贯彻“一带一路”发展战略的支持政策

（三）对食品装备行业的中小企业在税收方面有实质性的优惠政策，给予各中小企业缓解压力、平稳过渡的政策支持

（四）建议在加强培养专业技能型人才方面出台政策支持，加大技术扶持力度

（五）鼓励发展投融资主体多元化的上市和非上市公众公司，加快开展基于智能制造技术和信息采集分析技术的食品生产成套装备的开发与产业化示范

（六）缩小国有企业和民营企业在政策扶持、融资、监管力度等各个方面差距，给民营企业公平的竞争环境

中国轻工机械协会

中国食品和包装机械工业协会

境　外　篇

部分国家和地区食品产业发展现状分析

2015年，全球经济不景气，仅实现3.1%的增长，为近六年来最低增速。在此背景下，食品产业作为各国或地区经济发展中的重要产业，也呈现出不同程度的发展。

一、欧洲食品工业发展现状分析

（一）欧洲食品工业发展概况

2015年，受累于欧盟内需不振，食品工业延续低速增长态势。2015年，欧盟GDP14.6万亿欧元，同比增长2.8%，内需不振导致欧盟食品与饮料工业仅同比增长0.8%。分行业来看，食品与饮料行业增速分化明显，食品行业同比增长1.0%，而饮料行业同比下降0.2%，食品子行业中除肉类加工和肉制品，水果、蔬菜加工，乳制品制造、谷物制品、淀粉、淀粉制品制造和饲料制造行业分别同比增长2.6%、1.1%、0.4%、0.9%和0.7%外，其他子行业均同比下降（表1）。

表1　2015年欧盟食品饮料及子行业同比增长情况

行业	子行业	增长率/%
食品与饮料		0.8
其中：食品		1.0
	肉类加工和肉制品	2.6
	鱼类加工	-0.5
	水果、蔬菜加工	1.1
	动植物油制造	-4.0
	乳制品制造	0.4
	谷物制品、淀粉、淀粉制品制造	0.9
	烘烤食品制造	-2.4
	其他食品制造	-0.2
	饲料制造	0.7
饮料		-0.2

资料来源：Eurostat。

分国别来看，欧盟内部各国食品饮料工业增长分化明显，同比增长幅度在9.8%和-6.6%之间。其中，爱尔兰、罗马尼亚、匈牙利分别同比增长9.8%、5.8%和4.3%，增速较为明显，而瑞典、拉脱维亚、葡萄牙降速较为明显，分别同比下降6.6%、4.7%和3.4%（图1）。

进出口贸易大幅下降。2015年，欧盟食品工业出口3626.9亿美元，进口3345.9亿美元，分别同比下降15.8%和15.3%。欧盟食品工业出口市场和进口来源地主要为欧盟内部，其中前十大出口市场占欧盟食品工业总出口的60.1%，前十大进口来源地占欧盟食品工业总进口的64.4%（表2、表3）。

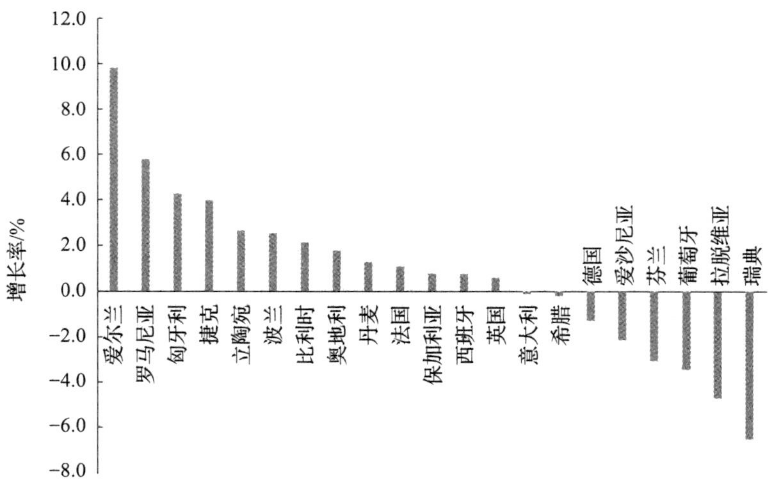

图 1　2015 年欧盟各国食品饮料工业增长情况

资料来源：Eurostat。

表 2　2015 年欧盟食品工业前十大出口市场

出口市场	出口额/亿美元
德国	416.6
英国	344.0
法国	313.6
荷兰	239.1
意大利	199.5
美国	181.7
比利时	181.5
西班牙	125.3
波兰	97.7
中国	80.0
前十大市场占比/%	60.1

资料来源：Comtrade。

表 3　2015 年欧盟食品工业前十大进口来源地

进口来源地	进口额/亿美元
德国	411.9
荷兰	368.6
法国	292.8
比利时	230.7
意大利	189.2
西班牙	178.8
波兰	143.7
英国	132.9
巴西	108.2
爱尔兰	96.5
前十大来源地占比/%	64.4

资料来源：Comtrade。

（二）欧洲食品工业发展趋势

1. 消费者关注天然功能性食品

欧洲消费者偏好于选购天然高纤维面包、谷物棒及酸乳等食品，对于天然功能性食材（如菊苣纤维）及避免摄入过多脂肪和糖等健康意识相当重视。其未来消费关键动在于食品的天然功能性、消化道健康和无/低脂肪及糖等特色。许多食品厂商看好此需求，已纷纷着手于新产品开发与调整。

2. 小型及便利化商店，扩大消费者的信赖

越来越多的欧洲消费者习惯于上下班通勤途中到小型零售店快速购物，如一美元商店及药妆店选择在车站附件设店，即可大幅吸引上班族购物。目前已有许多超市为消费者提供快速购物、

便利且高品质消费体验，逐渐向小规格店铺发展。而超市销售的即食食品与外带餐食的销售持续增长，凸显了忙碌的生活形态持续带动便利性产品的需求，如鲜切蔬菜和食材料理包等都受到了消费者的欢迎。

3. 持续加强食品规范，提升消费安全

近年来食品欺诈频繁，深刻打击了消费者与市场间的信任关系，更促进欧盟积极实施许多新规范。如新食品标识，加强产品资讯的透明度，提供消费者更明确的产品信息，其要求标识肉制品及海鲜制品的组成来源，降低食品标识不实问题，主要体现在有机食品标签的字体不得小于 1.2mm，食品过敏原、营养成分及原产地等要清楚标识。并增加虚拟途径食品标签与标识，肉制品与海鲜制品的组成成分及添加物要如实标识等规范。

4. 可持续发展的食品供应链成为欧洲食品工业共同的目标

未来欧洲将朝向农产原料安全、食物资源有效供应、鼓励消费当地食材等三大方向发展。除了强化科学研究，发展全面性的供应链规范，更提供自给自足，适应气候变化的当地农业。近年来以进口食物为主的英国开始发起当地农业活动，不仅提倡弹性耕作，运用轮作有效利用水资源，依照温度与浇水模式调整播种时间，种植灌木以避免水分流失等顺应环境的措施，也带动科技农业的发展；德国政府则强调每个消费者的当地食品消费责任，鼓励消费者选择购买当季自产食物并避免浪费。

二、美国食品工业发展现状分析

（一）美国食品工业发展概况

2015 年，随着美国经济增长恢复加快，美国食品工业产值达到 38559 亿美元，增加值为 10156 亿美元。近年，美国食品工业产值占制造业的份额稳定在 13% 以上，特别是金融危机后 2009 年该份额最高达到 17.3%，此后稳定在 15% 左右（图 2）。

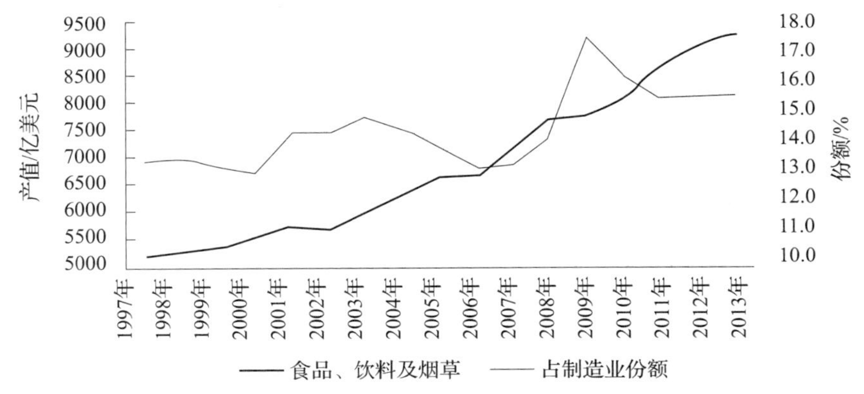

图 2 1997—2015 年美国食品工业产值及占制造业份额变化情况

资料来源：BEA。

进出口贸易小幅下降，其中出口下降较为明显。2015 年，美国食品工业出口 718.0 亿美元，进口 972.7 亿美元，相比 2014 年分别增长 -8.5% 和 1.4%。美国食品工业重要出口市场为加拿大、墨西哥、日本、中国、韩国等国，重要进口来源地为加拿大、墨西哥、中国、法国、意大利等国（表 4、表 5）。

表 4 2015 年美国食品工业前十大出口市场

出口市场	出口额/亿美元
加拿大	159.2
墨西哥	106.4
日本	63.2
中国	45.0

续表

出口市场	出口额/亿美元
韩国	36.5
中国香港	22.3
菲律宾	17.0
荷兰	13.3
英国	13.0
澳大利亚	11.6
前十大市场占比/%	67.9

资料来源：Comtrade。

表5　2015年美国食品工业前十大进口来源地

进口来源地	进口额/亿美元
加拿大	176.4
墨西哥	117.4
中国	51.8
法国	47.4
意大利	45.0
澳大利亚	41.8
泰国	33.7
巴西	32.7
印度尼西亚	32.7
智利	25.8
前十大来源地占比/%	62.2

资料来源：Comtrade。

（二）美国食品产业发展趋势

1. 关注市场：食品安全、餐饮、有机

（1）食品安全议题与市场受重视　鉴于食品造假年损耗150亿美元成本，同时避免消费者健康受影响，美国药典委员会曾提出打击食品造假指南计划，以助于食品企业和监管机构，查明可能掺假的食品及原配料。Companies and Markets研究显示，由于美国食品供应链复杂，两成食品为进口来源，目前食品安全检测市场已呈倍数增长，未来将持续增长。

（2）餐饮业朝个人化及健康化发展　NPD研究指出，美国单身人口大幅增长，超过一半消费者会独自用餐，带动个人化消费。GrubHub调查指出，全美3万家外带餐饮从业者对奇亚籽、藜麦杏仁乳与鲜榨果汁等健康食材需求显著增加。

（3）有机食品市场持续扩大　有机贸易协会（Organic Trade Association，OTA）调查显示，美国有机食品年销售额323亿美元，其中有机蔬果销售占比达46%，有机乳制品及饮品销售增长较为平衡，有机调味品增长最快。八成以上受访者曾购买有机食品且四成以上产上年购买更多。

2. 关注产品：植物乳、休闲食品、低热量产品

（1）植物奶广受消费者青睐　Mintel研究指出，美国约五成消费者因重视健康而购买植物乳，其多元口味吸引三成消费者尝鲜。Blooming Business Week估计2016年替代乳品将达17亿美元，杏仁乳成为植物乳首选口味。

（2）休闲食品加速创新发展　FONA指出，美国休闲食品销售额超过640亿美元，以谷物、肉类及咸味零食最受青睐，而每天食用三次以上者增长一成，45%的消费者关注包装和食用的便利性。相关从业者持续满足消费者对休闲食品营养性、异国风味及便利性的需求。

（3）低热量产品仍为市场主流　美国知名汽水生产商计划于2025年实现全美饮料总热量减少20%的目标。Euromonitor研究显示全球低脂巧克力市场约5亿美元，其中八成市场由美国所带动。

三、日本食品产业发展现状分析

（一）日本食品产业发展概况

从生产指数变动情况看，2015年1—12月，日本食品产业生产指数呈现大幅波动，整体呈下滑态势，由期初的98.2下降至期末的96.1（图3）。这一结果表明，受国内经济增长乏力、国际进出口贸易形势严峻等因素的影响，日本食品产量波动起伏较大。

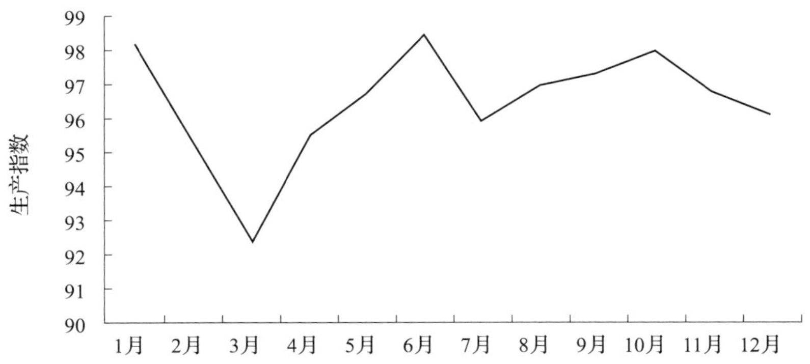

图3　2015年1—12月日本食品产业生产指数变动情况（2010年为100）

资料来源：日本统计局。

受内需不振、进口大幅下降因素，日本进出口贸易下降明显。与中国不同，日本是一个食品工业贸易逆差巨大的国家，2015年进出口贸易逆差高达390.9亿美元。2015年，日本食品工业出口38.8亿美元，进口429.7亿美元，分别同比增长6.9%和-9.1%。重要进口来源地为美国、中国、泰国、澳大利亚、巴西等国，重要出口市场为中国香港、美国、中国、韩国、泰国等市场（表6、表7）。

表6　2015年日本食品工业前十大出口市场

出口市场	出口额/亿美元
中国香港	9.8
美国	6.3
中国	2.8
韩国	2.3
泰国	2.1
越南	1.8
新加坡	1.5
澳大利亚	0.8
阿联酋	0.6
马来西亚	0.6
前十大市场占比/%	73.7

资料来源：Comtrade。

表7　2015年日本食品工业前十大进口来源地

进口来源地	进口额
美国	72.3
中国	65.6
泰国	38.0
澳大利亚	28.7
巴西	21.1
加拿大	15.8
法国	15.1
智利	14.3
越南	11.9
韩国	10.9
前十大来源地占比/%	68.4

资料来源：Comtrade。

（二）日本食品产业发展趋势

1. 市场产品健康、创新等升级的动作持续进行

根据Nagase America提出2015年日本食品饮料五大趋势重点，说明在市场饱和的激烈竞争下，日本食品产业未来通过创新产品开发，保持产品吸引力及竞争力的动作及速度仍将持续。趋势方向包括：① 呼吁新的健康宣称标识制度，功能性食品饮料推出加速。② 健康低脂植物性奶持续发烧，聚集豆乳、杏仁乳及米乳等产品。③ 创意混搭休闲食品

受消费者青睐，文化融合创新口感。④ 延续珠珠奶茶及豆花、刨冰及牛肉面等传统中国台湾食品可能在日本起发风潮。⑤ 海藻糖和酵素等机能素材热门。

2. 银发族食品开发引领全球走向

日本65岁以上银发族超过3000万人，相关产品开发经验已成为全球标杆。目前日本银发族相关市场超过2万亿日元，外界估算2020年市场可达5万亿元。其中，具有健康及保健价值的产品很受看好。过去日本食品厂商针对银发族开发的消除排便异味饮品，从婴幼儿食品角度转向高龄食品经营，与连锁便利店串连，提供适合银发族需求的产品与服务。

3. 经济环境对食品企业内需市场经营的考验加大

阶段性提升消费税，日币贬值，经济低迷等政经环境，日本食品企业不论在产品最近购买或解决成本压力等方面，均面对重大的考验。下游零售市场饱和，竞争激烈，食品厂商与渠道间的竞争和合作关系更为复杂。

4. 对反食品浪费提出作为

据联合国粮农组织（FAO）指出，全球每年约有13亿t（约1万亿美元）的粮食因浪费而损失，若2050年前能够将浪费减半，应可填补20%的粮食缺口。日本食品产业已组成专门工作小组，与政府相关单位（含内阁府、消费者厅及环境厅等）共同讨论食品浪费的解决方案。包括为降低消费者挑选保质期比较新的商品所造成的食物浪费，2014年6月起，各饮料大厂将陆续简化可保存一年以上的饮料的保质期限标识至以月为单位。另外，运用可长时间保存的食品包装或加工技术，延长保质期也是一项重要措施。

四、中国台湾地区食品工业发展现状分析

（一）中国台湾地区食品工业发展概况

中国台湾地区的食品工业是以农产品为主要原料从事加工生产的二级产业，产品除可作为相关行业的加工素材外，也销售给餐饮业、批发零售业及消费者，其发展与农业息息相关，是重要民生产业。

整体来看，相比整体制造业，台湾食品工业近年保持不景气态势。2004—2015年，台湾制造业年均增长4.4%，而食品工业由5624亿台币增加到7333亿台币，年均增长2.4%，其中食品由4544亿台币增加到5928亿台币，年均增长2.4%，饮料及烟草由1080亿台币增加到1405亿台币，年均增长2.4%（图4）。

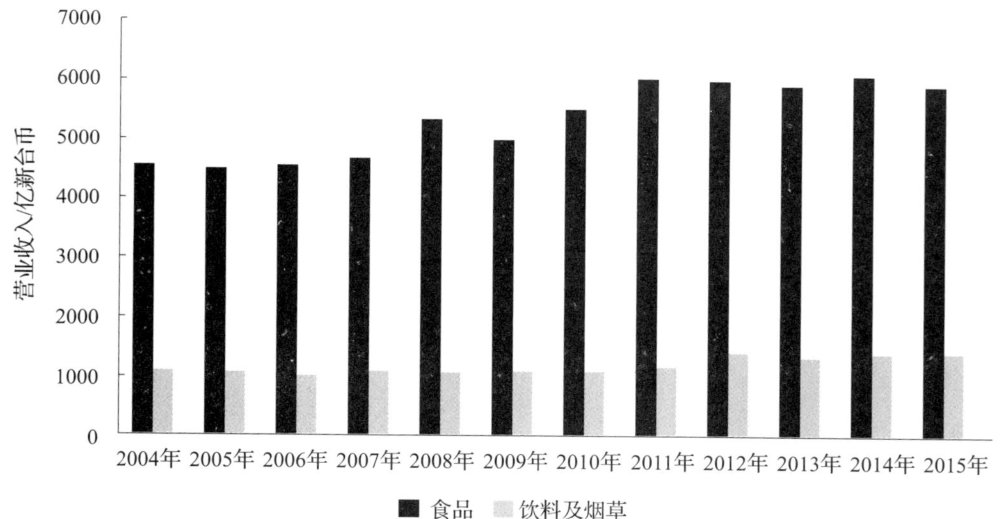

图4　2004－2015年台湾食品工业营业收入变化情况

2015 年，台湾经济不景气，GDP 实现了 3.8% 的增长，人均收入为 620546 台币，台湾食品工业继续呈现下降趋势。2015 年，台湾食品、饮料与烟草营业收入分别为 5928 亿台币、1405 亿台币，分别同比增长 -2.8% 和 0.3%，占制造业的份额分别为 2.2% 和 0.5%（表 8）。

表 8　2015 年台湾食品工业营业收入及变化情况

	制造业	食品	饮料及烟草
Q1/亿台币	63788	1430	309
Q2/亿台币	64649	1427	345
Q3/亿台币	65644	1527	377
Q4/亿台币	70140	1543	375
全年累计金额/亿台币	264221	5927	1406
全年累计增长/%	-3.3	-2.8	0.3

从投资来看，台湾食品工业投资大幅下滑，可以判断台湾未来一两年内增长情况不乐观，仍将延续下降趋势。2015 年，食品投资同比下降 10.6%，而饮料与烟草同比下降 30.6%（表 9）。

表 9　2015 年台湾食品工业固定资产投资及变化情况

	制造业	食品	饮料及烟草
Q1/亿台币	1991	30	3
Q2/亿台币	2295	46	8
Q3/亿台币	2441	48	8
Q4/亿台币	2872	58	20
全年累计金额/亿台币	9599	182	39
全年累计增长/%	-2.3	-10.6	-30.6

分产品产量来看，台湾主要食品产品产量增长分化明显，个别产品增长较快，多数产品低速增长甚至产量大幅下降，其中调味乳、发酵乳、水产品罐头增长较快，而冰淇淋、精制茶、矿泉水等产品下降较快。2015 年，调味乳、发酵乳、水产品罐头产量分别同比增长 20.1%、17.6% 和 12.9%，而冰淇淋、精制茶、矿泉水分别同比下降 17.1%、14.9% 和 8.0%（表 10）。

表 10　2015 年台湾部分食品产量及同比增长情况

产品	单位	产量	同比增长/%
猪肉	t	713528	2.6
鸡肉	t	193911	0.0
冷冻肉	t	331525	1.2
腌制食品	t	41009	0.7
冷冻水产食品	t	83470	-6.1
冷冻蔬菜水果	t	56881	5.5
脱水食品	t	27513	-3.1
豆油	t	360563	2.8
鲜乳	t	338529	-4.0
乳粉	t	1679	-4.9
调味乳	t	108254	20.1
发酵乳	t	105534	17.6
冰淇淋	t	18618	-17.1
大米	t	1138	-0.6
面粉	t	862546	3.0
饲料	t	5072371	-1.7
饼干	t	38009	2.4
糖果	t	33870	4.1
精制茶	t	6337	-14.9
味精	t	52872	-4.1
酱油	t	153407	-0.9
蔬菜水果罐头	标准箱	1082494	-0.9
水产品罐头	标准箱	1603772	12.9
即食食品	千元	21639173	7.1
营养保健品	千元	11998425	2.1
啤酒	公石	3800432	0.0
酒类（不含啤酒）	公石	1219866	-3.2
果蔬汁	kL	260006	-3.1

续表

产品	单位	产量	同比增长/%
碳酸饮料	kL	289752	7.8
矿泉水	kL	463335	-8.0
运动饮料	kL	185435	9.9
咖啡饮料	kL	181657	-1.7
茶类饮料	kL	1146488	-1.8

注：1公石=100L；标准箱为20英尺长的集装箱。

（二）中国台湾地区食品产业发展趋势

1．食品安全更加受到重视

自2014年2月台湾修订公布了食品安全卫生管理法，后续已增修订多项主要子法规，包括推动食品业者全登录、来源流向需记录、强制业者定期检验、稽查抽验食品厂等管理策略。

为建立产品安全品质形象，原料追溯制度、品保制度及共同品牌将受到厂商与消费者的重视。原先推动已久的食品GMP制度已于2015年7月重组为TQF，相关食品业者及协会将更积极发展与国际相关品保制度平台接轨。

2．外销导向受到重视

在外销发展上，针对东南亚、日本、美国、欧洲等目标市场的需求，生产具有台湾特色及高品质的产品，在未来将非常重要。为提升国际竞争力，食品业者将加强落实产销履历制造与良好操作管理。食品厂商将更积极融入与整合国际食品产业价值链，除建立优质产品生产销售管理体系外，还要与海外客户建立互信合作的伙伴关系，稳定外销管道与市场。

3．消费者健康导向引导发展

由于消费者重视身体健康，加上高龄化社会发展，高龄食品尤其生技保健食品受到各界重视，是未来重要的发展趋势。食品业者将加强研发、生产、销售，除针对台湾市场需求外，也将思考进一步推向国际市场的可能性，以境内外市场带动优质保健食品的发展。

为满足消费者的需求，食品生产必须精进，未来食品工业部门将引入更多的生物科技、资讯科技与食品卫生安全科技及产销履历等品保措施，来开发并生产更符合消费者需求的产品。

中国食品科学技术学会
中国电子信息产业发展研究院

附　录

附录一　食品行业重大法律法规和管理文件

《中华人民共和国广告法》（主席令第二十二号）

《国务院办公厅关于印发2015年食品安全重点工作安排的通知》（国办发〔2015〕10号）

关于加快推进重要产品追溯体系建设的意见（国办发〔2015〕95号）

国务院食品安全办食品药品监管总局保监会关于开展食品安全责任保险试点工作的指导意见（食安办〔2015〕1号）

国务院食品安全办等四部门关于加强食品安全法宣传普及工作的通知（食安办〔2015〕9号）

国务院食品安全办等五部门关于进一步加强农村食品安全治理工作的意见（食安办〔2015〕18号）

国务院食品安全办关于进一步强化农村集体聚餐食品安全风险防控的指导意见（食安办〔2015〕22号）

《商务部关于直销企业分支机构管理有关问题的通知》（商秩函〔2015〕591号）

关于实施《食品添加剂使用标准》（GB 2760—2014）问题的复函（国卫办食品函〔2015〕469号）

关于发布《食品安全国家标准食品添加剂六偏磷酸钠》（GB 1886.4—2015）等47项食品安全国家标准的公告（2015年第9号）

关于批准β-半乳糖苷酶为食品添加剂新品种等的公告（2015年第1号）

国家标准委关于印发《2015年全国标准化工作要点》的通知（2015年4月21日）

食品生产许可管理办法（国家食品药品监督管理总局令第16号）

食品经营许可管理办法（国家食品药品监督管理总局令第17号）

《食用农产品市场销售质量安全监督管理办法》（国家食品药品监督管理总局令第20号）

《食品药品投诉举报管理办法》（国家食品药品监督管理总局令令第21号）

关于贯彻实施《食品生产许可管理办法》的通知（食药监食监一〔2015〕225号）

关于印发婴幼儿配方乳粉生产企业食品安全追溯信息记录规范的通知（食药监食监一〔2015〕281号）

关于加强现制现售生鲜乳饮品监管的通知（食药监食监二〔2015〕36号）

关于印发食品经营许可审查通则（试行）的通知（食药监食监二〔2015〕228 号）

关于做好食品安全抽检及信息发布工作的意见（食药监食监三〔2015〕64 号）

关于集团公司及其分公司申办食品生产许可有关问题的复函（食药监办食监一函〔2015〕91 号）

关于食品保质期相关问题的复函（食药监办食监一函〔2015〕554 号）

关于制糖企业自产氧化钙生产许可有关问题的复函（食药监办食监一函〔2015〕693 号）

关于黄明胶生产许可有关问题的复函（食药监办食监一函〔2015〕724 号）

关于低聚果糖生产许可有关问题的复函（食药监办食监一函〔2015〕745 号）

关于进一步加强春节期间食品安全监管工作的通知（食药监办食监二〔2015〕31 号）

关于实施《食品安全国家标准保健食品》有关问题的复函（食药监食监三便函〔2015〕216 号）

关于推进食品药品安全信用体系建设的指导意见（食药监稽〔2015〕258 号）

关于贯彻落实《食品召回管理办法》的实施意见（食药监法〔2015〕227 号）

关于监督食品生产经营者严格落实食品安全主体责任的通告（2015 年第 16 号）

《食品药品监管总局办公厅关于开展保健食品批准证书持有者和生产企业基本情况调查的通知》（食药监办食监三函〔2015〕247 号）

《食品药品监管总局办公厅关于开展食品药品监管总局本级保健食品监督抽检和风险监测承检机构遴选工作的通知》（食药监办食监三函〔2015〕41 号）

食品药品监管总局关于做好食品安全抽检及信息发布工作的意见（食药监食监三〔2015〕64 号）

食品召回管理办法（国家食品药品监督管理总局令第 12 号）

《国家食品药品监督管理总局关于对使用银杏叶提取物生产保健食品的企业开展执法检查的通告》（2015 年第 19 号）

《食品药品监管总局办公厅关于对使用银杏叶提取物生产保健食品的企业开展执法检查的通知》（食药监办食监三〔2015〕74 号）

《国家食品药品监督管理总局关于使用违法银杏叶提取物生产保健食品有关核查情况的通告》（2015 年第 22 号）

《国家食品药品监督管理总局关于使用银杏叶提取物生产保健食品企业自查情况的通告》（2015 年第 26 号）

《食品药品监管总局办公厅关于遴选中国疾病预防控制中心营养与健康所等 7 家单位为国家食品药品监督管理总局保健食品注册检验机构的通知》（食药监办食监三函〔2015〕379 号）

《国家食品药品监督管理总局关于使用银杏叶提取物生产保健食品企业排查情况的通告》（2015 年第 28 号）

《国家食品药品监督管理总局关于实施〈食品安全国家标准　保健食品〉有关问题的公告》（2015 年第 104 号）

《食品药品监管总局关于征求〈保健食品功能目录原料目录管理办法（征求意见稿）〉意见的通知》

《食品药品监管总局关于征求〈保健食品标识管理办法（征求意见稿）〉意见的通知》

《食品药品监管总局关于征求〈保健食品注册与备案管理办法（征求意见稿）〉意见的通知》

《食品药品监管总局关于进一步加强药品医疗器械保健食品广告审查监管工作的通知》（食药监稽〔2015〕145号）

《食品药品监管总局关于严厉查处保健酒、配制酒违法添加行为加强酒类产品质量安全监管的通知》（食药监食监一〔2015〕135号）

《食品药品监管总局发布进一步规范保健食品命名有关事项的公告》（2015年第168号）

《关于保健食品注册变更流程有关问题的复函》（食药监食监三便函〔2015〕190号）

《国家食品药品监督管理总局关于对违法生产销售银杏叶提取物及制剂行为处罚意见的公告》（2015年第219号）

《食品药品监管总局关于切实做好对违法生产销售银杏叶提取物及制剂行为查处工作的通知》（食药监稽〔2015〕251号）

《关于实施〈食品安全国家标准　保健食品〉有关问题的复函》（食药监食监三便函〔2015〕216号）

《关于印发食品药品行政执法与刑事司法衔接工作办法的通知》（食药监稽〔2015〕271号）

《出入境检验检疫报检企业管理办法》（国家质量监督检验检疫总局令第161号）

《检验检测机构资质认定管理办法》（国家质量监督检验检疫总局令第163号）

《食品检验机构资质认定管理办法》（国家质量监督检验检疫总局令第165号）

《进境动植物检疫审批管理办法》（国家质量监督检验检疫总局令第170号）

《进出口商品数量重量检验鉴定管理办法》（国家质量监督检验检疫总局令第172号）

《出入境口岸食品卫生监督管理规定》（国家质量监督检验检疫总局令第174号）

关于调整《进出口乳品检验检疫监督管理办法》实施要求的公告（2015年第3号）

关于发布《产品质量国家监督抽查不合格产品生产企业后处理工作规定》的公告（2015年第57号）

关于发布《跨境电子商务经营主体和商品备案管理工作规范》的公告（2015年第137号）

关于进一步加强出口食品防护的公告（2015年第155号）

关于发布《出入境检验检疫报检企业管理工作规范》的公告（2015年第49号）

有机产品认证管理办法（修订）

《企业经营范围登记管理规定》（国家工商行政管理总局令第76号）

关于废止《流通环节食品安全监督管理办法》和《食品流通许可证管理办法》的决定（国家工商行政管理总局令第79号）

《流通领域商品质量监督管理办法》（国家工商行政管理总局令第85号）

关于修改《税务登记管理办法》的决定（国家税务总局令第36号）

关于修改《中华人民共和国发票管理办法实施细则》的决定（国家税务总局令第37号）

《网络零售第三方平台交易规则制定程序规定（试行）》（2014年第7号）

《环境保护主管部门实施限制生产、停产整治办法》（环保部令第30号）

《企业事业单位环境信息公开办法》（环保部令第 31 号）

《突发环境事件调查处理办法》（环保部令第 32 号）

《突发环境事件应急管理办法》（环保部令第 34 号）

关于印发《企业事业单位突发环境事件应急预案备案管理办法（试行）》的通知（环发〔2015〕4 号）

附录二　食品标准技术规范

（一）肉类加工业

《食品安全国家标准　胶原蛋白肠衣》（GB 14967—2015）

《食品安全国家标准　腌腊肉制品》（GB 2730—2015）

《肉脯》（GB/T 31406—2015）

《羊胴体等级规格评定规范》（NY/T 2781—2015）

《风干肉加工技术规范》（NY/T 2782—2015）

《腊肉制品加工技术规范》（NY/T 2783—2015）

《肉制品加工中非肉类蛋白质使用导则》（NY/T 2791—2015）

《肉的食用品质客观评价方法》（NY/T 2793—2015）

《肉中脂肪无损检测方法　近红外法》（NY/T 2797—2015）

《出口食品中牦牛源性成分的检测方法　实时荧光 PCR》（SN/T 4397—2015）

（二）乳制品工业

《匹萨用拉丝性干酪感官评鉴细则》（RHB 507—2015）

《耐高温再制干酪感官评鉴细则》（RHB 508—2015）

（三）水产品加工业

《食品安全国家标准　动物性水产制品》（GB 10136—2015）

《食品安全国家标准　鲜、冻动物性水产品》（GB 2733—2015）

《食品安全国家标准　干海参》（GB 31602—2015）

《冻扇贝》（GB/T 31814—2015）

《刺参及其制品中海参多糖的测定　高效液相色谱法》（SC/T 3049—20l5）

《干江蓠》（SC/T 3218—2015）

《干鲍鱼》（SC/T 3219—2015）

《调味生鱼干》（SC/T 3203—2015）

《盐渍海蜇皮和盐渍海蜇头》（SC/T 3210—2015）

《红参加工技术规范》（NY/T 2784—2015）

《水生动物及其产品中乙烯雌酚、甲孕酮液相芯片检验技术规范》（SN/T 4351—2015）

（四）饮料工业

《食品安全国家标准　食品工业用浓缩液（汁、浆）》（GB 17325—2015）

《食品安全国家标准　饮料》（GB 7101—2015）

《饮料通则》（GB/T 10789—2015）

《植脂末》（QB/T 4791—2015）

（五）制糖工业

《糖单位产品能源消耗限额》（GB 32044—2015）

（六）方便食品制造业

《食品安全国家标准　方便面》（GB 17400—2015）

（七）发酵工业

《食品安全国家标准　味精》（GB 2720—2015）

《甘露糖醇（工业用）》（GB/T 32096—2015）

《山梨糖醇和山梨糖醇液（工业用）》（GB/T 32097—2015）

《生物发酵法有机酸分类》（GB/T 32098—2015）

《酵母产品分类导则》（GB/T 32099—2015）

《麦芽糖醇和麦芽糖醇液（工业用）》（GB/T 32101—2015）

《取水定额　第 23 部分　柠檬酸制造》（GB/T 18916.23—2015）

《节水型企业　味精行业》（GB/T 32165—2015）

《工业用角质酶制剂》（QB/T 4915—2016）

《伊代欣糖（浆）》（QB/T 4916—2016）

（八）酿酒工业

《啤酒计量杯》（QB/T 2437—2015）

《葡萄酒中无机元素的测定方法　电感耦合等离子体质谱法和电感耦合等离子体原子发射光谱法》（QB/T 4851—2015）

《起泡葡萄酒中二氧化碳的稳定碳同位素比值（13C/12C）测定方法　稳定同位素比值质谱法》（QB/T 4852—2015）

《葡萄酒中水的稳定氧同位素比值（18O/16O）测定方法　同位素平衡交换法》（QB/T 4853—2015）

（九）食品添加剂和配料工业

《食品安全国家标准　食品添加剂　乙二胺四乙酸二钠》（GB 1886.100—2015）

《食品安全国家标准　食品添加剂　冰乙酸（又名冰醋酸）》（GB 1886.10—2015）

《食品安全国家标准　食品添加剂　微晶纤维素》（GB 1886.103—2015）

《食品安全国家标准　食品添加剂　喹啉黄》（GB 1886.104—2015）

《食品安全国家标准　食品添加剂　罗望子多糖胶》（GB 1886.106—2015）

《食品安全国家标准　食品添加剂　柠檬酸一钠》（GB 1886.107—2015）

《食品安全国家标准　食品添加剂　偶氮甲酰胺》（GB 1886.108—2015）

《食品安全国家标准　食品添加剂　羟丙基甲基纤维素（HPMC）》（GB 1886.109—2015）

《食品安全国家标准　食品添加剂　天然苋菜红》（GB 1886.110—2015）

《食品安全国家标准　食品添加剂　甜菜红》（GB 1886.111—2015）

《食品安全国家标准　食品添加剂　聚氧乙烯木糖醇酐单硬脂酸酯》（GB 1886.112—2015）

《食品安全国家标准　食品添加剂　菊花黄浸膏》（GB 1886.113—2015）
《食品安全国家标准　食品添加剂　紫胶（又名虫胶）》（GB 1886.114—2015）
《食品安全国家标准　食品添加剂　黑豆红》（GB 1886.115—2015）
《食品安全国家标准　食品添加剂　木糖醇酐单硬脂酸酯》（GB 1886.116—2015）
《食品安全国家标准　食品添加剂　羟基香茅醛》（GB 1886.117—2015）
《食品安全国家标准　食品添加剂　杭白菊花浸膏》（GB 1886.118—2015）
《食品安全国家标准　食品添加剂　1，8－桉叶素》（GB 1886.119—2015）
《食品安全国家标准　食品添加剂　碳酸钠》（GB 1886.1—2015）
《食品安全国家标准　食品添加剂　己酸》（GB 1886.120—2015）
《食品安全国家标准　食品添加剂　丁酸》（GB 1886.121—2015）
《食品安全国家标准　食品添加剂　丁基羟基茴香醚（BHA）》（GB 1886.12—2015）
《食品安全国家标准　食品添加剂　桃醛（又名 γ－十一烷内酯）》（GB 1886.122—2015）
《食品安全国家标准　食品添加剂　α－己基肉桂醛》（GB 1886.123—2015）
《食品安全国家标准　食品添加剂　广藿香油》（GB 1886.124—2015）
《食品安全国家标准　食品添加剂　肉桂醇》（GB 1886.125—2015）
《食品安全国家标准　食品添加剂　乙酸芳樟酯》（GB 1886.126—2015）
《食品安全国家标准　食品添加剂　甲基环戊烯醇酮（又名　3－甲基－2－羟基－2－环戊烯－1－酮）》（GB 1886.128—2015）
《食品安全国家标准　食品添加剂　丁香酚》（GB 1886.129—2015）
《食品安全国家标准　食品添加剂　庚酸乙酯》（GB 1886.130—2015）
《食品安全国家标准　食品添加剂　α－戊基肉桂醛》（GB 1886.131—2015）
《食品安全国家标准　食品添加剂　高锰酸钾》（GB 1886.13—2015）
《食品安全国家标准　食品添加剂　己酸烯丙酯》（GB 1886.132—2015）
《食品安全国家标准　食品添加剂　枣子酊》（GB 1886.133—2015）
《食品安全国家标准　食品添加剂　γ－壬内酯》（GB 1886.134—2015）
《食品安全国家标准　食品添加剂　苯甲醇》（GB 1886.135—2015）
《食品安全国家标准　食品添加剂　丁酸苄酯》（GB 1886.136—2015）
《食品安全国家标准　食品添加剂　十六醛（又名杨梅醛）》（GB 1886.137—2015）
《食品安全国家标准　食品添加剂　2－乙酰基吡嗪》（GB 1886.138—2015）
《食品安全国家标准　食品添加剂　百里香酚》（GB 1886.139—2015）
《食品安全国家标准　食品添加剂　八角茴香油》（GB 1886.140—2015）
《食品安全国家标准　食品添加剂　没食子酸丙酯》（GB 1886.141—2015）
《食品安全国家标准　食品添加剂　α－紫罗兰酮》（GB 1886.142—2015）
《食品安全国家标准　食品添加剂　γ－癸内酯》（GB 1886.143—2015）
《食品安全国家标准　食品添加剂　γ－己内酯》（GB 1886.144—2015）
《食品安全国家标准　食品添加剂　δ－癸内酯》（GB 1886.145—2015）
《食品安全国家标准　食品添加剂　δ－十二内酯》（GB 1886.146—2015）
《食品安全国家标准　食品添加剂　二氢香芹醇》（GB 1886.147—2015）

《食品安全国家标准　食品添加剂　芳樟醇》(GB 1886. 148—2015)
《食品安全国家标准　食品添加剂　己醛》(GB 1886. 149—2015)
《食品安全国家标准　食品添加剂　甲酸香茅酯》(GB 1886. 150—2015)
《食品安全国家标准　食品添加剂　甲酸香叶酯》(GB 1886. 151—2015)
《食品安全国家标准　食品添加剂　磷酸》(GB 1886. 15—2015)
《食品安全国家标准　食品添加剂　辛酸乙酯》(GB 1886. 152—2015)
《食品安全国家标准　食品添加剂　乙酸　2－甲基丁酯》(GB 1886. 153—2015)
《食品安全国家标准　食品添加剂　乙酸丙酯》(GB 1886. 154—2015)
《食品安全国家标准　食品添加剂　乙酸橙花酯》(GB 1886. 155—2015)
《食品安全国家标准　食品添加剂　乙酸松油酯》(GB 1886. 156—2015)
《食品安全国家标准　食品添加剂　乙酸香叶酯》(GB 1886. 157—2015)
《食品安全国家标准　食品添加剂　异丁酸乙酯》(GB 1886. 158—2015)
《食品安全国家标准　食品添加剂　异戊酸　3－己烯酯》(GB 1886. 159—2015)
《食品安全国家标准　食品添加剂　正癸醛（又名癸醛)》(GB 1886. 160—2015)
《食品安全国家标准　食品添加剂　棕榈酸乙酯》(GB 1886. 161—2015)
《食品安全国家标准　食品添加剂　香兰素》(GB 1886. 16—2015)
《食品安全国家标准　食品添加剂　2，6－二甲基－5－庚烯醛》(GB 1886. 162—2015)
《食品安全国家标准　食品添加剂　2－甲基－4－戊烯酸》(GB 1886. 163—2015)
《食品安全国家标准　食品添加剂　2－甲基丁酸 2－甲基丁酯》(GB 1886. 164—2015)
《食品安全国家标准　食品添加剂　2－甲基丁酸　3－己烯酯》(GB 1886. 165—2015)
《食品安全国家标准　食品添加剂　γ－庚内酯》(GB 1886. 166—2015)
《食品安全国家标准　食品添加剂　大茴香脑》(GB 1886. 167—2015)
《食品安全国家标准　食品添加剂　γ－十二内酯》(GB 1886. 168—2015)
《食品安全国家标准　食品添加剂　紫胶红（又名虫胶红)》(GB 1886. 17—2015)
《食品安全国家标准　食品添加剂　糖精钠》(GB 1886. 18—2015)
《食品安全国家标准　食品添加剂　红曲米》(GB 1886. 19—2015)
《食品安全国家标准　食品添加剂　碳酸氢钠》(GB 1886. 2—2015)
《食品安全国家标准　食品添加剂　小花茉莉浸膏》(GB 1886. 23—2015)
《食品安全国家标准　食品添加剂　桂花浸膏》(GB 1886. 24—2015)
《食品安全国家标准　食品添加剂　蔗糖脂肪酸酯》(GB 1886. 27—2015)
《食品安全国家标准　食品添加剂　生姜油》(GB 1886. 29—2015)
《食品安全国家标准　食品添加剂　可可壳色》(GB 1886. 30—2015)
《食品安全国家标准　食品添加剂　对羟基苯甲酸乙酯》(GB 1886. 31—2015)
《食品安全国家标准　食品添加剂　高粱红》(GB 1886. 32—2015)
《食品安全国家标准　食品添加剂　桉叶油（蓝桉油)》(GB 1886. 33—2015)
《食品安全国家标准　食品添加剂　辣椒红》(GB 1886. 34—2015)
《食品安全国家标准　食品添加剂　山苍子油》(GB 1886. 35—2015)
《食品安全国家标准　食品添加剂　留兰香油》(GB 1886. 36—2015)

《食品安全国家标准　食品添加剂　环己基氨基磺酸钠（又名甜蜜素）》（GB 1886.37—2015）
《食品安全国家标准　食品添加剂　薰衣草油》（GB 1886.38—2015）
《食品安全国家标准　食品添加剂　山梨酸钾》（GB 1886.39—2015）
《食品安全国家标准　食品添加剂　L－苹果酸》（GB 1886.40—2015）
《食品安全国家标准　食品添加剂　黄原胶》（GB 1886.41—2015）
《食品安全国家标准　食品添加剂　六偏磷酸钠》（GB 1886.4—2015）
《食品安全国家标准　食品添加剂　dl－酒石酸》（GB 1886.42—2015）
《食品安全国家标准　食品添加剂　抗坏血酸钙》（GB 1886.43—2015）
《食品安全国家标准　食品添加剂　低亚硫酸钠》（GB 1886.46—2015）
《食品安全国家标准　食品添加剂　玫瑰油》（GB 1886.48—2015）
《食品安全国家标准　食品添加剂　2－甲基－3－巯基呋喃》（GB 1886.50—2015）
《食品安全国家标准　食品添加剂　2，3－丁二酮》（GB 1886.51—2015）
《食品安全国家标准　食品添加剂　硝酸钠》（GB 1886.5—2015）
《食品安全国家标准　食品添加剂　植物油抽提溶剂（又名己烷类溶剂）》（GB 1886.52—2015）
《食品安全国家标准　食品添加剂　己二酸》（GB 1886.53—2015）
《食品安全国家标准　食品添加剂　丙烷》（GB 1886.54—2015）
《食品安全国家标准　食品添加剂　丁烷》（GB 1886.55—2015）
《食品安全国家标准　食品添加剂　1－丁醇（正丁醇）》（GB 1886.56—2015）
《食品安全国家标准　食品添加剂　乙醚》（GB 1886.58—2015）
《食品安全国家标准　食品添加剂　石油醚》（GB 1886.59—2015）
《食品安全国家标准　食品添加剂　姜黄》（GB 1886.60—2015）
《食品安全国家标准　食品添加剂　红花黄》（GB 1886.61—2015）
《食品安全国家标准　食品添加剂　硅酸镁》（GB 1886.62—2015）
《食品安全国家标准　食品添加剂　膨润土》（GB 1886.63—2015）
《食品安全国家标准　食品添加剂　焦糖色》（GB 1886.64—2015）
《食品安全国家标准　食品添加剂　单，双甘油脂肪酸酯》（GB 1886.65—2015）
《食品安全国家标准　食品添加剂　红曲黄色素》（GB 1886.66—2015）
《食品安全国家标准　食品添加剂　皂荚糖胶》（GB 1886.67—2015）
《食品安全国家标准　食品添加剂　二甲基二碳酸盐（又名维果灵）》（GB 1886.68—2015）
《食品安全国家标准　食品添加剂　沙蒿胶》（GB 1886.70—2015）
《食品安全国家标准　食品添加剂　1，2－二氯乙烷》（GB 1886.71—2015）
《食品安全国家标准　食品添加剂　焦亚硫酸钠》（GB 1886.7—2015）
《食品安全国家标准　食品添加剂　不溶性聚乙烯聚吡咯烷酮》（GB 1886.73—2015）
《食品安全国家标准　食品添加剂　柠檬酸钾》（GB 1886.74—2015）
《食品安全国家标准　食品添加剂　姜黄素》（GB 1886.76—2015）
《食品安全国家标准　食品添加剂　硫代二丙酸二月桂酯》（GB 1886.79—2015）
《食品安全国家标准　食品添加剂　乙酰化单、双甘油脂肪酸酯》（GB 1886.80—2015）
《食品安全国家标准　食品添加剂　月桂酸》（GB 1886.81—2015）

《食品安全国家标准　食品添加剂　亚硫酸钠》（GB 1886.8—2015）

《食品安全国家标准　食品营养强化剂　5－尿苷酸二钠》（GB 1886.82—2015）

《食品安全国家标准　食品添加剂　巴西棕榈蜡》（GB 1886.84—2015）

《食品安全国家标准　食品添加剂　刺云实胶》（GB 1886.86—2015）

《食品安全国家标准　食品添加剂　蜂蜡》（GB 1886.87—2015）

《食品安全国家标准　食品添加剂　富马酸一钠》（GB 1886.88—2015）

《食品安全国家标准　食品添加剂　甘草抗氧化物》（GB 1886.89—2015）

《食品安全国家标准　食品添加剂　硅酸钙》（GB 1886.90—2015）

《食品安全国家标准　食品添加剂　乳酸脂肪酸甘油酯》（GB 1886.93—2015）

《食品安全国家标准　食品添加剂　聚甘油蓖麻醇酸酯（PGPR）》（GB 1886.95—2015）

《食品安全国家标准　食品添加剂　5－肌苷酸二钠》（GB 1886.97—2015）

《食品安全国家标准　食品添加剂　L－α－天冬氨酰－*N*－（2，2，4，4－四甲基－3－硫化三亚甲基）－D－丙氨酰胺（又名阿力甜）》（GB 1886.99—2015）

（十）营养与保健品制造业

《食品安全国家标准　运动营养食品通则》（GB 24154—2015）

《食品安全国家标准　孕妇及乳母营养补充食品》（GB 31601—2015）

《营养名词术语》（WS/T 476—2015）

《食品安全国家标准　食品营养强化剂　葡萄糖酸亚铁》（GB 1903.10—2015）

《食品安全国家标准　食品营养强化剂　乳酸锌》（GB 1903.11—2015）

《食品安全国家标准　食品营养强化剂　L－盐酸赖氨酸》（GB 1903.1—2015）

《食品安全国家标准　食品营养强化剂　L－硒－甲基硒代半胱氨酸》（GB 1903.12—2015）

《食品安全国家标准　食品营养强化剂　甘氨酸锌》（GB 1903.2—2015）

《食品安全国家标准　食品营养强化剂　5单磷酸腺苷》（GB 1903.3—2015）

《食品安全国家标准　食品营养强化剂　氧化锌》（GB 1903.4—2015）

《食品安全国家标准　食品营养强化剂　维生素E琥珀酸钙》（GB 1903.6—2015）

《食品安全国家标准　食品营养强化剂　葡萄糖酸锰》（GB 1903.7—2015）

《食品安全国家标准　食品营养强化剂　葡萄糖酸铜》（GB 1903.8—2015）

《食品安全国家标准　食品营养强化剂　亚硒酸钠》（GB 1903.9—2015）

《食品安全国家标准　食品营养强化剂　1，3－二油酸－2－棕榈酸甘油三酯》（GB 30604—2015）

（十一）罐头食品制造业

《食品安全国家标准　罐头食品》（GB 7098—2015）

《云腿罐头》（QB/T 1351—2015）

（十二）培烤食品糖制品行业

《食品安全国家标准　糕点、面包》（GB 7099—2015）

《食品安全国家标准　饼干》（GB 7100—2015）

《花生制品通用技术条件》（QB/T 1733.1—2015）

《花生类糖制品》（QB/T 1733.2—2015）

《裹衣花生》（QB/T 1733. 3—2015）
《花生酱》（QB/T 1733. 4—2015）
《油炸花生仁》（QB/T 1733. 5—2015）
《烤花生仁和烤花生碎》（QB/T 1733. 6—2015）
《烤花生》（QB/T 1733. 7—2015）
《花生热风干燥技术规范》（NY/T 2785—2015）
《低温压榨花生油生产技术规范》（NY/T 2786—2015）
《花生仁中氨基酸含量测定　近红外法》（NY/T 2794—2015）
《食品安全国家标准　冷冻饮品和制作料》（GB 2759—2015）
《冷冻调制食品技术规范》（QB/T 4891—2015）
《冷冻调制食品检验规则》（QB/T 4892—2015）
《软冰淇淋及软雪糕浆料》（QB/T 4893—2015）
《食品安全国家标准　果冻》（GB 19299—2015）
《栗（豆）羊羹》（QB/T 1998—2015）

（十三）调味品制造业

《食品安全国家标准　酱腌菜》（GB 2714—2015）
《食品安全国家标准　食用盐》（GB 2721—2015）
《泡菜盐》（QB/T 2743—2015）
《榨菜盐》（QB/T 2830—2015）

（十四）食品装备业

《出口食品中牦牛源性成分的检测方法　实时荧光 PCR 法》（SN/T 4397—2015）
《出口食品热加工设备热分布检验规程　第 1 部分：蒸汽杀菌锅》（SN/T 4414. 1—2015）
《出口食品热加工设备热分布检验规程　第 2 部分：水杀菌锅》（SN/T 4414. 2—2015）
《出口食品热加工设备热分布检验规程　第 3 部分：蒸柜》（SN/T 4414. 3—2015）
《出口食品热加工设备杀菌检验规程　UHT 杀菌机》（SN/T 4415—2015）
《食品工业用不锈钢管道安装及验收规范》（QB/T 4848—2015）
《餐饮废水隔油器》（CJ/T 295—2015）
《餐厨废弃物油水自动分离设备》（CJ/T 478—2015）

附录三　现行食品安全国家标准

序号	标准号	标准名称	标准类别
1	GB 10133—2014	食品安全国家标准　水产调味品	食品产品
2	GB 10136—2015	食品安全国家标准　动物性水产制品	食品产品
3	GB 10146—2015	食品安全国家标准　食用动物油脂	食品产品
4	GB 10287—2012	食品安全国家标准　食品添加剂　松香甘油酯和氢化松香甘油酯	食品添加剂
5	GB 10765—2010	食品安全国家标准　婴儿配方食品	营养与特殊膳食食品
6	GB 10767—2010	食品安全国家标准　较大婴儿和幼儿配方食品	营养与特殊膳食食品
7	GB 10769—2010	食品安全国家标准　婴幼儿谷类辅助食品	营养与特殊膳食食品
8	GB 10770—2010	食品安全国家标准　婴幼儿罐装辅助食品	营养与特殊膳食食品
9	GB 11674—2010	食品安全国家标准　乳清粉和乳清蛋白粉	食品产品
10	GB 11676—2012	食品安全国家标准　有机硅防粘涂料	食品相关产品
11	GB 11677—2012	食品安全国家标准　易拉罐内壁水基改性环氧树脂涂料	食品相关产品
12	GB 12487—2010	食品安全国家标准　食品添加剂　乙基麦芽酚	食品添加剂
13	GB 12489—2010	食品安全国家标准　食品添加剂　吗啉脂肪酸盐果蜡	食品添加剂
14	GB 12693—2010	食品安全国家标准　乳制品良好生产规范	生产经营规范
15	GB 13102—2010	食品安全国家标准　炼乳	食品产品
16	GB 13104—2014	食品安全国家标准　食糖	食品产品
17	GB 13432—2013	食品安全国家标准　预包装特殊膳食用食品标签	通用标准
18	GB 13481—2011	食品安全国家标准　食品添加剂　山梨醇酐单硬脂酸酯（司盘 60）	食品添加剂
19	GB 13482—2011	食品安全国家标准　食品添加剂　山梨醇酐单油酸酯（司盘 80）	食品添加剂
20	GB 14750—2010	食品安全国家标准　食品添加剂　维生素 A	食品添加剂

续表

序号	标准号	标准名称	标准类别
21	GB 14751—2010	食品安全国家标准　食品添加剂　维生素 B1（盐酸硫胺）	食品添加剂
22	GB 14752—2010	食品安全国家标准　食品添加剂　维生素 B2（核黄素）	食品添加剂
23	GB 14753—2010	食品安全国家标准　食品添加剂　维生素 B6（盐酸吡哆醇）	食品添加剂
24	GB 14754—2010	食品安全国家标准　食品添加剂　维生素 C（抗坏血酸）	食品添加剂
25	GB 14755—2010	食品安全国家标准　食品添加剂　维生素 D2（麦角钙化醇）	食品添加剂
26	GB 14756—2010	食品安全国家标准　食品添加剂　维生素 E（dl—α—醋酸生育酚）	食品添加剂
27	GB 14757—2010	食品安全国家标准　食品添加剂　烟酸	食品添加剂
28	GB 14758—2010	食品安全国家标准　食品添加剂　咖啡因	食品添加剂
29	GB 14759—2010	食品安全国家标准　食品添加剂　牛磺酸	食品添加剂
30	GB 14880—2012	食品安全国家标准　食品营养强化剂使用标准	通用标准
31	GB 14881—2013	食品安全国家标准　食品生产通用卫生规范	生产经营规范
32	GB 14888. 1—2010	食品安全国家标准　食品添加剂　新红	食品添加剂
33	GB 14888. 2—2010	食品安全国家标准　食品添加剂　新红铝色淀	食品添加剂
34	GB 14930. 1—2015	食品安全国家标准　洗涤剂	食品相关产品
35	GB 14930. 2—2012	食品安全国家标准　消毒剂	食品相关产品
36	GB 14936—2012	食品安全国家标准　食品添加剂　硅藻土	食品添加剂
37	GB 14963—2011	食品安全国家标准　蜂蜜	食品产品
38	GB 14967—2015	食品安全国家标准　胶原蛋白肠衣	食品产品
39	GB 15193. 10—2014	食品安全国家标准　体外哺乳类细胞 DNA 损伤修复（非程序性 DNA 合成）试验	检验方法与规程专业（毒理）
40	GB 15193. 11—2015	食品安全国家标准　果蝇伴性隐性致死试验	检验方法与规程专业（毒理）
41	GB 15193. 1—2014	食品安全国家标准　食品安全性毒理学评价程序	检验方法与规程专业（毒理）
42	GB 15193. 12—2014	食品安全国家标准　体外哺乳类细胞 HGPRT 基因突变试验	检验方法与规程专业（毒理）
43	GB 15193. 13—2015	食品安全国家标准　90 天经口毒性试验	检验方法与规程专业（毒理）

续表

序号	标准号	标准名称	标准类别
44	GB 15193.14—2015	食品安全国家标准　致畸试验	检验方法与规程专业（毒理）
45	GB 15193.15—2015	食品安全国家标准　生殖毒性试验	检验方法与规程专业（毒理）
46	GB 15193.16—2014	食品安全国家标准　毒物动力学试验	检验方法与规程专业（毒理）
47	GB 15193.17—2015	食品安全国家标准　慢性毒性和致癌合并试验	检验方法与规程专业（毒理）
48	GB 15193.18—2015	食品安全国家标准　健康指导值	检验方法与规程专业（毒理）
49	GB 15193.19—2015	食品安全国家标准　致突变物、致畸物和致癌物的处理方法	检验方法与规程专业（毒理）
50	GB 15193.20—2014	食品安全国家标准　体外哺乳类细胞 TK 基因突变试验	检验方法与规程专业（毒理）
51	GB 15193.21—2014	食品安全国家标准　受试物试验前处理方法	检验方法与规程专业（毒理）
52	GB 15193.2—2014	食品安全国家标准　食品毒理学实验室操作规范	检验方法与规程专业（毒理）
53	GB 15193.22—2014	食品安全国家标准　28 天经口毒性试验	检验方法与规程专业（毒理）
54	GB 15193.23—2014	食品安全国家标准　体外哺乳类细胞染色体畸变试验	检验方法与规程专业（毒理）
55	GB 15193.24—2014	食品安全国家标准　食品安全性毒理学评价中病理学检查技术要求	检验方法与规程专业（毒理）
56	GB 15193.25—2014	食品安全国家标准　生殖发育毒性试验	检验方法与规程专业（毒理）
57	GB 15193.26—2015	食品安全国家标准　慢性毒性试验	检验方法与规程专业（毒理）
58	GB 15193.27—2015	食品安全国家标准　致癌试验	检验方法与规程专业（毒理）
59	GB 15193.3—2014	食品安全国家标准　急性经口毒性试验	检验方法与规程专业（毒理）
60	GB 15193.4—2014	食品安全国家标准　细菌回复突变试验	检验方法与规程专业（毒理）

续表

序号	标准号	标准名称	标准类别
61	GB 15193.5—2014	食品安全国家标准　哺乳动物红细胞微核试验	检验方法与规程专业（毒理）
62	GB 15193.6—2014	食品安全国家标准　哺乳动物骨髓细胞染色体畸变试验	检验方法与规程专业（毒理）
63	GB 15193.8—2014	食品安全国家标准　小鼠精原细胞或精母细胞染色体畸变试验	检验方法与规程专业（毒理）
64	GB 15193.9—2014	食品安全国家标准　啮齿类动物显性致死试验	检验方法与规程专业（毒理）
65	GB 15196—2015	食品安全国家标准　食用油脂制品	食品产品
66	GB 15203—2014	食品安全国家标准　淀粉糖	食品产品
67	GB 15570—2010	食品安全国家标准　食品添加剂　叶酸	食品添加剂
68	GB 15571—2010	食品安全国家标准　食品添加剂　葡萄糖酸钙	食品添加剂
69	GB 16740—2014	食品安全国家标准　保健食品	食品产品
70	GB 17325—2015	食品安全国家标准　食品工业用浓缩液（汁、浆）	食品产品
71	GB 17400—2015	食品安全国家标准　方便面	食品产品
72	GB 17401—2014	食品安全国家标准　膨化食品	食品产品
73	GB 17512.1—2010	食品安全国家标准　食品添加剂　赤藓红	食品添加剂
74	GB 17512.2—2010	食品安全国家标准　食品添加剂　赤藓红铝色淀	食品添加剂
75	GB 17779—2010	食品安全国家标准　食品添加剂　L-苏糖酸钙	食品添加剂
76	GB 1886.100—2015	食品安全国家标准　食品添加剂　乙二胺四乙酸二钠	食品添加剂
77	GB 1886.10—2015	食品安全国家标准　食品添加剂　冰乙酸（又名冰蜡酸）	食品添加剂
78	GB 1886.103—2015	食品安全国家标准　食品添加剂　微晶纤维素	食品添加剂
79	GB 1886.104—2015	食品安全国家标准　食品添加剂　喹啉黄	食品添加剂
80	GB 1886.106—2015	食品安全国家标准　食品添加剂　罗望子多糖胶	食品添加剂
81	GB 1886.107—2015	食品安全国家标准　食品添加剂　柠檬酸一钠	食品添加剂
82	GB 1886.108—2015	食品安全国家标准　食品添加剂　偶氮甲酰胺	食品添加剂
83	GB 1886.109—2015	食品安全国家标准　食品添加剂　羟丙基甲基纤维素（HPMC）	食品添加剂
84	GB 1886.110—2015	食品安全国家标准　食品添加剂　天然苋菜红	食品添加剂
85	GB 1886.111—2015	食品安全国家标准　食品添加剂　甜菜红	食品添加剂

续表

序号	标准号	标准名称	标准类别
86	GB 1886.112—2015	食品安全国家标准　食品添加剂　聚氧乙烯木糖醇酐单硬脂酸酯	食品添加剂
87	GB 1886.113—2015	食品安全国家标准　食品添加剂　菊花黄浸膏	食品添加剂
88	GB 1886.114—2015	食品安全国家标准　食品添加剂　紫胶（又名虫胶）	食品添加剂
89	GB 1886.115—2015	食品安全国家标准　食品添加剂　黑豆红	食品添加剂
90	GB 1886.116—2015	食品安全国家标准　食品添加剂　木糖醇酐单硬脂酸酯	食品添加剂
91	GB 1886.117—2015	食品安全国家标准　食品添加剂　羟基香茅醛	食品添加剂
92	GB 1886.118—2015	食品安全国家标准　食品添加剂　杭白菊花浸膏	食品添加剂
93	GB 1886.119—2015	食品安全国家标准　食品添加剂　1，8－桉叶素	食品添加剂
94	GB 1886.1—2015	食品安全国家标准　食品添加剂　碳酸钠	食品添加剂
95	GB 1886.120—2015	食品安全国家标准　食品添加剂　己酸	食品添加剂
96	GB 1886.121—2015	食品安全国家标准　食品添加剂　丁酸	食品添加剂
97	GB 1886.12—2015	食品安全国家标准　食品添加剂　丁基羟基茴香醚（BHA）	食品添加剂
98	GB 1886.122—2015	食品安全国家标准　食品添加剂　桃醛（又名γ－十一烷内酯）	食品添加剂
99	GB 1886.123—2015	食品安全国家标准　食品添加剂　α－己基肉桂醛	食品添加剂
100	GB 1886.124—2015	食品安全国家标准　食品添加剂　广藿香油	食品添加剂
101	GB 1886.125—2015	食品安全国家标准　食品添加剂　肉桂醇	食品添加剂
102	GB 1886.126—2015	食品安全国家标准　食品添加剂　乙酸芳樟酯	食品添加剂
103	GB 1886.128—2015	食品安全国家标准　食品添加剂　甲基环戊烯醇酮（又名3－甲基－2－羟基－2－环戊烯－1－酮）	食品添加剂
104	GB 1886.129—2015	食品安全国家标准　食品添加剂　丁香酚	食品添加剂
105	GB 1886.130—2015	食品安全国家标准　食品添加剂　庚酸乙酯	食品添加剂
106	GB 1886.131—2015	食品安全国家标准　食品添加剂　α－戊基肉桂醛	食品添加剂
107	GB 1886.13—2015	食品安全国家标准　食品添加剂　高锰酸钾	食品添加剂
108	GB 1886.132—2015	食品安全国家标准　食品添加剂　己酸烯丙酯	食品添加剂

续表

序号	标准号	标准名称	标准类别
109	GB 1886.133—2015	食品安全国家标准　食品添加剂　枣子酊	食品添加剂
110	GB 1886.134—2015	食品安全国家标准　食品添加剂　γ－壬内酯	食品添加剂
111	GB 1886.135—2015	食品安全国家标准　食品添加剂　苯甲醇	食品添加剂
112	GB 1886.136—2015	食品安全国家标准　食品添加剂　丁酸苄酯	食品添加剂
113	GB 1886.137—2015	食品安全国家标准　食品添加剂　十六醛（又名杨梅醛）	食品添加剂
114	GB 1886.138—2015	食品安全国家标准　食品添加剂　2－乙酰基吡嗪	食品添加剂
115	GB 1886.139—2015	食品安全国家标准　食品添加剂　百里香酚	食品添加剂
116	GB 1886.140—2015	食品安全国家标准　食品添加剂　八角茴香油	食品添加剂
117	GB 1886.14—2015	食品安全国家标准　食品添加剂　没食子酸丙酯	食品添加剂
118	GB 1886.142—2015	食品安全国家标准　食品添加剂　α－紫罗兰酮	食品添加剂
119	GB 1886.143—2015	食品安全国家标准　食品添加剂　γ－癸内酯	食品添加剂
120	GB 1886.144—2015	食品安全国家标准　食品添加剂　γ－己内酯	食品添加剂
121	GB 1886.145—2015	食品安全国家标准　食品添加剂　δ－癸内酯	食品添加剂
122	GB 1886.146—2015	食品安全国家标准　食品添加剂　δ－十二内酯	食品添加剂
123	GB 1886.147—2015	食品安全国家标准　食品添加剂　二氢香芹醇	食品添加剂
124	GB 1886.148—2015	食品安全国家标准　食品添加剂　芳樟醇	食品添加剂
125	GB 1886.149—2015	食品安全国家标准　食品添加剂　己醛	食品添加剂
126	GB 1886.150—2015	食品安全国家标准　食品添加剂　甲酸香茅酯	食品添加剂
127	GB 1886.151—2015	食品安全国家标准　食品添加剂　甲酸香叶酯	食品添加剂
128	GB 1886.15—2015	食品安全国家标准　食品添加剂　磷酸	食品添加剂
129	GB 1886.152—2015	食品安全国家标准　食品添加剂　辛酸乙酯	食品添加剂
130	GB 1886.153—2015	食品安全国家标准　食品添加剂　乙酸　2－甲基丁酯	食品添加剂
131	GB 1886.154—2015	食品安全国家标准　食品添加剂　乙酸丙酯	食品添加剂
132	GB 1886.155—2015	食品安全国家标准　食品添加剂　乙酸橙花酯	食品添加剂
133	GB 1886.156—2015	食品安全国家标准　食品添加剂　乙酸松油酯	食品添加剂
134	GB 1886.157—2015	食品安全国家标准　食品添加剂　乙酸香叶酯	食品添加剂
135	GB 1886.158—2015	食品安全国家标准　食品添加剂　异丁酸乙酯	食品添加剂
136	GB 1886.159—2015	食品安全国家标准　食品添加剂　异戊酸　3－己烯酯	食品添加剂
137	GB 1886.160—2015	食品安全国家标准　食品添加剂　正癸醛（又名癸醛）	食品添加剂

续表

序号	标准号	标准名称	标准类别
138	GB 1886.161—2015	食品安全国家标准　食品添加剂　棕榈酸乙酯	食品添加剂
139	GB 1886.16—2015	食品安全国家标准　食品添加剂　香兰素	食品添加剂
140	GB 1886.162—2015	食品安全国家标准　食品添加剂　2，6-二甲基-5-庚烯醛	食品添加剂
141	GB 1886.163—2015	食品安全国家标准　食品添加剂　2-甲基-4-戊烯酸	食品添加剂
142	GB 1886.164—2015	食品安全国家标准　食品添加剂　2-甲基丁酸　2-甲基丁酯	食品添加剂
143	GB 1886.165—2015	食品安全国家标准　食品添加剂　2-甲基丁酸　3-己烯酯	食品添加剂
144	GB 1886.166—2015	食品安全国家标准　食品添加剂　γ-庚内酯	食品添加剂
145	GB 1886.167—2015	食品安全国家标准　食品添加剂　大茴香脑	食品添加剂
146	GB 1886.168—2015	食品安全国家标准　食品添加剂　γ-十二内酯	食品添加剂
147	GB 1886.17—2015	食品安全国家标准　食品添加剂　紫胶红（又名虫胶红）	食品添加剂
148	GB 1886.18—2015	食品安全国家标准　食品添加剂　糖精钠	食品添加剂
149	GB 1886.19—2015	食品安全国家标准　食品添加剂　红曲米	食品添加剂
150	GB 1886.2—2015	食品安全国家标准　食品添加剂　碳酸氢钠	食品添加剂
151	GB 1886.23—2015	食品安全国家标准　食品添加剂　小花茉莉浸膏	食品添加剂
152	GB 1886.24—2015	食品安全国家标准　食品添加剂　桂花浸膏	食品添加剂
153	GB 1886.27—2015	食品安全国家标准　食品添加剂　蔗糖脂肪酸酯	食品添加剂
154	GB 1886.29—2015	食品安全国家标准　食品添加剂　生姜油	食品添加剂
155	GB 1886.30—2015	食品安全国家标准　食品添加剂　可可壳色	食品添加剂
156	GB 1886.31—2015	食品安全国家标准　食品添加剂　对羟基苯甲酸乙酯	食品添加剂
157	GB 1886.32—2015	食品安全国家标准　食品添加剂　高粱红	食品添加剂
158	GB 1886.33—2015	食品安全国家标准　食品添加剂　桉叶油（蓝桉油）	食品添加剂
159	GB 1886.34—2015	食品安全国家标准　食品添加剂　辣椒红	食品添加剂
160	GB 1886.35—2015	食品安全国家标准　食品添加剂　山苍子油	食品添加剂
161	GB 1886.36—2015	食品安全国家标准　食品添加剂　留兰香油	食品添加剂

续表

序号	标准号	标准名称	标准类别
162	GB 1886.37—2015	食品安全国家标准　食品添加剂　环己基氨基磺酸钠（又名甜蜜素）	食品添加剂
163	GB 1886.38—2015	食品安全国家标准　食品添加剂　薰衣草油	食品添加剂
164	GB 1886.39—2015	食品安全国家标准　食品添加剂　山梨酸钾	食品添加剂
165	GB 1886.40—2015	食品安全国家标准　食品添加剂　L－苹果酸	食品添加剂
166	GB 1886.41—2015	食品安全国家标准　食品添加剂　黄原胶	食品添加剂
167	GB 1886.4—2015	食品安全国家标准　食品添加剂　六偏磷酸钠	食品添加剂
168	GB 1886.42—2015	食品安全国家标准　食品添加剂　dl－酒石酸	食品添加剂
169	GB 1886.43—2015	食品安全国家标准　食品添加剂　抗坏血酸钙	食品添加剂
170	GB 1886.46—2015	食品安全国家标准　食品添加剂　低亚硫酸钠	食品添加剂
171	GB 1886.48—2015	食品安全国家标准　食品添加剂　玫瑰油	食品添加剂
172	GB 1886.50—2015	食品安全国家标准　食品添加剂　2－甲基－3－巯基呋喃	食品添加剂
173	GB 1886.51—2015	食品安全国家标准　食品添加剂　2，3－丁二酮	食品添加剂
174	GB 1886.5—2015	食品安全国家标准　食品添加剂　硝酸钠	食品添加剂
175	GB 1886.52—2015	食品安全国家标准　食品添加剂　植物油抽提溶剂（又名己烷类溶剂）	食品添加剂
176	GB 1886.53—2015	食品安全国家标准　食品添加剂　己二酸	食品添加剂
177	GB 1886.54—2015	食品安全国家标准　食品添加剂　丙烷	食品添加剂
178	GB 1886.55—2015	食品安全国家标准　食品添加剂　丁烷	食品添加剂
179	GB 1886.56—2015	食品安全国家标准　食品添加剂　1－丁醇（正丁醇）	食品添加剂
180	GB 1886.58—2015	食品安全国家标准　食品添加剂　乙醚	食品添加剂
181	GB 1886.59—2015	食品安全国家标准　食品添加剂　石油醚	食品添加剂
182	GB 1886.60—2015	食品安全国家标准　食品添加剂　姜黄	食品添加剂
183	GB 1886.61—2015	食品安全国家标准　食品添加剂　红花黄	食品添加剂
184	GB 1886.62—2015	食品安全国家标准　食品添加剂　硅酸镁	食品添加剂
185	GB 1886.63—2015	食品安全国家标准　食品添加剂　膨润土	食品添加剂
186	GB 1886.64—2015	食品安全国家标准　食品添加剂　焦糖色	食品添加剂
187	GB 1886.65—2015	食品安全国家标准　食品添加剂　单，双甘油脂肪酸酯	食品添加剂
188	GB 1886.66—2015	食品安全国家标准　食品添加剂　红曲黄色素	食品添加剂
189	GB 1886.67—2015	食品安全国家标准　食品添加剂　皂荚糖胶	食品添加剂

续表

序号	标准号	标准名称	标准类别
190	GB 1886.68—2015	食品安全国家标准　食品添加剂　二甲基二碳酸盐（又名维果灵）	食品添加剂
191	GB 1886.70—2015	食品安全国家标准　食品添加剂　沙蒿胶	食品添加剂
192	GB 1886.71—2015	食品安全国家标准　食品添加剂　1，2－二氯乙烷	食品添加剂
193	GB 1886.7—2015	食品安全国家标准　食品添加剂　焦亚硫酸钠	食品添加剂
194	GB 1886.73—2015	食品安全国家标准　食品添加剂　不溶性聚乙烯聚吡咯烷酮	食品添加剂
195	GB 1886.74—2015	食品安全国家标准　食品添加剂　柠檬酸钾	食品添加剂
196	GB 1886.76—2015	食品安全国家标准　食品添加剂　姜黄素	食品添加剂
197	GB 1886.79—2015	食品安全国家标准　食品添加剂　硫代二丙酸二月桂酯	食品添加剂
198	GB 1886.80—2015	食品安全国家标准　食品添加剂　乙酰化单、双甘油脂肪酸酯	食品添加剂
199	GB 1886.81—2015	食品安全国家标准　食品添加剂　月桂酸	食品添加剂
200	GB 1886.8—2015	食品安全国家标准　食品添加剂　亚硫酸钠	食品添加剂
201	GB 1886.82—2015	食品安全国家标准　食品营养强化剂　5′－尿苷酸二钠	食品添加剂
202	GB 1886.84—2015	食品安全国家标准　食品添加剂　巴西棕榈蜡	食品添加剂
203	GB 1886.86—2015	食品安全国家标准　食品添加剂　刺云实胶	食品添加剂
204	GB 1886.87—2015	食品安全国家标准　食品添加剂　蜂蜡	食品添加剂
205	GB 1886.88—2015	食品安全国家标准　食品添加剂　富马酸一钠	食品添加剂
206	GB 1886.89—2015	食品安全国家标准　食品添加剂　甘草抗氧化物	食品添加剂
207	GB 1886.90—2015	食品安全国家标准　食品添加剂　硅酸钙	食品添加剂
208	GB 1886.93—2015	食品安全国家标准　食品添加剂　乳酸脂肪酸甘油酯	食品添加剂
209	GB 1886.95—2015	食品安全国家标准　食品添加剂　聚甘油蓖麻醇酸酯（PGPR）	食品添加剂
210	GB 1886.97—2015	食品安全国家标准　食品添加剂　5′－肌苷酸二钠	食品添加剂
211	GB 1886.99—2015	食品安全国家标准　食品添加剂　L－α－天冬氨酰－*N*－（2，2，4，4－四甲基－3－硫化三亚甲基）－D－丙氨酰胺（又名阿力甜）	食品添加剂

续表

序号	标准号	标准名称	标准类别
212	GB 1888—2014	食品安全国家标准　食品添加剂　碳酸氢铵	食品添加剂
213	GB 1900—2010	食品安全国家标准　食品添加剂　二丁基羟基甲苯（BHT）	食品添加剂
214	GB 1903.10—2015	食品安全国家标准　食品营养强化剂　葡萄糖酸亚铁	营养与特殊膳食食品
215	GB 1903.11—2015	食品安全国家标准　食品营养强化剂　乳酸锌	食品添加剂
216	GB 1903.1—2015	食品安全国家标准　食品营养强化剂　L－盐酸赖氨酸	食品添加剂
217	GB 1903.12—2015	食品安全国家标准　食品营养强化剂　L－硒－甲基硒代半胱氨酸	营养与特殊膳食食品
218	GB 1903.2—2015	食品安全国家标准　食品营养强化剂　甘氨酸锌	食品添加剂
219	GB 1903.3—2015	食品安全国家标准　食品营养强化剂　5′单磷酸腺苷	食品添加剂
220	GB 1903.4—2015	食品安全国家标准　食品营养强化剂　氧化锌	食品添加剂
221	GB 1903.6—2015	食品安全国家标准　食品营养强化剂　维生素E琥珀酸钙	营养与特殊膳食食品
222	GB 1903.7—2015	食品安全国家标准　食品营养强化剂　葡萄糖酸锰	营养与特殊膳食食品
223	GB 1903.8—2015	食品安全国家标准　食品营养强化剂　葡萄糖酸铜	营养与特殊膳食食品
224	GB 1903.9—2015	食品安全国家标准　食品营养强化剂　亚硒酸钠	营养与特殊膳食食品
225	GB 19295—2011	食品安全国家标准　速冻面米制品	食品产品
226	GB 19298—2014	食品安全国家标准　包装饮用水	食品产品
227	GB 19299—2015	食品安全国家标准　果冻	食品产品
228	GB 19300—2014	食品安全国家标准　坚果与籽类食品	食品产品
229	GB 19301—2010	食品安全国家标准　生乳	食品产品
230	GB 19302—2010	食品安全国家标准　发酵乳	食品产品
231	GB 19641—2015	食品安全国家标准　食用植物油料	食品产品
232	GB 19644—2010	食品安全国家标准　乳粉	食品产品
233	GB 19645—2010	食品安全国家标准　巴氏杀菌乳	食品产品
234	GB 19646—2010	食品安全国家标准　稀奶油、奶油和无水奶油	食品产品
235	GB 1975—2010	食品安全国家标准　食品添加剂琼脂（琼胶）	食品添加剂

续表

序号	标准号	标准名称	标准类别
236	GB 21703—2010	食品安全国家标准　乳和乳制品中苯甲酸和山梨酸的测定	检验方法与规程专业（理化）
237	GB 22031—2010	食品安全国家标准　干酪及加工干酪制品中添加的柠檬酸盐的测定	检验方法与规程专业（理化）
238	GB 22255—2014	食品安全国家标准　食品中三氯蔗糖（蔗糖素）的测定	检验方法与规程专业（理化）
239	GB 22570—2014	食品安全国家标准　辅食营养补充品	营养与特殊膳食食品
240	GB 23790—2010	食品安全国家标准　粉状婴幼儿配方食品良好生产规范	生产经营规范
241	GB 24154—2015	食品安全国家标准　运动营养食品通则	营养与特殊膳食食品
242	GB 25190—2010	食品安全国家标准　灭菌乳	食品产品
243	GB 25191—2010	食品安全国家标准　调制乳	食品产品
244	GB 25192—2010	食品安全国家标准　再制干酪	食品产品
245	GB 25531—2010	食品安全国家标准　食品添加剂　三氯蔗糖	食品添加剂
246	GB 25532—2010	食品安全国家标准　食品添加剂　纳他霉素	食品添加剂
247	GB 25533—2010	食品安全国家标准　食品添加剂　果胶	食品添加剂
248	GB 25534—2010	食品安全国家标准　食品添加剂　红米红	食品添加剂
249	GB 25535—2010	食品安全国家标准　食品添加剂　结冷胶	食品添加剂
250	GB 25536—2010	食品安全国家标准　食品添加剂　萝卜红	食品添加剂
251	GB 25537—2010	食品安全国家标准　食品添加剂　乳酸钠（溶液）	食品添加剂
252	GB 25538—2010	食品安全国家标准　食品添加剂　双乙酸钠	食品添加剂
253	GB 25539—2010	食品安全国家标准　食品添加剂　双乙酰酒石酸单双甘油酯	食品添加剂
254	GB 25540—2010	食品安全国家标准　食品添加剂　乙酰磺胺酸钾	食品添加剂
255	GB 25541—2010	食品安全国家标准　食品添加剂　聚葡萄糖	食品添加剂
256	GB 25542—2010	食品安全国家标准　食品添加剂　甘氨酸（氨基乙酸）	食品添加剂
257	GB 25543—2010	食品安全国家标准　食品添加剂　L－丙氨酸	食品添加剂
258	GB 25544—2010	食品安全国家标准　食品添加剂　DL－苹果酸	食品添加剂
259	GB 25545—2010	食品安全国家标准　食品添加剂　L（＋）－酒石酸	食品添加剂
260	GB 25546—2010	食品安全国家标准　食品添加剂　富马酸	食品添加剂

续表

序号	标准号	标准名称	标准类别
261	GB 25547—2010	食品安全国家标准　食品添加剂　脱氢乙酸钠	食品添加剂
262	GB 25548—2010	食品安全国家标准　食品添加剂　丙酸钙	食品添加剂
263	GB 25549—2010	食品安全国家标准　食品添加剂　丙酸钠	食品添加剂
264	GB 25550—2010	食品安全国家标准　食品添加剂　L－肉碱酒石酸盐	食品添加剂
265	GB 25551—2010	食品安全国家标准　食品添加剂　山梨醇酐单月桂酸酯	食品添加剂
266	GB 25552—2010	食品安全国家标准　食品添加剂　山梨醇酐单棕榈酸酯	食品添加剂
267	GB 25553—2010	食品安全国家标准　食品添加剂　聚氧乙烯（20）山梨醇酐单	食品添加剂
268	GB 25554—2010	食品安全国家标准　食品添加剂　聚氧乙烯（20）山梨醇酐单油	食品添加剂
269	GB 25555—2010	食品安全国家标准　食品添加剂　L－乳酸钙	食品添加剂
270	GB 25556—2010	食品安全国家标准　食品添加剂　酒石酸氢钾	食品添加剂
271	GB 25557—2010	食品安全国家标准　食品添加剂　焦磷酸钠	食品添加剂
272	GB 25558—2010	食品安全国家标准　食品添加剂　磷酸三钙	食品添加剂
273	GB 25559—2010	食品安全国家标准　食品添加剂　磷酸二氢钙	食品添加剂
274	GB 25560—2010	食品安全国家标准　食品添加剂　磷酸二氢钾	食品添加剂
275	GB 25561—2010	食品安全国家标准　食品添加剂　磷酸氢二钾	食品添加剂
276	GB 25562—2010	食品安全国家标准　食品添加剂　焦磷酸四钾	食品添加剂
277	GB 25563—2010	食品安全国家标准　食品添加剂　磷酸三钾	食品添加剂
278	GB 25564—2010	食品安全国家标准　食品添加剂　磷酸二氢钠	食品添加剂
279	GB 25565—2010	食品安全国家标准　食品添加剂　磷酸三钠	食品添加剂
280	GB 25566—2010	食品安全国家标准　食品添加剂　三聚磷酸钠	食品添加剂
281	GB 25567—2010	食品安全国家标准　食品添加剂　焦磷酸二氢二钠	食品添加剂
282	GB 25568—2010	食品安全国家标准　食品添加剂　磷酸氢二钠	食品添加剂
283	GB 25569—2010	食品安全国家标准　食品添加剂　磷酸二氢铵	食品添加剂
284	GB 25570—2010	食品安全国家标准　食品添加剂　焦亚硫酸钾	食品添加剂
285	GB 25571—2011	食品安全国家标准　食品添加剂　活性白土	食品添加剂
286	GB 25572—2010	食品安全国家标准　食品添加剂　氢氧化钙	食品添加剂
287	GB 25573—2010	食品安全国家标准　食品添加剂　过氧化钙	食品添加剂
288	GB 25574—2010	食品安全国家标准　食品添加剂　次氯酸钠	食品添加剂

续表

序号	标准号	标准名称	标准类别
289	GB 25575—2010	食品安全国家标准　食品添加剂　氢氧化钾	食品添加剂
290	GB 25576—2010	食品安全国家标准　食品添加剂　二氧化硅	食品添加剂
291	GB 25577—2010	食品安全国家标准　食品添加剂　二氧化钛	食品添加剂
292	GB 25578—2010	食品安全国家标准　食品添加剂　滑石粉	食品添加剂
293	GB 25579—2010	食品安全国家标准　食品添加剂　硫酸锌	食品添加剂
294	GB 25580—2010	食品安全国家标准　食品添加剂　稳定态二氧化氯溶液	食品添加剂
295	GB 25581—2010	食品安全国家标准　食品添加剂　亚铁氰化钾（黄血盐钾）	食品添加剂
296	GB 25582—2010	食品安全国家标准　食品添加剂　硅酸钙铝	食品添加剂
297	GB 25583—2010	食品安全国家标准　食品添加剂　硅铝酸钠	食品添加剂
298	GB 25584—2010	食品安全国家标准　食品添加剂　氯化镁	食品添加剂
299	GB 25585—2010	食品安全国家标准　食品添加剂　氯化钾	食品添加剂
300	GB 25586—2010	食品安全国家标准　食品添加剂　碳酸氢三钠（倍半碳酸钠）	食品添加剂
301	GB 25587—2010	食品安全国家标准　食品添加剂　碳酸镁	食品添加剂
302	GB 25588—2010	食品安全国家标准　食品添加剂　碳酸钾	食品添加剂
303	GB 25589—2010	食品安全国家标准　食品添加剂　碳酸氢钾	食品添加剂
304	GB 25590—2010	食品安全国家标准　食品添加剂　亚硫酸氢钠	食品添加剂
305	GB 25591—2010	食品安全国家标准　食品添加剂　复合膨松剂	食品添加剂
306	GB 25592—2010	食品安全国家标准　食品添加剂　硫酸铝铵	食品添加剂
307	GB 25593—2010	食品安全国家标准　食品添加剂　*N*，2，3－三甲基－2－异丙基丁酰胺	食品添加剂
308	GB 25594—2010	食品安全国家标准　食品工业用酶制剂	食品添加剂
309	GB 25595—2010	食品安全国家标准　乳糖	食品产品
310	GB 25596—2010	食品安全国家标准　特殊医学用途婴儿配方食品通则	营养与特殊膳食食品
311	GB 26400—2011	食品安全国家标准　食品添加剂　二十二碳六烯酸油脂（发酵法）	食品添加剂
312	GB 26401—2011	食品安全国家标准　食品添加剂　花生四烯酸油脂（发酵法）	食品添加剂
313	GB 26402—2011	食品安全国家标准　食品添加剂　碘酸钾	食品添加剂
314	GB 26403—2011	食品安全国家标准　食品添加剂　特丁基对苯二酚	食品添加剂

续表

序号	标准号	标准名称	标准类别
315	GB 26404—2011	食品安全国家标准　食品添加剂　赤藓糖醇	食品添加剂
316	GB 26405—2011	食品安全国家标准　食品添加剂　叶黄素	食品添加剂
317	GB 26406—2011	食品安全国家标准　食品添加剂　叶绿素铜钠盐	食品添加剂
318	GB 26687—2011	食品安全国家标准　复配食品添加剂通则	食品添加剂
319	GB 26878—2011	食品安全国家标准　食用盐碘含量	食品产品
320	GB 2711—2014	食品安全国家标准　面筋制品	食品产品
321	GB 2712—2014	食品安全国家标准　豆制品	食品产品
322	GB 2713—2015	食品安全国家标准　淀粉制品	食品产品
323	GB 2714—2015	食品安全国家标准　酱腌菜	食品产品
324	GB 2718—2014	食品安全国家标准　酿造酱	食品产品
325	GB 2720—2015	食品安全国家标准　味精	食品产品
326	GB 2721—2015	食品安全国家标准　食用盐	食品产品
327	GB 2730—2015	食品安全国家标准　腌腊肉制品	食品产品
328	GB 2733—2015	食品安全国家标准　鲜、冻动物性水产品	食品产品
329	GB 2749—2015	食品安全国家标准　蛋与蛋制品	食品产品
330	GB 2757—2012	食品安全国家标准　蒸馏酒及其配制酒	食品产品
331	GB 2758—2012	食品安全国家标准　发酵酒及其配制酒	食品产品
332	GB 2759—2015	食品安全国家标准　冷冻饮品和制作料	食品产品
333	GB 2760—2014	食品安全国家标准　食品添加剂使用标准	通用标准
334	GB 2761—2011	食品安全国家标准　食品中真菌毒素限量	通用标准
335	GB 2762—2012	食品安全国家标准　食品中污染物限量	通用标准
336	GB 2763—2014	食品安全国家标准　食品中农药最大残留限量	通用标准
337	GB 28050—2011	食品安全国家标准　预包装食品营养标签通则	通用标准
338	GB 28301—2012	食品安全国家标准　食品添加剂　核黄素5′-磷酸钠	食品添加剂
339	GB 28302—2012	食品安全国家标准　食品添加剂　辛，癸酸甘油酯	食品添加剂
340	GB 28303—2012	食品安全国家标准　食品添加剂　辛烯基琥珀酸淀粉钠	食品添加剂
341	GB 28304—2012	食品安全国家标准　食品添加剂　可得然胶	食品添加剂
342	GB 28305—2012	食品安全国家标准　食品添加剂　乳酸钾	食品添加剂
343	GB 28306—2012	食品安全国家标准　食品添加剂　L-精氨酸	食品添加剂
344	GB 28307—2012	食品安全国家标准　食品添加剂　麦芽糖醇和麦芽糖醇液	食品添加剂

续表

序号	标准号	标准名称	标准类别
345	GB 28308—2012	食品安全国家标准　食品添加剂　植物炭黑	食品添加剂
346	GB 28309—2012	食品安全国家标准　食品添加剂　酸性红（偶氮玉红）	食品添加剂
347	GB 28310—2012	食品安全国家标准　食品添加剂　β－胡萝卜素（发酵法）	食品添加剂
348	GB 28311—2012	食品安全国家标准　食品添加剂　栀子蓝	食品添加剂
349	GB 28312—2012	食品安全国家标准　食品添加剂　玫瑰茄红	食品添加剂
350	GB 28313—2012	食品安全国家标准　食品添加剂　葡萄皮红	食品添加剂
351	GB 28314—2012	食品安全国家标准　食品添加剂　辣椒油树脂	食品添加剂
352	GB 28315—2012	食品安全国家标准　食品添加剂　紫草红	食品添加剂
353	GB 28316—2012	食品安全国家标准　食品添加剂　番茄红	食品添加剂
354	GB 28317—2012	食品安全国家标准　食品添加剂　靛蓝	食品添加剂
355	GB 28318—2012	食品安全国家标准　食品添加剂　靛蓝铝色淀	食品添加剂
356	GB 28319—2012	食品安全国家标准　食品添加剂　庚酸烯丙酯	食品添加剂
357	GB 28320—2012	食品安全国家标准　食品添加剂　苯甲醛	食品添加剂
358	GB 28321—2012	食品安全国家标准　食品添加剂　十二酸乙酯（月桂酸乙酯）	食品添加剂
359	GB 28322—2012	食品安全国家标准　食品添加剂　十四酸乙酯（肉豆蔻酸乙酯）	食品添加剂
360	GB 28323—2012	食品安全国家标准　食品添加剂　乙酸香茅酯	食品添加剂
361	GB 28324—2012	食品安全国家标准　食品添加剂　丁酸香叶酯	食品添加剂
362	GB 28325—2012	食品安全国家标准　食品添加剂　乙酸丁酯	食品添加剂
363	GB 28326—2012	食品安全国家标准　食品添加剂　乙酸己酯	食品添加剂
364	GB 28327—2012	食品安全国家标准　食品添加剂　乙酸辛酯	食品添加剂
365	GB 28328—2012	食品安全国家标准　食品添加剂　乙酸癸酯	食品添加剂
366	GB 28329—2012	食品安全国家标准　食品添加剂　顺式－3－己烯醇乙酸酯（乙酸叶醇酯）	食品添加剂
367	GB 28330—2012	食品安全国家标准　食品添加剂　乙酸异丁酯	食品添加剂
368	GB 28331—2012	食品安全国家标准　食品添加剂　丁酸戊酯	食品添加剂
369	GB 28332—2012	食品安全国家标准　食品添加剂　丁酸己酯	食品添加剂
370	GB 28333—2012	食品安全国家标准　食品添加剂　顺式－3－己烯醇丁酸酯（丁酸叶醇酯）	食品添加剂
371	GB 28334—2012	食品安全国家标准　食品添加剂　顺式－3－己烯醇己酸酯（己酸叶醇酯）	食品添加剂

续表

序号	标准号	标准名称	标准类别
372	GB 28335—2012	食品安全国家标准　食品添加剂　2－甲基丁酸乙酯	食品添加剂
373	GB 28336—2012	食品安全国家标准　食品添加剂　2－甲基丁酸	食品添加剂
374	GB 28337—2012	食品安全国家标准　食品添加剂　乙酸薄荷酯	食品添加剂
375	GB 28338—2012	食品安全国家标准　食品添加剂　乳酸 1－薄荷酯	食品添加剂
376	GB 28339—2012	食品安全国家标准　食品添加剂　二甲基硫醚	食品添加剂
377	GB 28340—2012	食品安全国家标准　食品添加剂　3－甲硫基丙醇	食品添加剂
378	GB 28341—2012	食品安全国家标准　食品添加剂　3－甲硫基丙醛	食品添加剂
379	GB 28342—2012	食品安全国家标准　食品添加剂　3－甲硫基丙酸甲酯	食品添加剂
380	GB 28343—2012	食品安全国家标准　食品添加剂　3－甲硫基丙酸乙酯	食品添加剂
381	GB 28344—2012	食品安全国家标准　食品添加剂　乙酰乙酸乙酯	食品添加剂
382	GB 28345—2012	食品安全国家标准　食品添加剂　乙酸肉桂酯	食品添加剂
383	GB 28346—2012	食品安全国家标准　食品添加剂　肉桂醛	食品添加剂
384	GB 28347—2012	食品安全国家标准　食品添加剂　肉桂酸	食品添加剂
385	GB 28348—2012	食品安全国家标准　食品添加剂　肉桂酸甲酯	食品添加剂
386	GB 28349—2012	食品安全国家标准　食品添加剂　肉桂酸乙酯	食品添加剂
387	GB 28350—2012	食品安全国家标准　食品添加剂　肉桂酸苯乙酯	食品添加剂
388	GB 28351—2012	食品安全国家标准　食品添加剂　5－甲基糠醛	食品添加剂
389	GB 28352—2012	食品安全国家标准　食品添加剂　苯甲酸甲酯	食品添加剂
390	GB 28353—2012	食品安全国家标准　食品添加剂　茴香醇	食品添加剂
391	GB 28354—2012	食品安全国家标准　食品添加剂　大茴香醛	食品添加剂
392	GB 28355—2012	食品安全国家标准　食品添加剂　水杨酸甲酯（柳酸甲酯）	食品添加剂
393	GB 28356—2012	食品安全国家标准　食品添加剂　水杨酸乙酯（柳酸乙酯）	食品添加剂
394	GB 28357—2012	食品安全国家标准　食品添加剂　水杨酸异戊酯（柳酸异戊酯）	食品添加剂

续表

序号	标准号	标准名称	标准类别
395	GB 28358—2012	食品安全国家标准　食品添加剂　丁酰乳酸丁酯	食品添加剂
396	GB 28359—2012	食品安全国家标准　食品添加剂　乙酸苯乙酯	食品添加剂
397	GB 28360—2012	食品安全国家标准　食品添加剂　苯乙酸苯乙酯	食品添加剂
398	GB 28361—2012	食品安全国家标准　食品添加剂　苯乙酸乙酯	食品添加剂
399	GB 28362—2012	食品安全国家标准　食品添加剂　苯氧乙酸烯丙酯	食品添加剂
400	GB 28363—2012	食品安全国家标准　食品添加剂　二氢香豆素	食品添加剂
401	GB 28364—2012	食品安全国家标准　食品添加剂　2－甲基－2－戊烯酸（草莓酸）	食品添加剂
402	GB 28365—2012	食品安全国家标准　食品添加剂　4－羟基－2，5－二甲基－3（2H）呋喃酮	食品添加剂
403	GB 28366—2012	食品安全国家标准　食品添加剂　2－乙基－4－羟基－5－甲基－3（2H）－呋喃酮	食品添加剂
404	GB 28367—2012	食品安全国家标准　食品添加剂　4－羟基－5－甲基－3（2H）呋喃酮	食品添加剂
405	GB 28368—2012	食品安全国家标准　食品添加剂　2，3－戊二酮	食品添加剂
406	GB 28401—2012	食品安全国家标准　食品添加剂　磷脂	食品添加剂
407	GB 28402—2012	食品安全国家标准　食品添加剂　普鲁兰多糖	食品添加剂
408	GB 28403—2012	食品安全国家标准　食品添加剂　瓜尔胶	食品添加剂
409	GB 28404—2012	食品安全国家标准　保健食品中α－亚麻酸、二十碳五烯酸、二十二碳、五烯酸和二十二碳六烯酸的测定	检验方法与规程专业（理化）
410	GB 29201—2012	食品安全国家标准　食品添加剂　氨水	食品添加剂
411	GB 29202—2012	食品安全国家标准　食品添加剂　氮气	食品添加剂
412	GB 29203—2012	食品安全国家标准　食品添加剂　碘化钾	食品添加剂
413	GB 29204—2012	食品安全国家标准　食品添加剂　硅胶	食品添加剂
414	GB 29205—2012	食品安全国家标准　食品添加剂　硫酸	食品添加剂
415	GB 29206—2012	食品安全国家标准　食品添加剂　硫酸铵	食品添加剂
416	GB 29207—2012	食品安全国家标准　食品添加剂　硫酸镁	食品添加剂
417	GB 29208—2012	食品安全国家标准　食品添加剂　硫酸锰	食品添加剂
418	GB 29209—2012	食品安全国家标准　食品添加剂　硫酸钠	食品添加剂

续表

序号	标准号	标准名称	标准类别
419	GB 29210—2012	食品安全国家标准　食品添加剂　硫酸铜	食品添加剂
420	GB 29211—2012	食品安全国家标准　食品添加剂　硫酸亚铁	食品添加剂
421	GB 29212—2012	食品安全国家标准　食品添加剂　羰基铁粉	食品添加剂
422	GB 29213—2012	食品安全国家标准　食品添加剂　硝酸钾	食品添加剂
423	GB 29214—2012	食品安全国家标准　食品添加剂　亚铁氰化钠	食品添加剂
424	GB 29215—2012	食品安全国家标准　食品添加剂　植物活性炭（木质活性炭）	食品添加剂
425	GB 29216—2012	食品安全国家标准　食品添加剂　丙二醇	食品添加剂
426	GB 29217—2012	食品安全国家标准　食品添加剂　环己基氨基磺酸钙	食品添加剂
427	GB 29218—2012	食品安全国家标准　食品添加剂　甲醇	食品添加剂
428	GB 29219—2012	食品安全国家标准　食品添加剂　山梨糖醇	食品添加剂
429	GB 29220—2012	食品安全国家标准　食品添加剂　山梨醇酐三硬脂酸酯（司盘 65）	食品添加剂
430	GB 29221—2012	食品安全国家标准　聚氧乙烯（20）山梨醇酐单月桂酸酯（吐温 20）	食品添加剂
431	GB 29222—2012	食品安全国家标准　聚氧乙烯（20）山梨醇酐单棕榈酸酯（吐温 40）	食品添加剂
432	GB 29223—2012	食品安全国家标准　食品添加剂　脱氢乙酸	食品添加剂
433	GB 29224—2012	食品安全国家标准　食品添加剂　乙酸乙酯	食品添加剂
434	GB 29225—2012	食品安全国家标准　食品添加剂　凹凸棒粘土	食品添加剂
435	GB 29226—2012	食品安全国家标准　食品添加剂　天门冬氨酸钙	食品添加剂
436	GB 29227—2012	食品安全国家标准　食品添加剂　丙酮	食品添加剂
437	GB 29681—2013	食品安全国家标准　牛奶中左旋咪唑残留量的测定高效液相色谱法	农兽残
438	GB 29682—2013	食品安全国家标准　水产品中青霉素类药物多残留的测定高效液相色谱法	农兽残
439	GB 29683—2013	食品安全国家标准　动物性食品中对乙酰氨基酚残留量的测定高效液相色谱法	农兽残
440	GB 29684—2013	食品安全国家标准　水产品中红霉素残留量的测定液相色谱—串联质谱法	农兽残
441	GB 29685—2013	食品安全国家标准　动物性食品中林可霉素、克林霉素和大观霉素多残留的测定气相色谱－质谱法	农兽残

续表

序号	标准号	标准名称	标准类别
442	GB 29686—2013	食品安全国家标准　猪可食性组织中阿维拉霉素残留量的测定	农兽残
443	GB 29687—2013	食品安全国家标准　水产品中阿苯达唑及其代谢物多残留的测定	农兽残
444	GB 29688—2013	食品安全国家标准　牛奶中氯霉素残留量的测定	农兽残
445	GB 29689—2013	食品安全国家标准　牛奶中甲砜霉素残留量的测定	农兽残
446	GB 29690—2013	食品安全国家标准　动物性食品中尼卡巴嗪残留标志物残留量	农兽残
447	GB 29691—2013	食品安全国家标准　鸡可食性组织中尼卡巴嗪残留量的测定	农兽残
448	GB 29692—2013	食品安全国家标准　牛奶中喹诺酮类药物多残留的测定	农兽残
449	GB 29693—2013	食品安全国家标准　动物性食品中常山酮残留量的测定	农兽残
450	GB 29694—2013	食品安全国家标准　动物性食品中 13 种磺胺类药物多残留的	农兽残
451	GB 29695—2013	食品安全国家标准　水产品中阿维菌素和伊维菌素多残留的测定	农兽残
452	GB 29696—2013	食品安全国家标准　牛奶中阿维菌素类药物多残留的测定	农兽残
453	GB 29697—2013	食品安全国家标准　动物性食品中地西泮和安眠酮多残留的测定	农兽残
454	GB 29698—2013	食品安全国家标准　奶及奶制品中 17β—雌二醇、雌三醇、炔雌	农兽残
455	GB 29699—2013	食品安全国家标准　鸡肌肉组织中氯羟吡啶残留量的测定	农兽残
456	GB 29700—2013	食品安全国家标准　牛奶中氯羟吡啶残留量的测定	农兽残
457	GB 29701—2013	食品安全国家标准　鸡可食性组织中地克珠利残留量的测定	农兽残
458	GB 29702—2013	食品安全国家标准　水产品中甲氧苄啶残留量的测定	农兽残

续表

序号	标准号	标准名称	标准类别
459	GB 29703—2013	食品安全国家标准　动物性食品中呋喃苯烯酸钠残留量的测定	农兽残
460	GB 29704—2013	食品安全国家标准　动物性食品中环丙氨嗪及代谢物三聚氰胺多	农兽残
461	GB 29705—2013	食品安全国家标准　水产品中氯氰菊酯、氰戊菊酯、溴氰菊酯	农兽残
462	GB 29706—2013	食品安全国家标准　动物性食品中氨苯砜残留量的测定	农兽残
463	GB 29707—2013	食品安全国家标准　牛奶中双甲脒残留标志物残留量的测定	农兽残
464	GB 29708—2013	食品安全国家标准　动物性食品中五氯酚钠残留量的测定	农兽残
465	GB 29709—2013	食品安全国家标准　动物性食品中氮哌酮及代谢物多残留的测定	农兽残
466	GB 29921—2013	食品安全国家标准　食品中致病菌限量	通用标准
467	GB 29922—2013	食品安全国家标准　特殊医学用途配方食品通则	营养与特殊膳食食品
468	GB 29923—2013	食品安全国家标准　特殊医学用途配方食品良好生产规范	生产经营规范
469	GB 29924—2013	食品安全国家标准　食品添加剂　标识通则	食品添加剂
470	GB 29925—2013	食品安全国家标准　食品添加剂　醋酸酯淀粉	食品添加剂
471	GB 29926—2013	食品安全国家标准　食品添加剂　磷酸酯双淀粉	食品添加剂
472	GB 29927—2013	食品安全国家标准　食品添加剂　氧化淀粉	食品添加剂
473	GB 29928—2013	食品安全国家标准　食品添加剂　酸处理淀粉	食品添加剂
474	GB 29929—2013	食品安全国家标准　食品添加剂　乙酰化二淀粉磷酸酯	食品添加剂
475	GB 29930—2013	食品安全国家标准　食品添加剂　羟丙基淀粉	食品添加剂
476	GB 29931—2013	食品安全国家标准　食品添加剂　羟丙基二淀粉磷酸酯	食品添加剂
477	GB 29932—2013	食品安全国家标准　食品添加剂　乙酰化双淀粉己二酸酯	食品添加剂
478	GB 29933—2013	食品安全国家标准　食品添加剂　氧化羟丙基淀粉	食品添加剂

续表

序号	标准号	标准名称	标准类别
479	GB 29934—2013	食品安全国家标准　食品添加剂　辛烯基琥珀酸铝淀粉	食品添加剂
480	GB 29935—2013	食品安全国家标准　食品添加剂　磷酸化二淀粉磷酸酯	食品添加剂
481	GB 29936—2013	食品安全国家标准　食品添加剂　淀粉磷酸酯钠	食品添加剂
482	GB 29937—2013	食品安全国家标准　食品添加剂　羧甲基淀粉钠	食品添加剂
483	GB 29938—2013	食品安全国家标准　食品用香料通则	食品添加剂
484	GB 29939—2013	食品安全国家标准　食品添加剂　琥珀酸二钠	食品添加剂
485	GB 29940—2013	食品安全国家标准　食品添加剂　柠檬酸亚锡二钠	食品添加剂
486	GB 29941—2013	食品安全国家标准　食品添加剂　脱乙酰甲壳素（壳聚糖）	食品添加剂
487	GB 29942—2013	食品安全国家标准　食品添加剂　维生素 E（dl－α－生育酚）	食品添加剂
488	GB 29943—2013	食品安全国家标准　食品添加剂　棕榈酸视黄酯（棕榈酸维生素 A）	食品添加剂
489	GB 29944—2013	食品安全国家标准　食品添加剂　*N*－[*N*－(3，3－二甲基丁基)]－L－α－天门冬氨－L－苯丙氨酸 1－甲酯（纽甜）	食品添加剂
490	GB 29945—2013	食品安全国家标准　食品添加剂　槐豆胶（刺槐豆胶）	食品添加剂
491	GB 29946—2013	食品安全国家标准　食品添加剂　纤维素	食品添加剂
492	GB 29947—2013	食品安全国家标准　食品添加剂　萜烯树脂	食品添加剂
493	GB 29948—2013	食品安全国家标准　食品添加剂　聚丙烯酸钠	食品添加剂
494	GB 29949—2013	食品安全国家标准　食品添加剂　阿拉伯胶	食品添加剂
495	GB 29950—2013	食品安全国家标准　食品添加剂　甘油	食品添加剂
496	GB 29951—2013	食品安全国家标准　食品添加剂　柠檬酸脂肪酸甘油酯	食品添加剂
497	GB 29952—2013	食品安全国家标准　食品添加剂　γ－辛内酯	食品添加剂
498	GB 29953—2013	食品安全国家标准　食品添加剂　δ－辛内酯	食品添加剂
499	GB 29954—2013	食品安全国家标准　食品添加剂　δ－壬内酯	食品添加剂
500	GB 29955—2013	食品安全国家标准　食品添加剂　δ－十一内酯	食品添加剂

续表

序号	标准号	标准名称	标准类别
501	GB 29956—2013	食品安全国家标准　食品添加剂　δ－突厥酮	食品添加剂
502	GB 29957—2013	食品安全国家标准　食品添加剂　二氢－β－紫罗兰酮	食品添加剂
503	GB 29958—2013	食品安全国家标准　食品添加剂　1－薄荷醇丙二醇碳酸酯	食品添加剂
504	GB 29959—2013	食品安全国家标准　食品添加剂　d，1－薄荷酮甘油缩酮	食品添加剂
505	GB 29960—2013	食品安全国家标准　食品添加剂　二烯丙基硫醚	食品添加剂
506	GB 29961—2013	食品安全国家标准　食品添加剂　4，5－二氢－3（2H）噻吩酮（四氢噻吩－3－酮）	食品添加剂
507	GB 29962—2013	食品安全国家标准　食品添加剂　2－巯基－3－丁醇	食品添加剂
508	GB 29963—2013	食品安全国家标准　食品添加剂　3－巯基－2－丁酮（3－巯基－丁－2－酮）	食品添加剂
509	GB 29964—2013	食品安全国家标准　食品添加剂　二甲基二硫醚	食品添加剂
510	GB 29965—2013	食品安全国家标准　食品添加剂　二丙基二硫醚	食品添加剂
511	GB 29966—2013	食品安全国家标准　食品添加剂　烯丙基二硫醚	食品添加剂
512	GB 29967—2013	食品安全国家标准　食品添加剂　柠檬酸三乙酯	食品添加剂
513	GB 29968—2013	食品安全国家标准　食品添加剂　肉桂酸苄酯	食品添加剂
514	GB 29969—2013	食品安全国家标准　食品添加剂　肉桂酸肉桂酯	食品添加剂
515	GB 29970—2013	食品安全国家标准　食品添加剂　2，5－二甲基吡嗪	食品添加剂
516	GB 29971—2013	食品安全国家标准　食品添加剂　苯甲醛丙二醇缩醛	食品添加剂
517	GB 29972—2013	食品安全国家标准　食品添加剂　乙醛二乙缩醛	食品添加剂
518	GB 29973—2013	食品安全国家标准　食品添加剂　2－异丙基－4－甲基噻唑	食品添加剂

续表

序号	标准号	标准名称	标准类别
519	GB 29974—2013	食品安全国家标准　食品添加剂　糠基硫醇（咖啡醛）	食品添加剂
520	GB 29975—2013	食品安全国家标准　食品添加剂　二糠基二硫醚	食品添加剂
521	GB 29976—2013	食品安全国家标准　食品添加剂　1－辛烯－3－醇	食品添加剂
522	GB 29977—2013	食品安全国家标准　食品添加剂　2－乙酰基吡咯	食品添加剂
523	GB 29978—2013	食品安全国家标准　食品添加剂　2－己烯醛（叶醛）	食品添加剂
524	GB 29979—2013	食品安全国家标准　食品添加剂　氧化芳樟醇	食品添加剂
525	GB 29980—2013	食品安全国家标准　食品添加剂　异硫氰酸烯丙酯	食品添加剂
526	GB 29981—2013	食品安全国家标准　食品添加剂　*N*－乙基－2－异丙基－5－甲基－环己烷甲酰胺	食品添加剂
527	GB 29982—2013	食品安全国家标准　食品添加剂　δ－己内酯	食品添加剂
528	GB 29983—2013	食品安全国家标准　食品添加剂　δ－十四内酯	食品添加剂
529	GB 29984—2013	食品安全国家标准　食品添加剂　四氢芳樟醇	食品添加剂
530	GB 29985—2013	食品安全国家标准　食品添加剂　叶醇（顺式－3－己烯－1－醇）	食品添加剂
531	GB 29986—2013	食品安全国家标准　食品添加剂　6－甲基－5－庚烯－2－酮	食品添加剂
532	GB 29987—2013	食品安全国家标准　食品添加剂　丁苯橡胶	食品添加剂
533	GB 29987—2014	食品安全国家标准　食品添加剂　胶基及其配料	食品添加剂
534	GB 29988—2013	食品安全国家标准　食品添加剂　海藻酸钾（褐藻酸钾）	食品添加剂
535	GB 29989—2013	食品安全国家标准　婴幼儿食品和乳品中左旋肉碱的测定	检验方法与规程专业（理化）
536	GB 30601—2014	食品安全国家标准　食品添加剂　对羟基苯甲酸甲酯钠	食品添加剂
537	GB 30602—2014	食品安全国家标准　食品添加剂　对羟基苯甲酸乙酯钠	食品添加剂

续表

序号	标准号	标准名称	标准类别
538	GB 30603—2014	食品安全国家标准　食品添加剂　乙酸钠	食品添加剂
539	GB 30604—2015	食品安全国家标准　食品营养强化剂　1，3－二油酸－2－棕榈酸甘油三酯	营养与特殊膳食食品
540	GB 30605—2014	食品安全国家标准　食品添加剂　甘氨酸钙	食品添加剂
541	GB 30606—2014	食品安全国家标准　食品添加剂　甘氨酸亚铁	食品添加剂
542	GB 30607—2014	食品安全国家标准　食品添加剂　酶解大豆磷脂	食品添加剂
543	GB 30608—2014	食品安全国家标准　食品添加剂　DL－苹果酸钠	食品添加剂
544	GB 30609—2014	食品安全国家标准　食品添加剂　聚氧乙烯聚氧丙烯季戊四醇醚	食品添加剂
545	GB 30610—2014	食品安全国家标准　食品添加剂　乙醇	食品添加剂
546	GB 30611—2014	食品安全国家标准　食品添加剂　异丙醇	食品添加剂
547	GB 30612—2014	食品安全国家标准　食品添加剂　聚二甲基硅氧烷及其乳液	食品添加剂
548	GB 30613—2014	食品安全国家标准　食品添加剂　磷酸氢二铵	食品添加剂
549	GB 30614—2014	食品安全国家标准　食品添加剂　氧化钙	食品添加剂
550	GB 30615—2014	食品安全国家标准　食品添加剂　竹叶抗氧化物	食品添加剂
551	GB 30616—2014	食品安全国家标准　食品用香精	食品添加剂
552	GB 3150—2010	食品安全国家标准　食品添加剂　硫磺	食品添加剂
553	GB 31601—2015	食品安全国家标准　孕妇及乳母营养补充食品	营养与特殊膳食食品
554	GB 31602—2015	食品安全国家标准　干海参	食品产品
555	GB 31603—2015	食品安全国家标准　食品接触材料及制品生产通用卫生规范	生产经营规范
556	GB 31604. 1—2015	食品安全国家标准　食品接触材料及制品迁移试验通则	食品相关产品
557	GB 31617—2014	食品安全国家标准　食品营养强化剂　酪蛋白磷酸肽	营养与特殊膳食食品
558	GB 31618—2014	食品安全国家标准　食品营养强化剂　棉子糖	营养与特殊膳食食品
559	GB 31619—2014	食品安全国家标准　食品添加剂　决明胶	食品添加剂
560	GB 31620—2014	食品安全国家标准　食品添加剂　β－阿朴－8′－胡萝卜素醛	食品添加剂
561	GB 31621—2014	食品安全国家标准　食品经营过程卫生规范	生产经营规范

续表

序号	标准号	标准名称	标准类别
562	GB 31622—2014	食品安全国家标准　食品添加剂　杨梅红	食品添加剂
563	GB 31623—2014	食品安全国家标准　食品添加剂　硬脂酸钾	食品添加剂
564	GB 31624—2014	食品安全国家标准　食品添加剂　天然胡萝卜素	食品添加剂
565	GB 31625—2014	食品安全国家标准　食品添加剂　二氢茉莉酮酸甲酯	食品添加剂
566	GB 31626—2014	食品安全国家标准　食品添加剂　水杨酸苄酯（柳酸苄酯）	食品添加剂
567	GB 31627—2014	食品安全国家标准　食品添加剂　香芹酚	食品添加剂
568	GB 31628—2014	食品安全国家标准　食品添加剂　高岭土	食品添加剂
569	GB 31629—2014	食品安全国家标准　食品添加剂　聚丙烯酰胺	食品添加剂
570	GB 31630—2014	食品安全国家标准　食品添加剂　聚乙烯醇	食品添加剂
571	GB 31631—2014	食品安全国家标准　食品添加剂　氯化铵	食品添加剂
572	GB 31632—2014	食品安全国家标准　食品添加剂　镍	食品添加剂
573	GB 31633—2014	食品安全国家标准　食品添加剂　氢气	食品添加剂
574	GB 31634—2014	食品安全国家标准　食品添加剂　珍珠岩	食品添加剂
575	GB 31635—2014	食品安全国家标准　食品添加剂　聚苯乙烯	食品添加剂
576	GB 4479. 1—2010	食品安全国家标准　食品添加剂　苋菜红	食品添加剂
577	GB 4481. 1—2010	食品安全国家标准　食品添加剂　柠檬黄	食品添加剂
578	GB 4481. 2—2010	食品安全国家标准　食品添加剂　柠檬黄铝色淀	食品添加剂
579	GB 4789. 10—2010	食品安全国家标准　食品微生物学检验　金黄色葡萄球菌检验	检验方法与规程专业（微生物）
580	GB 4789. 11—2014	食品安全国家标准　食品微生物学检验　β 型溶血性链球菌检验	检验方法与规程专业（微生物）
581	GB 4789. 1—2010	食品安全国家标准　食品微生物学检验　总则	检验方法与规程专业（微生物）
582	GB 4789. 13—2012	食品安全国家标准　食品微生物学检验　产气荚膜梭菌检验	检验方法与规程专业（微生物）
583	GB 4789. 14—2014	食品安全国家标准　食品微生物学检验　蜡样芽孢杆菌检验	检验方法与规程专业（微生物）
584	GB 4789. 15—2010	食品安全国家标准　食品微生物学检验　霉菌和酵母计数	检验方法与规程专业（微生物）
585	GB 4789. 18—2010	食品安全国家标准　食品微生物学检验　乳与乳制品检验	检验方法与规程专业（微生物）

续表

序号	标准号	标准名称	标准类别
586	GB 4789. 2—2010	食品安全国家标准　食品微生物学检验　菌落总数测定	检验方法与规程专业（微生物）
587	GB 4789. 26—2013	食品安全国家标准　食品微生物学检验　商业无菌检验	检验方法与规程专业（微生物）
588	GB 4789. 28—2013	食品安全国家标准　食品微生物学检验　培养基和试剂的质量要求	检验方法与规程专业（微生物）
589	GB 4789. 30—2010	食品安全国家标准　食品微生物学检验　单核细胞增生李斯特氏菌检验	检验方法与规程专业（微生物）
590	GB 4789. 31—2013	食品安全国家标准　食品微生物学检验　沙门氏菌、志贺氏菌和致泻大肠埃希氏菌	检验方法与规程专业（微生物）
591	GB 4789. 3—2010	食品安全国家标准　食品微生物学检验　大肠菌群计数	检验方法与规程专业（微生物）
592	GB 4789. 34—2012	食品安全国家标准　食品微生物学检验　双歧杆菌的鉴定	检验方法与规程专业（微生物）
593	GB 4789. 35—2010	食品安全国家标准　食品微生物学检验　乳酸菌检验	检验方法与规程专业（微生物）
594	GB 4789. 38—2012	食品安全国家标准　食品微生物学检验　大肠埃希氏菌计数	检验方法与规程专业（微生物）
595	GB 4789. 39—2013	食品安全国家标准　食品微生物学检验　粪大肠菌群计数	检验方法与规程专业（微生物）
596	GB 4789. 40—2010	食品安全国家标准　食品微生物学检验　阪崎肠杆菌检验	检验方法与规程专业（微生物）
597	GB 4789. 4—2010	食品安全国家标准　食品微生物学检验　沙门氏菌检验	检验方法与规程专业（微生物）
598	GB 4789. 5—2012	食品安全国家标准　食品微生物学检验　志贺氏菌检验	检验方法与规程专业（微生物）
599	GB 4789. 7—2013	食品安全国家标准　食品微生物学检验　副溶血性弧菌检验	检验方法与规程专业（微生物）
600	GB 4789. 9—2014	食品安全国家标准　食品微生物学检验　空肠弯曲菌检验	检验方法与规程专业（微生物）
601	GB 4806. 2—2015	食品安全国家标准　奶嘴	食品相关产品
602	GB 5009. 11—2014	食品安全国家标准　食品中总砷及无机砷的测定	检验方法与规程专业（理化）
603	GB 5009. 12—2010	食品安全国家标准　食品中铅的测定	检验方法与规程专业（理化）

续表

序号	标准号	标准名称	标准类别
604	GB 5009.123—2014	食品安全国家标准　食品中铬的测定	检验方法与规程专业（理化）
605	GB 5009.139—2014	食品安全国家标准　饮料中咖啡因的测定	检验方法与规程专业（理化）
606	GB 5009.148—2014	食品安全国家标准　植物性食品中游离棉酚的测定	检验方法与规程专业（理化）
607	GB 5009.15—2014	食品安全国家标准　食品中镉的测定	检验方法与规程专业（理化）
608	GB 5009.16—2014	食品安全国家标准　食品中锡的测定	检验方法与规程专业（理化）
609	GB 5009.17—2014	食品安全国家标准　食品中总汞及有机汞的测定	检验方法与规程专业（理化）
610	GB 5009.190—2014	食品安全国家标准　食品中指示性多氯联苯含量的测定	检验方法与规程专业（理化）
611	GB 5009.204—2014	食品安全国家标准　食品中丙烯酰胺的测定	检验方法与规程专业（理化）
612	GB 5009.205—2013	食品安全国家标准　食品中二噁英及其类似物毒性当量的测定	检验方法与规程专业（理化）
613	GB 5009.211—2014	食品安全国家标准　食品中叶酸的测定	检验方法与规程专业（理化）
614	GB 5009.223—2014	食品安全国家标准　食品中氨基甲酸乙酯的测定	检验方法与规程专业（理化）
615	GB 5009.24—2010	食品安全国家标准　食品中黄曲霉毒素 M1 和 B1 的测定	检验方法与规程专业（理化）
616	GB 5009.3—2010	食品安全国家标准　食品中水分的测定	检验方法与规程专业（理化）
617	GB 5009.33—2010	食品安全国家标准　食品中亚硝酸盐与硝酸盐的测定	检验方法与规程专业（理化）
618	GB 5009.4—2010	食品安全国家标准　食品中灰分的测定	检验方法与规程专业（理化）
619	GB 5009.5—2010	食品安全国家标准　食品中蛋白质的测定	检验方法与规程专业（理化）
620	GB 5009.74—2014	食品安全国家标准　食品添加剂中重金属限量试验	检验方法与规程专业（理化）

续表

序号	标准号	标准名称	标准类别
621	GB 5009.75—2014	食品安全国家标准　食品添加剂中铅的测定	检验方法与规程专业（理化）
622	GB 5009.76—2014	食品安全国家标准　食品添加剂中砷的测定	检验方法与规程专业（理化）
623	GB 5009.88—2014	食品安全国家标准　食品中膳食纤维的测定	检验方法与规程专业（理化）
624	GB 5009.93—2010	食品安全国家标准　食品中硒的测定	检验方法与规程专业（理化）
625	GB 5009.94—2012	食品安全国家标准　植物性食品中稀土元素的测定	检验方法与规程专业（理化）
626	GB 5413.10—2010	食品安全国家标准　婴幼儿食品和乳品中维生素 K1 的测定	检验方法与规程专业（理化）
627	GB 5413.11—2010	食品安全国家标准　婴幼儿食品和乳品中维生素 B1 的测定	检验方法与规程专业（理化）
628	GB 5413.12—2010	食品安全国家标准　婴幼儿食品和乳品中维生素 B2 的测定	检验方法与规程专业（理化）
629	GB 5413.13—2010	食品安全国家标准　婴幼儿食品和乳品中维生素 B6 的测定	检验方法与规程专业（理化）
630	GB 5413.14—2010	食品安全国家标准　婴幼儿食品和乳品中维生素 B12 的测定	检验方法与规程专业（理化）
631	GB 5413.15—2010	食品安全国家标准　婴幼儿食品和乳品中烟酸和烟酰胺的测定	检验方法与规程专业（理化）
632	GB 5413.16—2010	食品安全国家标准　婴幼儿食品和乳品中叶酸（叶酸盐活性）	检验方法与规程专业（理化）
633	GB 5413.17—2010	食品安全国家标准　婴幼儿食品和乳品中泛酸的测定	检验方法与规程专业（理化）
634	GB 5413.18—2010	食品安全国家标准　婴幼儿食品和乳品中维生素 C 的测定	检验方法与规程专业（理化）
635	GB 5413.19—2010	食品安全国家标准　婴幼儿食品和乳品中游离生物素的测定	检验方法与规程专业（理化）
636	GB 5413.20—2013	食品安全国家标准　婴幼儿食品和乳品中胆碱的测定	检验方法与规程专业（理化）
637	GB 5413.21—2010	食品安全国家标准　婴幼儿食品和乳品中钙、铁、锌、钠、钾	检验方法与规程专业（理化）

续表

序号	标准号	标准名称	标准类别
638	GB 5413. 22—2010	食品安全国家标准 婴幼儿食品和乳品中磷的测定	检验方法与规程专业（理化）
639	GB 5413. 23—2010	食品安全国家标准 婴幼儿食品和乳品中碘的测定	检验方法与规程专业（理化）
640	GB 5413. 24—2010	食品安全国家标准 婴幼儿食品和乳品中氯的测定	检验方法与规程专业（理化）
641	GB 5413. 25—2010	食品安全国家标准 婴幼儿食品和乳品中肌醇的测定	检验方法与规程专业（理化）
642	GB 5413. 26—2010	食品安全国家标准 婴幼儿食品和乳品中牛磺酸的测定	检验方法与规程专业（理化）
643	GB 5413. 27—2010	食品安全国家标准 婴幼儿食品和乳品中脂肪酸的测定	检验方法与规程专业（理化）
644	GB 5413. 29—2010	食品安全国家标准 婴幼儿食品和乳品溶解性的测定	检验方法与规程专业（理化）
645	GB 5413. 30—2010	食品安全国家标准 乳和乳制品杂质度的测定	检验方法与规程专业（理化）
646	GB 5413. 31—2013	食品安全国家标准 婴幼儿食品和乳品中脲酶的测定	检验方法与规程专业（理化）
647	GB 5413. 3—2010	食品安全国家标准 婴幼儿食品和乳品中脂肪的测定	检验方法与规程专业（理化）
648	GB 5413. 33—2010	食品安全国家标准 生乳相对密度的测定	检验方法与规程专业（理化）
649	GB 5413. 34—2010	食品安全国家标准 乳和乳制品酸度的测定	检验方法与规程专业（理化）
650	GB 5413. 35—2010	食品安全国家标准 婴幼儿食品和乳品中β-胡萝卜素的测定	检验方法与规程专业（理化）
651	GB 5413. 36—2010	食品安全国家标准 婴幼儿食品和乳品中反式脂肪酸的测定	检验方法与规程专业（理化）
652	GB 5413. 37—2010	食品安全国家标准 乳和乳制品中黄曲霉毒素M1 的测定	检验方法与规程专业（理化）
653	GB 5413. 38—2010	食品安全国家标准 生乳冰点的测定	检验方法与规程专业（理化）
654	GB 5413. 39—2010	食品安全国家标准 乳和乳制品中非脂乳固体的测定	检验方法与规程专业（理化）

续表

序号	标准号	标准名称	标准类别
655	GB 5413.5—2010	食品安全国家标准　婴幼儿食品和乳品中乳糖、蔗糖的测定	检验方法与规程专业（理化）
656	GB 5413.6—2010	食品安全国家标准　婴幼儿食品和乳品中不溶性膳食纤维的测定	检验方法与规程专业（理化）
657	GB 5413.9—2010	食品安全国家标准　婴幼儿食品和乳品中维生素 A、D、E 的测定	检验方法与规程专业（理化）
658	GB 5420—2010	食品安全国家标准　干酪	食品产品
659	GB 6227.1—2010	食品安全国家标准　食品添加剂　日落黄	食品添加剂
660	GB 6783—2013	食品安全国家标准　食品添加剂　明胶	食品添加剂
661	GB 7096—2014	食品安全国家标准　食用菌及其制品	食品产品
662	GB 7098—2015	食品安全国家标准　罐头食品	食品产品
663	GB 7099—2015	食品安全国家标准　糕点面包	食品产品
664	GB 7100—2015	食品安全国家标准　饼干	食品产品
665	GB 7101—2015	食品安全国家标准　饮料	食品产品
666	GB 7718—2011	食品安全国家标准　预包装食品标签通则	通用标准
667	GB 7912—2010	食品安全国家标准　食品添加剂　栀子黄	食品添加剂
668	GB 8270—2014	食品安全国家标准　食品添加剂　甜菊糖苷	食品添加剂
669	GB 8820—2010	食品安全国家标准　食品添加剂　葡萄糖酸锌	食品添加剂
670	GB 8821—2011	食品安全国家标准　食品添加剂　β-胡萝卜素	食品添加剂
671	GB 9678.2—2014	食品安全国家标准　巧克力、代可可脂巧克力及其制品	食品产品
672	GB 9684—2011	食品安全国家标准　不锈钢制品	食品相关产品
673	GB 9686—2012	食品安全国家标准　内壁环氧聚酰胺树脂涂料	食品相关产品

资料来源：国家食品安全风险评估中心官方网站，截至 2016 年 7 月。

附录四　2015 年食品工业统计数据

表 1　2015 年食品工业经济效益指标和投资情况

行业名称	主营业务收入/亿元	同比增长/%	利润总额/亿元	同比增长/%	税金总额/亿元	同比增长/%	主营业务收入利润率/%	成本费用利润率/%	完成投资/亿元	同比增长/%
食品工业总计	104118.4	4.5	6807.4	7.4	3435.4	4.9	6.5	7.1	19940.3	8.6
农副食品加工业	65125.6	3.5	3233.8	6.4	1419.4	3.1	5.0	5.3	10761.2	7.7
食品制造业	21700.3	6.3	1832.2	9.1	850.1	10.0	8.4	9.2	5089.0	14.4
酒、饮料和精制茶制造业	17292.5	6.4	1741.4	7.5	1165.9	3.6	10.1	11.5	4090.1	4.4

表 2　2015 年食品工业主要产品产量

产品名称	全年产量	同比增长/%
小麦粉/万 t	14461.58	1.84
大米/万 t	13564.20	4.43
精制食用植物油/万 t	6734.24	8.45
成品糖/万 t	1475.37	-7.36
鲜、冷藏肉/万 t	3761.08	-1.78
冷冻水产品/万 t	844.13	1.28
糖果/万 t	345.47	6.68
速冻米面食品/万 t	524.17	0.40
方便面/万 t	1017.80	-0.65
乳制品/万 t	2782.53	4.60

续表

产品名称	全年产量	同比增长/%
其中：液体乳/万 t	2521.00	4.72
乳粉/万 t	141.95	-4.50
罐头/万 t	1212.60	2.02
酱油/万 t	1011.94	6.43
冷冻饮品/万 t	306.99	0.02
食品添加剂/万 t	790.07	11.86
发酵酒精/万 t	1016.74	4.23
白酒（折 65 度，商品量）/万 kL	1312.80	5.07
啤酒/万 kL	4715.72	-5.06
葡萄酒/万 kL	114.80	-0.73
软饮料/万 t	17661.04	6.23
其中：碳酸饮料类（汽水）/万 t	1794.50	7.42
包装饮用水类/万 t	8766.09	10.29
果汁和蔬菜汁饮料类/万 t	2386.54	1.06
精制茶/万 t	241.81	-1.90

表 3　2015 年食品工业各行业主营业务收入及占比

行业	主营业务收入/亿元	占比/%
食品工业总计（不含烟草）	104118.36	100
谷物磨制	13403.39	12.87
饲料加工	11052.75	10.62
食用植物油加工	10025.65	9.63
非食用植物油加工	250.22	0.24
制糖业	1200.59	1.15
牲畜屠宰	5522.42	5.30
禽类屠宰	3314.34	3.18
肉制品及副产品加工	4454.27	4.28
水产品冷冻加工	3723.22	3.58
鱼糜制品及水产品干腌制加工	705.36	0.68
水产饲料制造	485.50	0.47
鱼油提取及制品制造	22.98	0.02
其他水产品加工	253.99	0.24
蔬菜加工	3499.17	3.36
水果和坚果加工	1767.48	1.70

续表

行业	主营业务收入/亿元	占比/%
淀粉及淀粉制品制造	2882.37	2.77
豆制品制造	745.24	0.72
蛋品加工	299.35	0.29
其他未列明农副食品加工	1517.24	1.46
糕点、面包制造	1013.71	0.97
饼干及其他焙烤食品制造	1806.53	1.74
糖果、巧克力制造	1272.98	1.22
蜜饯制作	575.87	0.55
米、面制品制造	974.44	0.94
速冻食品制造	831.03	0.80
方便面及其他方便食品制造	1722.46	1.65
乳制品制造	3328.52	3.20
肉、禽类罐头制造	260.97	0.25
水产品罐头制造	105.42	0.10
蔬菜、水果罐头制造	1185.70	1.14
其他罐头食品制造	127.20	0.12
味精制造	463.45	0.45
酱油、食醋及类似制品制造	1005.49	0.97
其他调味品、发酵制品制造	1401.05	1.35
营养食品制造	746.52	0.72
保健食品制造	1573.59	1.51
冷冻饮品及食用冰制造	408.67	0.39
盐加工	118.17	0.11
食品及饲料添加剂制造	2020.33	1.94
其他未列明食品制造	758.25	0.73
酒精制造	799.92	0.77
白酒制造	5558.86	5.34
啤酒制造	1897.09	1.82
黄酒制造	181.94	0.17
葡萄酒制造	462.64	0.44
其他酒制造	328.72	0.32
碳酸饮料制造	810.67	0.78
瓶（罐）装饮用水制造	1268.91	1.22
果菜汁及果菜汁饮料制造	1219.13	1.17

续表

行业	主营业务收入/亿元	占比/%
含乳饮料和植物蛋白饮料制造	1132.89	1.09
固体饮料制造	554.99	0.53
茶饮料及其他饮料制造	1170.74	1.12
精制茶加工	1905.97	1.83

表 4　2015 年各省（自治区、直辖市）食品工业主营业务收入及占比

地区	主营业务收入/亿元	占比/%
总计	104118.36	100
北京市	1098.26	1.05
天津市	2422.46	2.33
河北省	3668.95	3.52
山西省	601.12	0.58
内蒙古自治区	2754.99	2.65
辽宁省	3934.92	3.78
吉林省	3935.16	3.78
黑龙江省	3563.77	3.42
上海市	1217.68	1.17
江苏省	6569.71	6.31
浙江省	1993.92	1.92
安徽省	4070.84	3.91
福建省	4699.75	4.51
江西省	2803.44	2.69
山东省	16796.38	16.13
河南省	10134.68	9.73
湖北省	7327.13	7.04
湖南省	4476.17	4.30
广东省	5770.43	5.54
广西壮族自治区	2805.89	2.69
海南省	178.07	0.17
重庆市	1291.95	1.24
四川省	6326.05	6.08
贵州省	1130.28	1.09
云南省	1006.69	0.97
西藏自治区	28.16	0.03

续表

地区	主营业务收入/亿元	占比/%
陕西省	1863.50	1.79
甘肃省	455.58	0.44
青海省	113.03	0.11
宁夏回族自治区	287.82	0.28
新疆维吾尔自治区	791.56	0.76

表5 2015年食品工业主营业务收入及其地位与其他行业的比较

行业	主营业务收入/亿元	占比/%
总计	1103300.7	100.0
煤炭开采和洗选业	24994.9	2.3
石油和天然气开采业	7774.6	0.7
黑色金属矿采选业	7368.6	0.7
有色金属矿采选业	6086.1	0.6
非金属矿采选业	5457.0	0.5
开采辅助活动	1700.5	0.2
其他采矿业	24.5	0.0
食品工业	104118.4	9.4
烟草制品业	9350.8	0.8
纺织业	40173.3	3.6
纺织服装、服饰业	22067.9	2.0
皮革、毛皮、羽毛及其制品和制鞋业	14580.8	1.3
木材加工和木、竹、藤、棕、草制品业	14079.3	1.3
家具制造业	7872.5	0.7
造纸和纸制品业	13923.4	1.3
印刷和记录媒介复制业	7191.7	0.7
文教、工美、体育和娱乐用品制造业	15474.3	1.4
石油加工、炼焦和核燃料加工业	34063.4	3.1
化学原料和化学制品制造业	83900.6	7.6
医药制造业	25537.1	2.3
化学纤维制造业	7293.2	0.7
橡胶和塑料制品业	30866.6	2.8
非金属矿物制品业	58873.9	5.3
黑色金属冶炼和压延加工业	64605.7	5.9
有色金属冶炼和压延加工业	51167.1	4.6

续表

行业	主营业务收入/亿元	占比/%
金属制品业	37016.7	3.4
通用设备制造业	47051.0	4.3
专用设备制造业	35599.8	3.2
汽车制造业	70156.9	6.4
铁路、船舶、航空航天和其他运输设备制造业	16280.5	1.5
电气机械和器材制造业	69475.0	6.3
计算机、通信和其他电子设备制造业	90482.0	8.2
仪器仪表制造业	8703.3	0.8
其他制造业	2387.4	0.2
废弃资源综合利用业	3705.9	0.3
金属制品、机械和设备修理业	914.6	0.1
电力、热力生产和供应业	55500.2	5.0
燃气生产和供应业	5639.1	0.5
水的生产和供应业	1841.9	0.2

附录五　参与编写单位简介

中国食品科学技术学会

中国食品科学技术学会是中国食品科技工作者的学术性群众团体，是中国科学技术协会的组成部分。中国食品科学技术学会于1980年11月成立，至今为第五届。1984年9月以有代表性的全国性学会名义参加国际食品科技联盟（IUFoST），成为正式成员，为中国食品科技界在国际食品科技联盟中的唯一代表。

中国食品科学技术学会的目的和任务是：参与国家食品工业与科技发展的决策咨询；主持食品科学技术的国内、国际交流；推动食品科技界专家、学者、企业家之间及与相关学术团体间的合作；推行食品科技的继续教育和培训；支持食品生产、保藏、加工、制造及流通等方面的技术革新；普及食品科技基本知识。

中国食品科学技术学会以吸纳一流人才构成整体优势为工作目标，在助推产业创新中体现活力和价值，通过为科技工作者搭建国内外科技交流的平台，促进中国食品工业科技水平的提升。以中国食品科技与产业的整体实力为依托，在国内外食品科技与工业界拥有重要影响力。

中国食品科学技术学会秘书处设在北京，下设冷冻与冷藏食品分会、面制品分会、食品安全与标准技术分会、儿童食品分会、食品物流技术分会、功能食品分会、乳酸菌分会、食品添加剂分会等20余个分支机构及青年工作委员会、科普工作委员会。出版的刊物有《中国食品学报》《中外食品》《食品与机械》等。

网址：www.cifst.org.cn
电话：010－65265376
传真：010－65264731
邮箱：cifst@126.com
地址：北京市海淀区阜成路北三街6号轻苑大厦三层
邮编：100048

中轻食品工业管理中心

一、中心概况

中轻食品工业管理中心是经中央机构编制委员会批准，于2001年成立的事业单位（简称食品中心）。食品中心的主要职能是配合政府部门开展食品行业管理、协调和服务工作，即组织制定食品工业的产业规划、开展食品工业管理基础工作，对各食品行业协会工作进行规范和指导；为协会服务，研究和协调解决协会工作中的共性问题。中国轻工业联合会代管中轻食品工业管理中心。2015年，中国轻工业联合会设立食品管理综合部，与食品中心合署办公。

二、组织机构

根据工作需要，食品中心共设立办公室（行政人事、财务）、生产科技处、行业管理处、咨询服务处、食品企业融资服务办公室和食品企业电商服务办公室等。除直属处（室）之外，食品中心还负责联络八个食品行业协会、一个学会和八个食品标准化技术委员会。

八个食品行业协会包括：中国酒业协会、中国糖业协会、中国生物发酵产业协会、中国食品添加剂和配料协会、中国焙烤食品糖制品工业协会、中国罐头工业协会、中国乳制品工业协会、中国饮料工业协会。

一个学会：中国食品科学技术学会。

八个食品标准化技术委员会包括：全国食品工业标准化技术委员会（TC64）、全国食品标签标准化技术委员会（TC473）、全国酿酒标准化技术委员会（TC471）、全国白酒标准化技术委员会（TC358）、全国制糖标准化技术委员会（TC373）、全国饮料标准化技术委员会（TC275）、全国乳制品标准化技术委员会，中国焙烤食品糖制品工业协会法规与技术委员会。

三、业务范围

1. 组织提出食品行业发展规划和相关政策、法规建议；开展食品行业信息统计，收集、调查、分析和发布行业信息，实行行业指导，为食品企业服务。

2. 接受委托参与制定、修订食品行业的有关国家标准、行业标准和行业管理规范以及产品生产许可证、质量认证和环境认证方面的工作；组织食品企业贯彻、实施标准和管理规范，配合有关部门对执行情况进行监督检查。

3. 接受委托为食品企业发展、重组和兼并提供投融资服务。

4. 开展食品行业特色区域和产业集群共建活动。

5. 组织食品企业负责人培训。

6. 开展国际经济技术合作与交流活动，组织食品行业的国内外专业展览会、订货会，参与培育国内市场。

7. 发布食品行业产品质量信息，推荐行业名优、新特产品。

8．承担各食品行业协会外事工作的综合、初审和申报工作。

9．接受委托组织对食品行业重大项目进行评审和推荐，对食品行业新技术、新产品进行鉴定。

10．接受委托承办专家选拔、推荐和专业技术职称、工人技术等级以及其它职业资格的考核评审工作。

11．完成有关部门交办的其他工作。

网址：www. nfmccli. org
电话：010－68396507
传真：010－68396507
邮箱：manage@ nfmccli. org
地址：北京市西城区阜外大街乙22号
邮编：100833

中国食品工业协会

中国食品工业协会，简称中国食协，英文名称 China National Food Industry Association，缩写为 CNFIA。是经国务院批准于 1981 年 10 月 29 日成立的全国食品工业的自律性行业管理组织。主要职能和任务综合为：统筹、规划、协调、指导、服务。多年来，中国食协密切联系食品工业企业，在推动我国食品工业持续、稳定、协调发展等方面做了大量卓有成效的工作。

中国食品工业协会的最高权力机构为会员代表大会，其日常执行机构为理事会。

主要工作

（一）履行统筹、规划职能

（二）发布运行信息，引导行业发展

（三）推动食品工业科技进步

（四）与地方政府合作共建，推动食品工业特色园区发展

（五）努力抓好产品质量和食品安全

（六）参与食品安全法律法规和标准体系建设

（七）健全行业规范，加强行业自律

网址：http://www.cnfia.cn

电话：010－63265394　63315494

地址：北京市丰台区太平桥东里 5 号

邮编：100073

中国食品发酵工业研究院

中国食品发酵工业研究院（以下简称研究院）是中国轻工集团公司所属全资子公司。是北京市科委认定高新技术企业，是科学技术部、国务院国资委和中华全国总工会认定的“国家第三批创新型企业试点企业”；是国家级“国际科技合作基地”，是北京市科技研究开发机构、北京市“食品生物技术国际科技合作基地”。

研究院禀承“创新发展、服务行业”的理念，依托研究院在食品科技和产业发展中的历史沉淀和综合实力，形成了独具科技创新体系、食品质量安全保障、技术贸易和产业示范为一体的组合优势，搭建了多个具有核心竞争力的技术和服务平台。研究院拥有国家食品质量监督检验中心，中国工业微生物菌种保藏管理中心，全国食品发酵标准化中心，国家级“酒类品质与安全国际联合研究中心”，工信部“食品生产企业质量安全检测技术示范中心”，北京市蛋白功能肽工程技术研究中心；研究院设有食品工程研发部、发酵工程研发部、酿酒工程研发部、食品安全研发部、标准信息研发部、功能肽产业化研发部、国际合作与贸易部和特殊医用配方食品合作研究开发中心；研究院下设全资子公司北京食发科贸有限公司、北京东光兴业科技发展有限公司、发酵行业生产力促进中心（事业单位），控股子公司广东中食营科生物科技有限公司（控股公司）。

建院60年来，研究院围绕国家食品行业中长期规划和产业政策，以建设国际一流的科研开发机构为目标，积极开展食品行业共性和关键性技术的科研攻关、产学研合作、国际合作，承担国家863计划、科技支撑计划、国家自然基金、北京市科技计划、北京市自然基金等项目，国际科技合作等项目（课题），科研成果和产业化示范均取得了显著的成效。在食品工业微生物资源利用、传统酿造工程技术、食品新资源和功能性配料开发、食品安全保障技术和标准化技术等领域居国内领先地位。在国家食品安全预警和突发事件处置，食品市场准入和食品标准制定等方面发挥重要的作用，是发酵工程专业硕士学位授予单位。

网址：www. cnif. cn
电话：010 －53218288
传真：010 －53218297
邮箱：office@ cnif. cn　ffkj@ cnif. cn
地址：北京市朝阳区酒仙桥中路24号院6号楼
邮编：100015

中国电子信息产业发展研究院

中国电子信息产业发展研究院（赛迪工业和信息化研究院），是直属于国家工业和信息化部的一类科研事业单位。成立二十多年来，一直致力于面向政府、面向企业、面向社会提供媒体传播、研究咨询、评测认证与技术研发等专业服务。形成了政府决策与软科学研究、传媒与网络服务、咨询与外包服务、评测与认证服务、软件开发与信息技术服务五业并举发展的业务格局。

赛迪工业和信息化研究院总部设在北京，并在上海、重庆、广州、深圳等地设有分支机构。现有员工2000余人，其中各类专业技术人员1200余人（含高级职称人员110人）。

赛迪工业和信息化研究院旗下的赛迪智库贯彻“面向政府，服务决策”的宗旨，围绕工业化和信息化领域的热点、难点和重点问题，开展基础研究、预先研究和对策研究，致力于为政府提供高水平决策咨询服务。赛迪智库下属消费品工业研究所成立于2011年，是专业从事消费品行业重点、热点问题研究的智库型研究机构。研究所依托政府及行业资源，以开展前瞻性、战略性、综合性研究为目标，以扎实的行业研究能力为基础，以强大的媒体平台和丰富的数据来源为支撑，凭借实践经验丰富的研究团队，致力于为中央及地方政府部门提供有关行业发展的政策建议，为行业协会和消费品生产企业提供相关发展战略、规划服务等，研究领域覆盖食品、医药、轻工、纺织的多个行业。消费品工业研究所以业界资深专家为顾问，研究人员多数拥有博士及以上学历，专业涉及产业经济学、管理科学与工程、国际贸易、技术经济、纺织工程等领域，形成了一支实力雄厚、实践经验丰富的研究队伍。目前，研究所承担并完成了多项重大项目，为政府部门建言献策、为消费品企业出谋划策。

网址：www. ccidgroup. com

电话：010－88558855

传真：010－88558833

地址：北京市海淀区紫竹院路66号

邮编：100048

中国肉类协会

中国肉类协会于1993年6月成立，是经中华人民共和国民政部批准注册登记的全国性肉类生产流通行业社团组织。

中国肉协是由全国肉类（禽蛋）生产、经营、屠宰、加工、冷藏、冷冻、肉制品加工、批发、配送、机械制造等企业及相关科研、设计、大专院校、新闻单位、地方社团自愿结成的跨地区、跨部门、不受所有制限制的非营利性的具有法人资格的全国性社会团体，是世界肉类组织秘书处理事和执委会委员，现有800余家团体会员。

中国肉协的宗旨是：坚持改革开放，坚持科学发展，遵守国家法律，遵守社会公德，为全体会员服务，为行业发展服务，为满足人民群众肉食消费需求服务。

中国肉协的主要职责：一是加强行业自律管理。宣传贯彻国家政策法令，制定行规行约，开展行评行检，规范行业行为，反映企业诉求，维护企业合法权益不受侵犯。发挥行业整体优势，协调指导各分支机构及地方肉类协会开展工作。二是为行业企业服务。在生产经营、市场营销、信息交流、企业管理、科学技术、政策法规、经营决策、人才培训等方面为企业提供全方位服务；办好协会主办或联办的刊物、杂志、年鉴及信息网络；举办全国性肉类食品及加工设备交易会、展示会、信息发布会、研讨会和技术经验交流会；表彰先进企业，推动优秀科技成果的普及应用，提高企业素质，促进产业和产品升级。开展国际交往活动，组织企业与国外同行业的经济、贸易、技术交流。

中国肉协总部及常设机构秘书处设在北京。协会下设猪业分会、禽业分会、牛羊业分会、天然肠衣分会；肉类加工机械与装备专业委员会、肉类食品包装专业委员会、肉类食品添加剂与调味品专业委员会、肉类冷链物流专业委员会、肉类科技与标准化专业委员会；投诉调处工作委员会和信用体系建设工作委员会。

网址：www. info - cma. org
电话：010 - 66095157
传真：010 - 66033686
邮箱：chinameat@ sina. com
地址：北京市西城区复兴门内大街45号2号楼7层
邮编：100801

中国乳制品工业协会

中国乳制品工业协会是经原中华人民共和国轻工业部批准，1994 年 7 月 6 日获准在中华人民共和国民政部登记注册，并于 1995 年 6 月 6 日正式成立的行业性社会团体。业务上接受国家发展与改革委员会、中国轻工业联合会的指导。

中国乳制品工业协会是跨地区、跨部门，不分经济性质的全国性行业组织，目前拥有 580 多个会员，基本包括了中国所有大中型乳制品加工企业。中国乳制品工业协会广泛开展国际合作，已于 1995 年正式加入国际乳品联合会（International Dairy Federation，IDF)，成为该组织的正式成员。协会还与国际上许多乳品发达国家，如澳大利亚、新西兰、丹麦、荷兰、芬兰、德国、法国、瑞典、美国、日本等十几个国家的有关组织保持密切的合作关系。

中国乳制品工业协会编辑出版的期刊有：《中国乳品工业》杂志、《中国乳制品工业通讯》(内刊)，定期向会员单位提供国内外乳业发展的有关政策和信息。协会编制的年度公报和《乳制品企业经济技术指标汇编》是行业内重要的参考资料。协会举办的年会、乳品技术精品展示会和多个专业会议已成为我国乳制品行业规模最大、最权威、最重要的行业活动。

多年来中国乳制品工业协会在国家主管部门的领导下，在广大会员单位的支持下，认真开展工作，努力为行业、企业和政府服务。协会的凝聚力、知名度逐步得到加强和提高，协会的力量不断得到发展和壮大，为我国乳制品工业的健康、快速发展起到了积极的推动作用，做出了自己应有的贡献。

网址：www. cdia. org. cn
电话：010 - 68396513
传真：010 - 68396665
邮箱：ruzhipin@ 163. com
地址：北京市西城区阜外大街乙 22 号
邮编：100833

中国水产流通与加工协会

中国水产流通与加工协会成立于1994年，隶属农业部，是由全国范围内从事水产品生产、加工、流通、贸易的企业和相关的企（事）业单位和渔业工作者自愿组成的社团组织。2014年被民政部授予全国4A级行业协会。

协会以完善行业自律机制，规范市场经营秩序，维护企业合法权益为宗旨，积极开展行业内及国际间的交流与合作，提高行业的技术和管理水平，增强行业诚信意识，提升水产品质量安全水平，促进水产品市场的繁荣与稳定及渔业可持续发展。

业务范围主要是：（一）开展政策调研，协助政府主管部门制定水产品流通与加工的发展规划，行使政府授权委托的有关行业管理职能。（二）协助配合有关部门制定水产行业国家标准及行业标准；根据市场需求，制定行业协会标准。（三）针对产业发展现状分析问题，提出产业发展思路，预警产业发展危机；协调解决企业在生产经营、技术合作和竞争中出现的问题；制定行业自律措施，维护公平贸易；鼓励会员企业实施国内外认证，促进水产品产业链可追溯体系的构建；结合行业的热点、难点，举办相关产业研讨会。（四）开展国家水产行业企业信用等级评价工作，向社会推荐水产行业信用良好企业，增加商业机会。（五）实施品牌战略，帮助和鼓励会员企业创立自主品牌；推广、宣传品牌产品，提高品牌产品在国内外市场的认知度；积极推动地方特色水产品发展。（六）与国际同行业组织建立合作伙伴关系组织安排经贸洽谈与考察；牵头应对国际贸易争端；承担重点出口品种和国内重要消费品种调研等国际项目。（七）搜集、整理、分析国内外水产行业信息，进行水产品质量安全舆论监测；通过会刊《中国水产品》及网站发布行业动态、解读政策动向、反映行业呼声，搭建水产品采购平台。（八）组织企业参加国内外重要专业展会，开拓国内外市场；举办展销会、产品推介会活动，促进水产品国内市场消费。（九）办理出口水产品认证审核。

协会下设水产品市场分会、罗非鱼分会、贝类分会、对虾分会、鱼粉鱼油分会、银鱼分会、海参分会、来进料加工工作委员会、水产资源高值化利用工作委员会、墨鱼分会、鱼糜及其制品分会等11个分支机构。

网址：www.cappma.org
电话：010－65067227
传真：010－65005270
地址：北京市朝阳区麦子店街40号富丽华园A－101
邮编：100125

中国饮料工业协会

中国饮料工业协会成立于1993年，是饮料及相关行业的企事业单位自愿参加的非营利性、全国性社团组织，是民政部批准的国家一级协会，办公地点位于北京，活动区域为全国。协会现有会员单位500余家，其饮料总产量占全国总产量的80%以上。2013年，经全面考核，中国饮料工业协会被民政部授予4A级社会组织。此外，中国饮料工业协会作为国际饮料协会和国际瓶装水协会理事会成员，还积极参与国际间的行业工作与活动。

协会的定位为服务、引导。饮料协会是企业与政府的桥梁和纽带，是企业与消费者的桥梁和纽带。饮料协会以促进中国饮料行业健康发展为宗旨，以为消费者生产安全健康的饮料为己任，以引导全行业提升社会责任为目标，为企业服务、为消费者服务、为政府服务。

协会接受民政部的业务指导和监督管理，在各项工作中遵守国家法律、法规及各项政策，遵守社会公德。

协会下设包装饮用水分会、天然矿泉水分会、果蔬汁分会、碳酸饮料分会、固体饮料分会、供应商分会、咖啡和茶饮料专业委员会、技术工作委员会等分支机构。

网址：www. chinabeverage. org
电话：010－84464668
传真：010－84464236
邮箱：zyx@ chinabeverage. org
微信：中国饮料工业协会
地址：北京市朝阳区东三环北路丙2号天元港中心B1702室
邮编：100027

中国糖业协会

中国糖业协会是1992年6月在民政部注册登记的社团法人组织，1992年10月8日正式成立。

中国糖业协会以农民增收、企业增效、行业稳定发展为己任，以做好协调、服务工作为宗旨。团结全体会员，为企业服务，反映会员愿望，维护会员的合法权利；根据行业发展的实际情况，向国务院有关部门提出行业发展意见和建议，协助政府进行宏观调控与决策；积极贯彻国家发展糖业的方针、政策、法令。自成立以来，中国糖业协会在建立产销衔接机制，加强食糖市场宏观调控，推动糖业结构调整，实施糖业扭亏解困，加强国际交流与合作，促进全行业技术进步，发展循环经济，限产限销高倍化学合成甜味剂，扩大食糖消费，打击食糖走私，促进食糖产销体制改革等方面做了大量卓有成效的工作，得到了全体会员单位和国务院有关部门的一致好评。

中国糖业协会的最高权力机构是会员代表大会。理事长领导下的理事会对代表大会负责。秘书处是协会的常设机构，负责协会的日常工作。

中国糖业协会设甘蔗糖专业委员会、甜菜糖专业委员会、综合利用多种经营专业委员会、糖机设备应用专业委员会、食糖消费促进工作委员会等。受政府有关管理部门委托设立全国糖精产销协作组办公室，负责糖精限产限销管理协调工作。

中国糖业协会的会员包括工、农、商、贸、科研、教育、设计安装、设备制造、期货公司等与糖业有关的企事业单位，现有会员单位455家，其中有331家甘蔗和甜菜制糖企业，58家商业流通企业、15家制糖科研机构、设计院及设有制糖专业的大专院校、11家糖机制造厂、其他40家。

中国糖业协会现有工作人员20人，分设会员管理部、财务部、办公室、信息部、国际合作部、科技装备部、糖精产销协作办公室（临时）等部门。

网址：www. chinasugar. org. cn

电话：010－58568971　58568972　58568984

传真：010－58568983　58568974

邮箱：csa@ chinasugar. org. cn

地址：北京市西城区月坛北街26号恒华国际商务中心C座1801－1805

邮编：100045

中国生物发酵产业协会

中国生物发酵产业协会，英文：China Biotech Fermentation Industry Association，英文缩写：CBFIA，前身是中国发酵工业协会，经国家民政部于1990年1月批准成立，2011年3月，根据行业发展需要，经国家民政部批准，更名为中国生物发酵产业协会。中国生物发酵产业协会是由应用现代生物技术的发酵生产企业及科研院校等相关单位自愿参加，共同组成的全国性非盈利性社会组织，是跨地区、跨部门、不分所有制形式的全行业组织，是会员利益的共同代表，是具有独立法人资格的社会团体。

中国生物发酵产业协会在政府主管部门的指导和企业的支持下，发挥桥梁和纽带作用，接受政府委托，反映行业愿望与要求，搞好行业管理，促进行业自律，推动全行业健康快速发展。

生物产业是国家重点支持的战略性新兴产业，中国生物发酵产业协会将致力于提高全行业整体创新能力、转变生产方式、优化产业结构，淘汰落后产能，促进产业升级，进一步加快节能减排、资源综合利用步伐，推动资源节约型、环境友好型企业建设。为此，中国生物发酵产业协会愿意与世界各地的相关行业组织、生产企业以及科研机构等取得广泛联系，开展技术交流与合作，增进相互了解，创造商贸机会，为建设生物制造强国而共同努力奋斗。

目前中国生物发酵产业协会下设氨基酸分会、有机酸分会、淀粉糖分会、多元醇分会、酶制剂分会、酵母分会、功能发酵制品分会、酵素分会、微生物育种分会、装备与环保分会及发酵工程技术工作委员会。随着产业规模的不断扩大和延伸，为了更好的服务行业，今后，中国生物发酵产业协会还将根据社会和行业发展的需要，适时调整内设机构。

网址：http://www.cbfia.org.cn
电话：010－68396504
传真：010－68396561
邮箱：cbfia@cfia.org.cn
地址：北京市西城区阜成门外大街乙22号
邮编：100833
官方微信：中国生物发酵产业协会

中国酒业协会

中国酒业协会（社证字第3266号），英文名称：China Alcoholic Drinks Assoclation（英文缩写CADA），原名“中国酿酒工业协会”，是由应用生物工程技术和有关技术的酿酒企业及为其服务的相关单位自愿结成的行业性的全国性的非营利性社会组织。于1992年6月22日经原中华人民共和国轻工业部审查同意，由中华人民共和国民政部登记注册成立。2012年4月，经中华人民共和国民政部批准，原“中国酿酒工业协会”更名为“中国酒业协会”。协会接受登记管理机关中华人民共和国民政部和业务主管单位国务院国有资产监督管理委员会的业务指导和监督管理。

中国酒业协会秘书处下设酒精分会、啤酒分会、白酒分会、黄酒分会、葡萄酒分会、果露酒分会、科教设计装备委员会、饲料及综合利用委员会、技术委员会、市场专业委员会、啤酒原料专业委员会、名酒收藏委员会和文化委员会13个分支机构，以及办公室、信息部、会员部、政策研究室等职能部门。中国酒业协会自1992年成立以来，至今已有二十余年。长期以来，协会严格按照党和国家经济建设的总方针，结合本行业特点和具体情况，紧紧围绕扩大就业、繁荣市场、服务三农、促进区域经济建设和带动相关产业发展的指导思想，研究行业发展过程中的问题，向政府部门提出产业政策及行业立法建议，制定行业发展规划，引导行业发展方向。在开展行业调查统计、信息咨询和发布，参与行业标准、国家标准制修订及宣贯，参与行业科技成果评价，组织行业培训鉴定工作，培育市场、维护会员合法权益，组织国内外行业展会、开展国际交流与合作等方面开展了大量工作。为推动行业进步、促进行业发展、维护会员利益作出了应有的贡献。

网址：www. cada. cc
电话：010－57811300
传真：010－57811309
邮箱：office@ cada. cc
地址：北京市海淀区三里河路11号6层
邮编：100831

中国食品添加剂和配料协会

中国食品添加剂和配料协会（原名中国食品添加剂生产应用工业协会）是经国家批准注册的全国食品添加剂和食品配料行业唯一的全行业组织，是由食品添加剂、食品配料行业的科研、生产、经销、应用企事业单位自愿组成的非营利性的社会团体。1994 年在北京成立。现有国内会员单位 800 多个，国外会员 100 个。

协会以为食品添加剂和食品配料行业服务为宗旨，以促进行业稳定、健康发展为目的，发挥政府与企业之间的桥梁与纽带作用。主要职责和任务是：协助政府制定行业法规和产业政策；受政府委托制定行业发展规划，对重要项目进行论证，为政府决策提供服务；协助政府制订各种标准；协助政府进行质量监督和市场准入等项工作；协调制定行规行约；倾听会员意见，反映会员要求，代表行业利益与有关方面沟通与交流；促进新技术、新产品的开发和应用，推动行业的创新与发展；促进国内外食品添加剂和配料行业的交流与合作。

协会下设十二个专业委员会，每年定期开展的主要活动包括：每年分别召开各个专业委员会的行业大会，研究行业发展和自律等重要问题，反映会员单位呼声，维护行业和会员的权益，推动行业创新发展。组织制定食品安全标准，协调各行业生产及市场运行机制。每年春季在中国上海举办食品添加剂行业世界知名的品牌展会——中国国际食品添加剂展（FIC）。每年秋季轮流在不同城市举办全国秋季食品添加剂和配料展（FIC－秋季展），春秋两季的展会形成了本行业中国会展经济的主流。每年组织中国企业到国外参加专业展览，并与有关国际组织和国外同行交流，推动行业出口和国际合作的开展。编辑出版国内外公开发行的双核心期刊《中国食品添加剂》杂志和为会员提供的《中国食品添加剂快报》，二者形成了促进产品的研发、生产、应用和行业健康发展的有效交流平台。

网址：www. cfaa. cn
电话：010－59795833
传真：010－59071335
地址：北京市朝阳区朝外大街甲 6 号万通中心 3 座 1402 室
邮编：100020

中国保健协会

2003 年 11 月 4 日，经卫生部、民政部审核并报国务院批准，中国保健科技学会正式更名为中国保健协会。

中国保健协会是由中国健康产业内具有代表性的大中型企业为核心组成的行业机构，是真正由企业自己当家做主维护行业自身权益的组织。中国保健协会将坚持“服务政府、服务企业、服务消费者”的宗旨，致力于健康产业的发展和科技的进步，在法律规范、产品研发、市场管理、行业自律及标准化建设等各个方面为中国的健康产业提供全方位的服务，成为代表行业公信力的权威机构。

协会的业务范围包括：

多方面的为会员企业服务；自律、协调、监督和维护会员企业合法权益；协助政府部门加强行业管理，具体业务是：

1. 开展行业、市场调查，研究本行业国内外发展情况，分析行业形势，提出行业发展和技术进步规划或预测方面的意见和建议；

2. 接受政府委托承办或根据市场和行业发展需要举办与本行业相关的展览、论坛、经政府有关部门批准表彰和奖励等活动；组织人才、技术、职业培训、开展咨询；依照有关规定创办刊物；

3. 帮助企业改善经营管理；

4. 接受委托组织开展行业信用等级评价及维护行业信誉等工作；

5. 经政府有关部门批准组织科技成果评价、鉴定和推广应用；

6. 开展国内外有关保健技术的交流与合作；

7. 制定并监督执行行规行约，规范行业行为，协调同行价格争议，维护公平竞争；协助会员开展反倾销、反垄断申诉应诉，以及相应的调查工作；

8. 反映会员要求，协调会员关系，维护其合法权益；

9. 经政府部门委托，参与制定行业规划，对行业内重大的技术改造、技术引进、投资与开发项目进行论证；

10. 受政府部门委托，参与制定、修订国家标准和行业标准，组织贯彻实施并进行监督；

11. 经政府部门授权参与行业生产、经营许可证发放的有关工作，参与资质审查；

12. 承担政府部门委托的其他任务等。

网址：www.chc.org.cn
电话：010－51817071/72
传真：010－51817097
地址：北京市海淀区阜成路 28 号航医大厦 18 层
邮编：100142

中国罐头工业协会

中国罐头工业协会（简称 CCFIA）成立于 1995 年 8 月 28 日，是在民政部注册登记的 3A 级独立社团法人组织，是中国罐头行业的唯一全国性行业组织。包括全国主要的罐头生产、经营企业以及科研、检测、设备制造、相关材料供应和管理部门等单位。中国罐头工业协会最高权力机构是会员代表大会，理事长领导下的理事会对代表大会负责。常设机构为秘书处，会址在北京。

协会是全体会员单位共同利益的代表，宗旨为促进中国罐头工业发展，为罐头行业和全体会员服务。

主要职能有：

开展行业、地区经济发展调查研究，提出有关经济政策和立法方面的意见和建议；工厂代号的发放与管理；进行行业统计，收集、分析，发布行业信息；创办刊物，开展咨询，组织人才、技术、职业培训；组织展销会、展览会，指导、帮助企业改善经营管理；参与制定、修订国家标准和行业标准，参与质量管理和监督工作，科技成果推广应用；开展国内外经济技术交流与合作；制定并监督执行行规行约，规范行业行为，协调同行价格争议，维护公平竞争；反映会员要求，协调会员关系，维护其合法权益；发展行业和社会公益事业。

罐头在中国是主要出口产品，行销世界许多国家。中国罐头产品质优价廉，进一步扩大出口的潜力巨大。目前中国罐头行业正在努力开发国内市场，帮助企业生产适合中国市场的产品。为促进罐头工业的发展，中国罐头工业协会愿意与世界各地的相关行业组织、商会、生产和经营企业，以及科研机构等取得广泛的联系，开展经常性的交流和合作，增进相互了解，进行信息和技术交流，创造贸易机会，为人类社会奉献卫生、营养、健康的罐头食品。

网址：www. topcanchina. org
电话：010 - 63381445/47/49
传真：010 - 58851213
邮箱：bj6839@ 163. com
地址：北京市西城区广安门外大街 168 号朗琴国际中座 1215 室
邮编：100055

中国焙烤食品糖制品工业协会

中国焙烤食品糖制品工业协会（简称：中焙糖协），英文名称：China Association of Bakery and Confectionery Industry。协会于1993年12月经国家民政部批准登记注册成立。是由饼干、面包、糕点、糖果巧克力、冷冻饮品等生产企业及相关食品机械、原辅材料、科研院所等企事业单位及个人自愿结成的全国行业性、非营利性社会团体，国家一级协会。协会接受登记管理机关国家民政部和业务主管单位国务院国有资产监督管理委员会的业务指导和监督管理。

目前，协会下设20个专业委员会。现有企业会员单位1400多家，基本涵盖了国内焙烤食品糖制品行业大中型骨干企业。

协会的宗旨是维护会员的合法权益，维护行业的全局利益，促进全行业经济技术和管理水平的不断提高，推动全行业健康发展。

协会的业务范围是：对行业的重大问题进行研究，向政府提出有关产业政策、经济技术政策、立法等方面的意见和建议。开展政策法规、知识产权保护等方面的咨询和服务工作；受政府部门委托，参与制定行业规划和计划；推动行业内外多种形式的联合，协调行业内部企业间关系，促进行业的技术进步和经营管理水平提高；根据授权进行行业统计，做好信息交流和发布工作。依照有关规定办好协会刊物和网站；为行业培训各类专业人才，提高科技、经济管理人员的素质；开展国内外相关合作、交流，举办展览展销等活动；经政府部门授权，组织或参与相关食品标准，以及与本行业有关的法律、法规及管理办法等的制修订工作；经政府部门委托，开展行业诚信体系建设，组织制定行规行约，建立行业自律机制，维护行业公平竞争，维护行业整体利益和会员的合法权益；反映会员要求，组织发展行业公益事业，承担政府及会员单位委托的其他工作；经政府有关部门批准，开展行业内评比、评选、表彰等活动。

网址：www.china-bakery.com.cn
电话：010-68396530
传真：010-68396567
地址：北京市西城区阜外大街乙22号
邮编：100833

中国调味品协会

中国调味品协会由全国酱油、食醋、酱类、酱腌菜、腐乳、烹调料酒和各种调味料生产经营及相关的企业、事业单位组成。是跨地区、跨部门、不分所有制的全国性、非盈利性行业组织，是国家一级协会，具有法人资格的社会团体，业务上归国务院国有资产管理委员会指导。它是根据自愿参加、平等互利的原则组成，按照民主协调原则开展工作。

协会的宗旨是：在国家方针、政策指导下，为促进调味品工业生产经营和科技进步、管理水平的提高，振兴中国调味品工业做贡献。

协会的主要任务是：在政府主管部门的指导下开展工作，在协会会员和政府之间发挥桥梁和纽带作用，既反映调味品行业的愿望和要求，为企业服务，又接受政府部门委托做好行业管理工作，推动调味品行业发展。

协会的目标是：在社会主义的计划经济向市场经济的转变过程中，承前（部门管理）启后（行业管理），理清思路；承上（各级政府）启下（各类企业），理顺关系。千方百计做好调味品行业管理工作，为中国调味品工业的发展振兴和走向世界奋斗。

协会的会训是：立足行业、凝聚会员、面向市场、服务企业

总机：010－51921726/28/51921215/59/73

传真：010－51921087

单位地址：北京市海淀区复兴路47号天行建商务大厦605室

中国食品和包装机械工业协会

中国食品和包装机械工业协会（CFPMA）是经中华人民共和国民政部批准登记的国家级社团组织，总部及常设机构设于北京。

CFPMA 是由跨部门、跨地区的食品机械和包装机械制造厂、公司、科研院所、大专院校、新闻单位、地方社团自愿组织起来的全国性行业组织，具有社会团体法人资格。

CFPMA 的宗旨：在国家方针、政策、法律、法令的指导下，坚持为食品机械和包装机械行业单位服务，促进全行业的发展。并在政府与企事业单位之间、行业单位与用户之间、国内外同行业企事业之间发挥桥梁纽带作用。

CFPMA 的职责：受政府委托，承担全行业情况的调研，规范行业行为，反映企业意见和要求，制定行业标准，行业发展规划，对重大设备技术改造、引进、投资与开发项目进行论证；为政府宏观决策提供信息、统计数据、分析报告，为企业提供技术咨询；举办国际性食品加工和包装机械展览会、展示会、信息发布会、研讨会、技术交流会，开展国际交流活动。

CFPMA 是国际包装机械协会联盟（C. O. P. A. M. A.）成员，同美、英、德、法、意、日、韩、西班牙、荷兰、瑞士、捷克、俄罗斯、澳大利亚等十三个国家的同行业协会建立了双边或多边的合作关系。共同商讨行业中的国际性问题。

CFPMA 现有团体会员六百多家，下设机构有：包装机械委员会、食品机械专业协会、专家委员会、肉类加工机械专业委员会、薯类食品加工机械专业委员会、纸浆模机械及制品分会、冷食机械分会、纸容器机械分会、方便食品机械分会、饮料灌装机械分会、果蔬保鲜加工机械分会、自动售货机分会等。

CFPMA 办事机构有：秘书处、财务部、对外联络部、企业发展部、会员管理部、展览部、信息部（编辑部）。

CFPMA 愿与海内外热心发展食品和包装机械行业的各界人士、各国同行业的制造业、有关团体和经销代理商建立广泛联系，为生产、技术和贸易方面的交流与合作提供各项服务。

网址：www. chinafpma. org
电话：010－68518589　64883972　64883974
传真：010－68533077
邮箱：cfpma@263. net
地址：北京市朝阳区北沙滩一号48信箱

中国轻工机械协会

中国轻工机械协会（CLIMA）成立于1989年，是中国轻工业联合会（原国家轻工业部）批准、国家民政部注册登记的全国性轻工机械行业国家级社团组织。总部和秘书处在北京。

中国轻工机械协会的会员，包括在中国境内从事轻工机械（主要包括：制浆造纸、橡胶塑料、酿酒饮料乳品、制糖、罐头、制革制鞋、日用玻璃、服装、工业洗涤、陶瓷、木工家具、刀片等专用设备）生产、销售、设计和检测的企事业单位，大专院校和科研院所，以及地方行业协会和其他与轻工机械行业有关的跨地区、跨行业社团组织。

协会宗旨：遵守国家法律法规，发挥广泛的行业代表性，承担政府和企业间桥梁和纽带，加强国际间的交流与合作，全方位为会员服务，促进中国轻工机械行业技术、经济、管理水平的不断提高，为轻工业生产的发展和技术进步做出贡献。

协会职责：接受政府主管部门的委托，参与制定并组织实施行业发展规划；为政府制定行业相关政策和法规提出意见和建议，对行业发展进行调研，开展行业信息统计工作；组织开展行业新技术的推广应用和科技成果的鉴定，开展国内、国际间经济技术合作与交流活动，举办专业技术及设备展览会；组织轻工机械行业技术标准和管理标准的制修订和宣贯实施工作；协调和沟通轻工机械行业与轻工各行业的横向联系，协调轻工机械行业各地区间和各企业间的关系；反映会员要求，维护其合法权益，加强行业自律，规范行业行为，维护公平竞争。

中国轻工机械协会下设制浆造纸纸制品装备分会、食品装备分会、洗涤装备分会、制革制鞋毛皮皮件装备分会、玻璃装备分会、科学教育分会、陶瓷装备分会、服装装备分会、木工家具装备分会等轻工机械分会。

网址：www. clima. org. cn
电话：010－66021536　66011816　66031224　66012114
传真：010－66018904　66052242
邮箱：xy_ 123@ 163. com
地址：北京市西城区西黄城根南街33号
邮编：100032